Interpretationsprobleme der Zwei-Säulen-Strategie der Europäischen Zentralbank

Europäische Hochschulschriften

Publications Universitaires Européennes
European University Studies

Reihe V
Volks- und Betriebswirtschaft

Série V Series V
Sciences économiques, gestion d'entreprise
Economics and Management

Bd./Vol. 2936

PETER LANG
Frankfurt am Main · Berlin · Bern · Bruxelles · New York · Oxford · Wien

Philip Moritz Valentin Hallensleben

Interpretationsprobleme der Zwei-Säulen-Strategie der Europäischen Zentralbank

PETER LANG
Europäischer Verlag der Wissenschaften

Die Deutsche Bibliothek - CIP-Einheitsaufnahme

Hallensleben, Philip M. V.:

Interpretationsprobleme der Zwei-Säulen-Strategie der Europäischen Zentralbank / Philip M. V. Hallensleben. - Frankfurt am Main ; Berlin ; Bern ; Bruxelles ; New York ; Oxford ; Wien : Lang, 2002
(Europäische Hochschulschriften : Reihe 5, Volks- und Betriebswirtschaft ; Bd. 2936)
Zugl.: Freiburg (Breisgau), Univ., Diss., 2002
ISBN 3-631-50210-9

D 26
ISSN 0531-7339
ISBN 3-631-50210-9

www.peterlang.de

Vorwort

Der Entschluß zu einer Promotion hat die unterschiedlichsten Ursachen. In meinem Fall spielten zwei Gründe eine ganz besondere Rolle. Zum einen meine Tätigkeit bei der Organisation für wirtschaftliche Zusammenarbeit und Entwicklung (OECD) in Paris, in deren Verlauf ich die Überzeugung zu diesem Schritt gewann. Zum anderen der Wunsch, mich über einen längeren Zeitraum intensiv mit einer Thematik beschäftigen zu können. Aber wie sollte dieser Schritt vollzogen werden?

Die vorliegende Arbeit entstand im Rahmen meiner Tätigkeit als wissenschaftlicher Assistent von Herrn Prof. Dr. Dr. h.c. Hans-Hermann Francke am Institut für Finanzwissenschaft und Monetäre Ökonomie der Albert-Ludwigs-Universität Freiburg. Dabei fiel es mir nicht schwer, mich für Herrn Professor Francke als meinen Doktorvater zu entscheiden. Schon während des Studiums war er mir durch seine besondere Art des Haltens von Vorlesungen , des Hinterfragens und des Argumentierens aufgefallen. Außerdem stellte für mich das von Ihm betreute Gebiet der Geldtheorie und –politik das interessanteste dar, wobei er mich bei der Suche nach einem reizvollen Promotionsthema mit diversen Vorschlägen reiflich unterstützte. Hierfür und dass er mir die Möglichkeit gegeben hat, neben meinem Promotionsvorhaben als Assistent an seinem Lehrstuhl zu arbeiten, bin ich Ihm sehr dankbar.

Unmittelbar damit zusammenhängend sind Michael Albrecht, Sandra Haasis, Jan Linsin, Michael Muchenberger und Harald Nitsch als meine Freunde, Kollegen und Mitstreiter am Institut zu nennen. Sie standen mir nicht nur durch sachlichen Rat zur Seite, sondern haben durch ihre Art der Zusammenarbeit am Institut und darüber hinausgehende Aktivitäten für ein Arbeitsklima gesorgt, welches beispielhafter nicht hätte sein können. Insbesondere Sandra stand mir durch ihre uneigennützige Art in der Phase des Abschlusses meiner Dissertation besonders zur Seite, indem sie mir viel Arbeit und Lehrverpflichtungen abgenommen hat, um mir das Einhalten meines Prüfungstermins zu ermöglichen.

Daneben gilt ganz besonderer Dank meinen beiden Freunden Maik Fechner und Patrick Muhl, die durch ihre Kritik, Anregungen, Diskussionen und das Beschaffen benötigter Daten großen Anteil am Gelingen meiner Arbeit haben. Darüber hinaus ermöglichte mir Maik über seine Kontakte viele interessante Gespräche mit unter anderem professionellen „ECB-Watchern“, welche mich entweder in meiner Überzeugung bestätigten oder durch neue Sichtweisen Anregungen für meine Arbeit lieferten. Patrick stellte sich als ehemaliger Kollege bald durch seine Umtriebigkeit und seinen Ideenreichtum als wichtigste Triebkraft insbesondere im empirischen Teil meiner Dissertation heraus. In diesem Zusammenhang möchte ich mich auch bei Marcus Siefert bedanken, der mir durch viele kritische Kommentare und Hinweise bezüglich meiner Arbeit zur Seite stand.

Bei meinen übrigen Freunden/-innen (Monika Brauchle, Katja Feseker, Philipp Greiner, Tonio Henkel, Thomas Janzer, Bernhard Metz, Eric Päutz), die mir aufgrund ihrer Ausbildung nicht mit technischen Ratschlägen zur Seite stehen konnten, möchte ich mich dafür bedanken, dass mir ihre Freundschaft immer wieder neue Motivation gegeben hat, und sie für mich die mit ihnen verbrachte Zeit zu der unglaublich schönen gemacht haben, die sie für mich war und ist.

Wem aber gebührt die größte Dankbarkeit? Durch ihre einzigartige Art der Erziehung, geprägt durch unermessliches Vertrauen, Selbstlosigkeit, grenzenlose Unterstützung und Liebe haben meine Eltern Elisabeth und Manfred Hallensleben mir ein Leben ermöglicht, welches man sich schöner nicht vorstellen kann. Egal in welcher Lebenslage, ich konnte mich immer auf ihren mir teueren Rat und ihre Hilfe verlassen. Ihnen möchte ich diese Arbeit widmen.

Freiburg, im Juli 2002 Philip M.V. Hallensleben

Inhaltsverzeichnis

Abbildungsverzeichnis

Tabellenverzeichnis

Abkürzungsverzeichnis

BIP	Bruttoinlandsprodukt
BSP	Bruttosozialprodukt
bspw.	beispielsweise
bzgl.	bezüglich
bzw.	beziehungsweise
ca.	circa
d.h.	das heißt
ESZB	Europäisches System der Zentralbanken
EWWU	Europäische Wirtschafts- und Währungsunion
EZB	Europäische Zentralbank
ff.	folgende
GDP	Gross Domestic Product
HRG	Hauptrefinanzierungsgeschäft
Hrsg.	Herausgeber
Jhrg.	Jahrgang
p.a.	per anum
RW	Referenzwert
sog.	sogenannte(n)
TW	tatsächlicher Wert
Vgl.	vergleiche
Vol.	Volume
y.o.y.	Year on Year
z. B.	zum Beispiel
zugl.	zugleich

Länderabkürzungen

AT	Österreich
BE	Belgien
DE	Deutschland
ES	Spanien
FI	Finnland
FR	Frankreich
GR	Griechenland
IE	Irland
IT	Italien
LU	Luxemburg
NL	Niederlande
PT	Portugal
USA	United States of America

I. Einleitung

I. 1 Einführung in das Thema

Mit der Ratifizierung des Maastrichter Vertrages im Jahre 1992 wurde eine neue Stufe der europäischen Integration beschlossen, deren Ziel die Bildung der Europäischen Wirtschafts- und Währungsunion (EWWU) darstellt. Insbesondere die Bildung der Währungsunion rückte sowohl in der Tagesberichterstattung als auch in der Wissenschaft das Interesse an der Geldpolitik wieder in den Vordergrund.

Auch nach drei Jahren europäischer Geldpolitik seit dem 1. Januar 1999 stellt die Europäische Zentralbank (EZB) immer noch eine neue Institution dar, deren Aufbau, Entscheidungsfindung und insbesondere die dieser geldpolitischen Entscheidungsfindung zugrundeliegende geldpolitische Strategie es erst noch zu verstehen gilt. Dies ist von besonderem Interesse, da es sich bei der Europäischen Zentralbank um eine der wichtigsten Notenbanken der Welt handelt. So haben deren geldpolitische Entscheidungen wesentlichen Einfluss auf Zinsen, Aktien- und Anleihekurse, Wechselkurse, Güterpreise und konjunkturellen Entwicklungen von Ländern innerhalb und außerhalb der Europäischen Währungsunion.

Seit Anfang der 90'er Jahre haben bisher 19 Notenbanken, wie unter anderen die Zentralbanken Neuseelands (1990), Kanadas (1991), des Vereinigtes Königreichs (1992), Schwedens (1993), Australiens (1993) und zuletzt die der Schweiz (2000), Süd-Afrikas (2000) und Thailands (2000) damit begonnen, ihre bisher bei der Stabilisierung des Preisniveaus praktizierte geldpolitische Strategie durch eine direkt am Endziel ihrer Geldpolitik, dem Erreichen und Gewährleisten von Preisstabilität, orientierte Endzielstrategie zu ersetzen. [1] Diesem Wechsel wird auch in der wissenschaftlichen Literatur große Aufmerksamkeit geschenkt, wobei die Diskussion über Sinn und Zweck von Zwischen- und Endzielstrategien und deren unterschiedliche Möglichkeiten hinsichtlich der Aus-

[1] Vgl. Mishkin, Frederic S./Schmidt-Hebbel, Klaus (2001) und siehe Tabelle 1 im Anhang.

gestaltung, bspw. der Frage nach der Verwendung der am besten geeigneten Zwischenzielvariablen, erneut und rege geführt wird. Vor dem Hintergrund dieser Diskussion der Eignung alternativer geldpolitischer Strategiekonzepte für unterschiedliche monetäre und gesamtwirtschaftliche Gegebenheiten ist es in Bezug auf die europäische Geldpolitik von besonderem Interesse, die von der Europäischen Zentralbank am 13. Oktober 1998 publizierte und seit der Aufnahme ihrer Tätigkeit am 1. Januar 1999 praktizierte geldpolitische Strategie genauer zu untersuchen, um herauszufinden, ob sie für das Novum Europäische Währungsunion das adäquate geldpolitische Strategiekonzept darstellt.

Ziel der Arbeit ist es deshalb, über eine ausführliche theoretische Darstellung der beiden einer Notenbank zur Verfügung stehenden Strategiekonzepte (Zwischen- und Endzielstrategie) und die empirische Untersuchung der Funktionsweise der von der EZB gewählten Zwei-Säulen-Strategie Aufschluss darüber zu gewinnen, inwieweit:

- erstens, wie so oft behauptet, dieser von der EZB gewählte Strategieansatz einen Mischansatz der beiden zuvor genannten Strategiekonzepte darstellt,
- zweitens, ob die Zwei-Säulen-Strategie zu den gewünschten geldpolitischen Ergebnissen führt, und sich somit als ein sinnvolles und zuverlässiges Strategiekonzept für die Geldpolitik der Europäischen Zentralbank erweist.

Um dieses Ziel in entsprechendem Maße zu erreichen, wurde der folgende Aufbau für diese Arbeit gewählt.

I. 2 Aufbau der Arbeit

Die Arbeit gliedert sich in vier Hauptkapitel, wovon Kapitel II und III die theoretischen Grundlagen für die darauf folgenden Kapitel liefern. Beginnend mit Kapitel II erfolgt zuerst eine Darstellung der wichtigsten Konzepte der monetären Transmission. Dies ist zum einen notwendig, um die Probleme, die während des Einsatzes des geldpolitischen Instrumentariums bis zu dessen Wirkung auf das von der Zentralbank verfolgte Ziel ihrer Geldpolitik auftreten, darzustellen, und zweitens, um die im Rahmen des fünften Kapitels diskutierte Problematik unterschiedlicher Transmissionskanäle in Europa für die einheitliche Geldpolitik der Europäischen Zentralbank nachvollziehen zu können. Vor dem Hintergrund dieser Darstellung der geldpolitischen Problemstellungen, die sich durch den monetären Transmissionsmechanismus ergeben, werden die einer Zentralbank zur Verfügung stehenden und für diese Arbeit relevanten Typen geldpolitischer Strategien vorgestellt und diskutiert. Hierbei wird sowohl auf die Strategien an sich, gemeint sind die Varianten der Zwischenziel- und der Endzielstrategie, als auch auf Kriterien, die der Auswahl einer geldpolitischen Strategie zugrunde liegen, bzw. die eine effektive geldpolitische Strategie zu erfüllen hat, ausführlich eingegangen.

In Kapitel III wird darauf aufbauend das von der Europäischen Zentralbank für den Beginn ihrer geldpolitischen Tätigkeit und Verantwortung für die Währungsunion am 1. Januar 1999 gewählte geldpolitische Strategiekonzept, die sogenannten „Zwei-Säulen-Strategie", beschrieben. Dies erfolgt zum einen über die Darstellung der beiden Säulen bezüglich ihres Aufbaus und der darin enthaltenen Informationen, zum anderen hinsichtlich des sich daraus ergebenden Entscheidungsprozesses, der wieder auf der Analyse beider Säulen beruht. Den Abschluss bildet eine Illustration der bisherigen Performance der Zwei-Säulen-Strategie, indem vor dem jeweiligen monetären und wirtschaftlichen Hintergrund die bis zum 31. August 2001 vom Rat der Europäischen Zentralbank getroffenen Leitzinsentscheidungen diskutiert und auf ihre Strategiekonsistenz hin überprüft werden.

In Kapitel IV wird anhand eines Scoring-Modells ein Indikator entwickelt, anhand dessen die bisherigen Zinsentscheidungen nachgebildet werden, um daraus zukünftige Leitzinsentscheidungen der Europäischen Zentralbank zu prognostizieren. Dazu wird zuerst auf den verwendeten Modelltyp eingegangen, darauf aufbauend die Konstruktion des eigenen Indikators erläutert und am Ende eine Analyse der gewonnenen Ergebnisse vorgenommen. Der Anreiz der Konstruktion eines derartigen Indikators liegt zum einen darin, herauszufinden, inwieweit daraus ein mit der veröffentlichten geldpolitischen Strategie konsistenter Entscheidungsprozeß ableitbar ist. Zum anderen ist es seitens der Marktakteure bspw. aus individuellem Gewinnmaximierungskalkül von besonderem Interesse etwaige Leitzinsänderungen vorwegzunehmen.

Im letzten Kapitel dieser Arbeit, dem Kapitel V, werden verschiedene Probleme diskutiert, die sowohl aus dem gewählten Ansatz der Zwei-Säulen-Strategie ableitbar sind als auch aufgrund von Besonderheiten für eine für die Währungsunion einheitliche Geldpolitik auftreten. Auf theoretischer Seite sind dies die Probleme der Definition des geldpolitischen Ziels der Europäischen Zentralbank, der unglücklichen Darstellung anhand des Konzepts der zwei Säulen und die Problematik eines ausreichenden Maßes an Transparenz der Geldpolitik gegenüber der Öffentlichkeit. Ergänzt wird diese Betrachtung durch die Diskussion sogenannter Sonderprobleme der Strategie, die auf nationaler Ebene bisher keine oder nur eine geringe Rolle für die Geldpolitik gespielt haben, vor dem Hintergrund einer einheitlichen Geldpolitik für Europa aber extrem an Bedeutung gewonnen haben. Dies sind die Sonderprobleme der Inflations- und Konjunkturdifferenzen in Europa, eines für die Geldpolitik adäquaten Geldmengenaggregats und der unterschiedlichen nationalen Transmissionskanäle.

Im anschließenden Fazit erfolgt eine Zusammenfassung der gewonnen Ergebnisse sowie ein Ausblick.

II. Theorie der strategischen Konzeptionen der Geldpolitik

II. 1 Problemstellung

Zentralbanken sehen sich vor das Problem gestellt, dass sie über den Einsatz ihres geldpolitischen Instrumentariums keinen direkten Einfluss auf das von ihnen verfolgte Endziel ihrer Geldpolitik, wie bspw. Geldwertstabilität, Vollbeschäftigung und/oder außenwirtschaftliches Gleichgewicht, nehmen können. Der Grund dafür ist, dass zwischen dem Einsatz des geldpolitischen Instrumentariums und dessen Auswirkung auf das Endziel der sogenannte Transmissionsprozess liegt.

Unter dem Transmissionsprozess versteht man die Wirkungszusammenhänge zwischen geldpolitischem Instrumenteneinsatz bzw. monetären Impulsen und den dadurch herbeigeführten Auswirkungen auf die Zielgröße(n) sowohl im realen Sektor (Investitionen, Konsum, Beschäftigung, reales Volkseinkommen) als auch auf das Preisniveau.[2]

Hierbei gibt es je nach Theorierichtung unterschiedliche Vorstellungen darüber, auf welchem Wege, mit welcher Schnelligkeit bzw. Verzögerung und mit welcher Intensität monetäre Impulse auf die gesamtwirtschaftlichen Zielgrößen einwirken. Für die Notenbanken bedeutet dies, dass sie aufgrund der in Kapitel II. 2 noch zu beschreibenden Probleme im Zusammenhang mit dem monetären Transmissionsmechanismus laufend geldpolitische Entscheidungen treffen müssen, ohne sich dabei auf wirklich „gesicherte“, allgemein akzeptierte Erkenntnisse stützen zu können. Um dem entgegenzuwirken, wurden geldpolitische Strategien entwickelt, mit dem Ziel, diese Unsicherheiten auf ein Minimum zu reduzieren, um so einen effizienten geldpolitischen Instrumenteneinsatz zu gewährleisten.

Im folgenden wird zuerst auf die unterschiedlichen Transmissionsmechanismen der Geldpolitik eingegangen, bevor in Kapitel II. 3 die allgemeinen theoretischen Grundlagen für die Ausgestaltung einer effizienten geldpolitischen

[2] Vgl. Issing, Otmar (1996), Seite 155.

Strategie besprochen werden und in Kapitel II. 4 konkret auf die einzelnen Strategiekonzepte eingegangen wird.

II. 2 Transmissionsmechanismen der Geldpolitik

Wie in II. 1 dargestellt, ist es für Zentralbanken bezüglich der Durchführung ihrer Geldpolitik unabdingbar zu wissen bzw. sich auf gesicherte Annahmen stützen zu können, wie sich ihre monetären Impulse auf den realen Sektor eines Wirtschaftssystems auswirken. Die Übertragung der monetären Impulse erfolgt dabei über den sogenannten monetären Transmissionsmechanismus, der "die Übertragungskanäle von Veränderungen monetärer Größen in den realwirtschaftlichen Bereich darstellt".[3] Hinsichtlich der Art, Schnelligkeit und Intensität, mit der monetäre Impulse über den Transmissionsprozess auf den realen Sektor übertragen werden, gibt es je nach theoretischem Verständnis unterschiedliche Auffassungen. Die wichtigsten hierbei zu nennenden „Wirkungskanäle" sind die des Zins-, Kredit- und Wechselkurskanals und des Kanals der Vermögenspreise.

Der Transmissionsprozess der Geldpolitik verläuft in der Regel mehrstufig. Zwar sind auch unmittelbare Auswirkungen der Notenbankpolitik auf den Nichtbankensektor zu beachten, jedoch erzielen geldpolitische Maßnahmen in bankenorientierten Volkswirtschaften ihre Wirkung überwiegend durch die Beeinflussung des Geschäftsverhaltens der Kreditinstitute. Die dortigen Veränderungen verursachen dann Verhaltensreaktionen der Unternehmen und Haushalte und damit schließlich Auswirkungen auf die Endziele der Geldpolitik.

Abbildung 1 illustriert vereinfacht den Ablauf der Übertragung monetärer Impulse über die einzelnen Prozessstationen auf den realen Sektor. Hierbei wird in dieser einfachen Darstellung nicht nach den unterschiedlichen Wirkungskanälen unterschieden. Dies erfolgt in den Unterpunkten II. 2. 1 bis II. 2. 4.

---

[3] Vgl. bspw. Duwendag, D./Ketterer, K.-H./Kösters, W./Pohl, R./Simmert, D. (1999), Seite 161.

Abbildung 1: Monetärer Transmissionsprozess

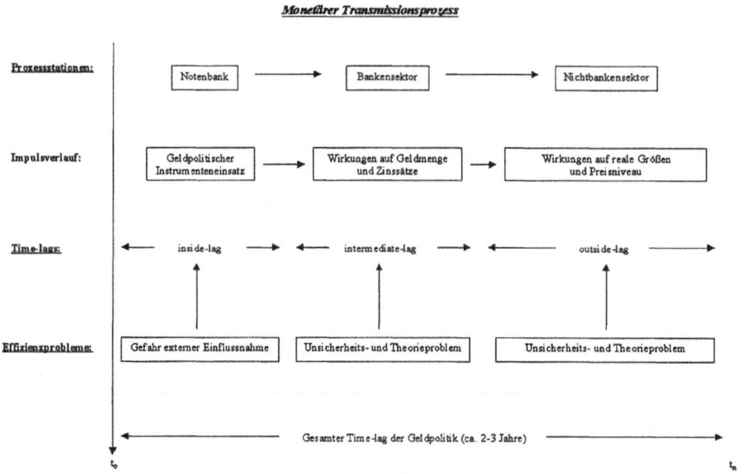

Quelle: In Anlehnung an Francke, Hans-Hermann (1999); eigene Erweiterungen.

Wie anhand der Prozessstationen des Transmissionsprozesses zu erkennen ist, hängt der Erfolg der Notenbankpolitik davon ab, inwieweit und wie Banken, sonstige Finanzintermediäre, Finanzmärkte, Unternehmen und Haushalte auf den ursprünglichen monetären Impuls der Zentralbank reagieren. Entscheidenden Einfluss auf das Reaktionsmuster der Wirtschaftssubjekte üben dabei auch die institutionellen Rahmenbedingungen der Geldpolitik, insbesondere Aufbau und Struktur des Bankensystems, Bedeutung und Funktionsfähigkeit der Finanzmärkte sowie die Finanzstrukturen der Unternehmen und Haushalte aus. Welche Probleme sich hieraus für die einheitliche Geldpolitik der Europäischen Zentralbank in Europa ergeben, wird in Kapitel IV. 2 im Rahmen der Betrachtung von Sonderproblemen der geldpolitischen Strategie der EZB untersucht.

Die oben bereits erwähnten wichtigsten Wirkungskanäle der monetären Transmission werden im folgenden kurz vorgestellt.

II. 2. 1 Der Zinskanal

Die Grundidee des Transmissionskanals über den Zins basiert auf dem Investitionskalkül eines gewinnmaximierenden Unternehmens oder eines nutzenmaximierenden Individuums. Im Falle der Unternehmung werden Investitionsprojekte durchgeführt, so lange die erwartete Rendite des Investitionsobjekts mindestens dem langfristigen Realzins entspricht. Fällt die Rendite der Investition unter den Realzins, so wird diese nicht durchgeführt. Weil bei steigendem Zins solche Grenzprojekte unrentabel werden, nimmt die Investitionsneigung mit steigendem Realzins ab, und umgekehrt. Bezüglich der Individuen werden längerfristige kreditfinanzierte Konsumanschaffungen bei steigendem Realzins und konstantem Preisniveau ebenfalls unattraktiver. Ebenso geht die Konsumnachfrage zurück, da der gestiegene Realzins höhere Opportunitätskosten für den Konsum darstellt, so dass die Ersparnisbildung zunimmt. Die Wirkungskette des Zinskanals hat folgenden Ablauf:[4] Durch eine monetäre Expansion, bewirkt durch ein Absenken der kurzfristigen nominalen Leitzinsen der Zentralbank, sinkt, bei gleichbleibendem Preisniveau, der kurzfristige reale Zinssatz. Da sich der langfristige Realzins als Durchschnitt aus den erwarteten realen Kurzfristzinsen bildet, wird auch dieser sinken. Dies führt, über den oben ausgeführten Mechanismus, zu steigenden Investitionen und steigender Konsumnachfrage, was sich fördernd auf die Produktion, bspw. gemessen am Bruttoinlandsprodukt, auswirkt, und vice versa.

$$M\uparrow \Rightarrow i_r\downarrow \Rightarrow I\uparrow \text{ und } C\uparrow \Rightarrow Y\uparrow$$

mit
- M = nominale Geldmenge
- i_r = realer Zinssatz
- I = Investitionstätigkeit der Unternehmen
- C = Konsum
- Y = Bruttoinlandsprodukt

[4] Vgl. bspw. Mishkin, Frederic S. (1996), Seite 2-4 oder Bank of England (1999), Seite 4.

Das Ausmaß und die Bedeutung dieses Wirkungskanals hängen entscheidend von der Struktur und der Zinsreagibilität des Vermögens und der Verbindlichkeiten der Haushalte und Unternehmen ab. Je höher der Verschuldungsgrad oder der Vermögensbestand des Privatsektors ist, und je rascher eine Zinsanpassung aufgrund kurzer Kreditlaufzeiten oder der Dominanz variabler Zinsvereinbarungen erfolgt, desto größer ist die Wirkung dieses Effektes.[5] Umstritten ist allerdings das Ausmaß, inwieweit eine Notenbank durch Variation des Geldmarktsatzes überhaupt Einfluss auf die langfristigen Realzinsen nehmen kann. Da Geldpolitik direkt über die Kurzfristzinsen wirkt, und deren Wirkung auf die Langfristzinsen von vielen, von der Zentralbank nicht oder nur schwer beeinflussbaren Größen, wie bspw. den Inflationserwartungen der Wirtschaftssubjekte, abhängt, wird dieser Wirkungskanal oftmals kritisch betrachtet. Allerdings kommt *Taylor* (1995) anhand einer empirischen Untersuchung zu dem Schluss, dass ein starker Zusammenhang zwischen den langfristigen Realzinsen und dem Investitions- und Konsumverhalten der Wirtschaftsakteure besteht, was die Bedeutung des Zinskanals als einen Übertragungsmechanismus monetärer Impulse auf den realen Sektor stärken dürfte.[6]

II. 2. 2 Der Kreditkanal

Die Wirkung dieses Übertragungsmechanismus entfaltet sich über die Verfügbarkeit von Bankkrediten. Grundlage bildet somit die Intermediation auf dem Kapitalmarkt, worunter der Kontakt von Nichtbanken und dem Bankensektor zur Anlage und Beschaffung von finanziellen Mitteln zu verstehen ist,[7] und den dabei auftretenden Problemen asymmetrischer Information.[8] Kreditnehmer sind im Gegensatz zu Kreditgebern über die Qualität ihrer Investitionsprojekte und die eigene finanzielle Lage besser informiert. Dieses Prinzipal-Agent-Problem

[5] Vgl. Nicoletti, A./Rinaldi, R./Siviero, S./Terlizzese, D. (1995), Seite 409.
[6] Vgl. Taylor, John B. (1995).
[7] Vgl Meltzer, Allan H. (1995), Seite 62.
[8] Vgl. Mishkin, Frederic S. (1996), Seite 8.

stellt besonders für kleine und mittlere Unternehmen bei Kreditverhandlungen eine nicht zu vernachlässigende Hürde dar. Sie sind im Gegensatz zu großen Unternehmen, die sich gegebenenfalls auch über den Kapitalmarkt bspw. über die Emission von Anleihen finanzieren können, auf Finanzintermediäre zur Internalisierung der bei der Beseitigung der asymmetrischen Information anfallenden Kosten und für die Mittelbeschaffung angewiesen. Bezüglich dieser Informationsproblematik auf dem Kapitalmarkt lassen sich unter der Überschrift des Kreditkanals zwei Kanäle monetärer Transmission unterscheiden, die auf der einen Seite bei der Kreditvergabe der Banken (bank-lending channel) und auf der anderen Seite bei der Liquidität der Kreditnehmer (balance-sheet channel) ansetzen.[9]

Ausgangspunkt des bank-lending channel ist die Vorstellung, dass Banken besonders bei dem Problem der asymmetrischen Information und somit bei der Kreditvergabe an auf Finanzintermediäre angewiesene Unternehmen von Bedeutung sind. Solange Unternehmen Banken zur Beschaffung von Finanzmitteln benötigen, hat dieser Übertragungsmechanismus folgenden Verlauf:[10] Im Falle einer kontraktiven Geldpolitik und einer damit einhergehenden Verringerung der nominalen Geldmenge sinken die Einlagen der Nichtbanken bei den Kreditinstituten. Dies verringert auf der Aktivseite der Geschäftsbankenbilanz auch die Position der Kredite. Aufgrund der geringeren Kreditvergabe, sowohl an Unternehmen als auch an Private, nehmen der Konsum und die Investitionen ab, was sich dämpfend auf das wirtschaftliche Wachstum auswirkt, und vice versa.

[9] Vgl. bspw. Bernanke, Ben S./Gertler, Mark (1995), Seite 10-23; Cecchetti, Stephen G. (1995), Seite 88-90 oder Mishkin, Frederic S. (1996), Seite 8-13.
[10] Vgl. Mishkin, Frederic S. (1995), Seite 7.

$$M\downarrow \Rightarrow BE\downarrow \Rightarrow BK\downarrow \Rightarrow C\downarrow \text{ und } I\downarrow \Rightarrow Y\downarrow$$

mit M = nominale Geldmenge

BE = Bankeinlagen

BK = Bankkredit

C = Konsum

I = Investitionen

Y = Bruttoinlandsprodukt

Die Bedeutung dieses Transmissionsprozesses steht und fällt mit der Rolle von Finanzintermediären bei der Beschaffung und Bereitstellung von Finanzierungsmitteln. Angesichts der zunehmenden Deregulierung und Internationalisierung der Finanzmärkte dürfte die Rolle der Banken hinsichtlich der Vermittlung von Krediten allerdings weiterhin an Gewicht verlieren.[11]

Aufgrund dessen konzentriert sich das Interesse vermehrt auf den balance-sheet channel. Die ausschlaggebende Größe für das gesamtwirtschaftliche Kreditvolumen stellt hier die Kreditnachfrage, bestimmt durch die Bewertung der in der Bilanz eines Unternehmens auftretenden Aktiva, die als Sicherheiten fungieren sollen, dar. Eine Zinserhöhung seitens der Notenbank verringert den Wert dieser Aktiva, so dass aufgrund des gesunkenen Wertes der Aktiva weniger Kredite in Anspruch genommen werden können, wodurch die Investitionen und das Bruttosozialprodukt sinken, und vice versa.[12]

---

[11] Vgl. Meltzer, Allan H. (1995); Bernanke, Ben S./Gertler, Markus (1995) oder Edwards, Franklin/Mishkin, Frederic S. (1995).

[12] Vgl. Mishkin, Frederic S. (1995), Seite 10-13; Bernanke, Ben S./Gertler, Markus/Gilchrist, Simon (1996), Seite 1-5 und Kiyotaki, N./Moore, J. (1997).

$$M\downarrow \Rightarrow A\downarrow \Rightarrow BK\downarrow \Rightarrow I\downarrow \Rightarrow Y\downarrow$$

mit M = nominale Geldmenge
A = Aktiva
BK = Bankkredit
I = Investitionen
Y = Bruttoinlandsprodukt

Dieser Vermögenseffekt ist um so größer, je ausgeprägter die Zinssensitivität der als Sicherheiten dienenden Aktiva und das Maß der Außenfinanzierung im Falle von Unternehmen ist.

II. 2. 3 Der Wechselkurskanal

Einen weiteren Übertragungsmechanismus monetärer Impulse auf reale Größen und das Preisniveau stellt der Wechselkurskanal dar. Voraussetzung hierfür ist allerdings, dass sich die zu untersuchende Volkswirtschaft, solange es sich nicht um das Leitwährungsland handelt, in einem Verbund flexibler bzw. anpassungsfähiger Wechselkurse befindet, da ein System fixer Wechselkurse eine unabhängige nationale Geldpolitik aufgrund des immer wieder auftretenden Zwangs zur Intervention der Notenbank zur Stabilisierung des Wechselkurses nicht ermöglicht.

Ausgehend von einer monetären Kontraktion z.B. durch Heraufsetzen des kurzfristigen nominalen Leitzinssatzes seitens der Zentralbank steigt, bei gleichbleibendem Preisniveau, der kurzfristige reale Zinssatz. Der dadurch relativ zum Ausland entstehende bzw. sich vergrößernde Zinsspread führt über Portfolioumschichtungen der internationalen Anleger zu einer Zunahme der Nettokapitalimporte, was eine Aufwertung der inländischen Währung (Abnahme des nominalen Wechselkurses in Preisnotierung) zur Folge hat. Diese Aufwertung bedingt für ausländische Konsumenten eine Verteuerung inländischer Güter, wodurch die Nettoexporte an Waren und Dienstleistungen abnehmen, was eine Abnahme der inländischen Produktion zur Folge hat, und vice versa.[13]

$$M\downarrow \Rightarrow i_r\uparrow \Rightarrow e\downarrow \Rightarrow NEx\downarrow \Rightarrow Y\downarrow$$

mit	M	= nominale Geldmenge
	i_r	= realer Zinssatz
	e	= nominaler Wechselkurs in Preisnotierung
	NEx	= Nettoexporte
	Y	= Bruttoinlandsprodukt

Die Bedeutung des Wechselkurskanals ist abhängig von der Offenheit der Volkswirtschaft eines Landes und der Preiselastizität des Außenhandels dieser Volkswirtschaft. Je ausgeprägter die internationalen Handelsbeziehungen eines Landes sind, und je stärker das Volumen des Außenhandels auf internationale Preisdivergenzen reagiert, desto wichtiger wird die Berücksichtigung dieses Übertragungsmechanismus in der Geldpolitik einer Zentralbank. *Taylor* (1995) und *Obstfeld/Rogoff* (1995) betonen in ihren Arbeiten die zunehmende Relevanz des Wechselkurskanals vor dem Hintergrund einer starken Internationalisierung der einzelnen Wirtschaftsräume.[14]

II. 2. 4 Der Kanal der Vermögenspreise

Die bisher betrachteten Transmissionsmechanismen basierten auf den spezifischen Wirkungsmechanismen monetärer Impulse auf reale Größen. Dabei wurden die Impulse immer nur über eine Größe, den Zins, an das Wirtschaftsgeschehen weitergegeben. Dies spiegelt allerdings ein zu stark vereinfachtes Bild

---

[13] Vgl. bspw. Mishkin, Frederic S. (1995), Seite 5 oder Bank of England (1999), Seite 4-6.

[14] Vgl. Taylor, John B. (1995) und Obstfeld, Maurice/Rogoff, Kenneth (1995).

der komplexen, innerhalb des monetären Transmissionsprozesses stattfindenden Wirkungszusammenhänge wider. Vielmehr besteht der Übertragungsmechanismus in einem Zusammenspiel unterschiedlichster Preise für Vermögensgüter, von denen der Zins lediglich einen darstellt. In diesem Zusammenhang können zumindest drei Vermögensklassen mit ihren dazugehörigen Preisen unterschieden werden. Zum einen Zentralbankgeld als Tauschmedium, zum anderen Anleihen und Wertpapiere und als drittes reale Vermögensgüter, wie bspw. Immobilien oder langlebige Konsumgüter.[15]

Individuen halten nun ein wohl diversifiziertes Portfolio aus diesen drei Asset-Klassen, welches durch unerwartete geldpolitische Eingriffe seitens der Notenbank in seinem ursprünglichen Gleichgewicht gestört wird. Aus Optimalitätsüberlegungen heraus werden die Individuen versuchen, ihr Portfolio den neuen Gegebenheiten anzupassen, was eine entsprechende Umstrukturierung des Portfolios zur Folge hat. Was bewirkt ein monetärer Schock in einem solchen System?

Ausgehend von einer im voraus nicht antizipierten kontraktiven Geldpolitik sehen sich die Marktakteure mit einem geringeren Geldangebot konfrontiert, als es die Struktur ihres Portfolios voraussetzt. Der aufgrund der kontraktiven Geldpolitik gestiegene Zins, und das Bedürfnis andere Vermögensgegenstände wie bspw. Aktien oder festverzinsliche Wertpapiere zu verkaufen, um dem Liquiditätsengpass entgegenzuwirken, führen zu fallenden Kursen. Der Verfall der Aktienpreise verursacht einen sinkenden Marktpreis marktnotierter Unternehmen. Dadurch verringert sich der Quotient $\frac{\textit{Marktwert}}{\textit{Wiederbeschaffungswert}}$ eines Unternehmens, der im sogenannten *Tobin'schen q* seinen Ausdruck findet.

Tobin's q besagt, dass solange der Marktwert eines Unternehmens über seinem Wiederbeschaffungswert liegt, es für Investoren günstiger ist, neu zu investieren, und umgekehrt.[16]

---

[15] Vgl. bspw. Meltzer, Allan H. (1995), Seite 53-54.
[16] Vgl. Tobin, James (1969).

Durch den gesunkenen Marktwert wird es nun für Investoren attraktiver, am Markt vorhandene Unternehmen zu kaufen, anstatt neu zu investieren, wodurch die Investitionen und dadurch bedingt auch das Sozialprodukt zurückgehen, und vice versa.[17]

$$M\downarrow \Rightarrow K\downarrow \Rightarrow q\downarrow \Rightarrow I\downarrow \Rightarrow Y\downarrow$$

mit	M	= nominale Geldmenge
	K	= Kurs von Wertpapieren
	q	= Tobin's q (Marktwert/Wiederbeschaffungswert)
	I	= Investitionen
	Y	= Bruttoinlandsprodukt

Diese unterschiedlichen Transmissionskanäle existieren, wie erwähnt, nicht getrennt voneinander, sondern werden durch unterschiedlichste Faktoren institutioneller Rahmenbedingungen der Geldpolitik, insbesondere durch Aufbau und Struktur des Bankensystems, Bedeutung und Funktionsfähigkeit der Finanzmärkte sowie die Finanzstrukturen der Unternehmen und Haushalte beeinflusst. Gemein ist ihnen hingegen, dass sich der Transmissionsprozess, bzw. der Zeitraum, bis monetäre Impulse über den Bankensektor (Phase 1) und den Nichtbankensektor (Phase 2) Einfluss auf den realen Bereich und das Endziel nehmen, in unterschiedliche Zeitspannen, sog. „time-lags", einteilen lässt. Hierbei wird üblicherweise in einen „inside-lag" (Zeitraum vom Erkennen des Handlungsbedarfs durch die Zentralbank bis zur Entscheidungsfindung über den Einsatz des geldpolitischen Instrumentariums), den „intermediate-lag" (vom Einsatz geldpolitischer Maßnahmen und ihren Auswirkungen über Änderungen der

[17] Vgl. bspw. Mishkin, Frederic S. (1995), Seite 5-6 und Meltzer, Allan H. (1995), Seite 54-56.

Geldmenge und Zinsen auf den Nichtbankensektor) und den „outside-lag“ (von den Anpassungsprozessen des Nichtbankensektors bis zu Veränderungen des Endziels) unterschieden.[18]

Für Zentralbanken besteht die Schwierigkeit eines adäquaten Instrumenteneinsatzes zum Erreichen ihrer (End-)Ziele darin, dass während bzw. bezüglich des Transmissionsprozesses unterschiedliche Probleme auftreten können, die in der Lage sind, eine effiziente Geldpolitik zu konterkarieren. Diese Effizienzprobleme lassen sich in drei Gruppen zusammenfassen:[19]

- Unsicherheitsproblem: Nachdem eine Zentralbank einen bestimmten Instrumenteneinsatz vorgenommen hat, können Ereignisse auftreten, für die die ursprüngliche geldpolitische Maßnahme ungeeignet erscheint bzw. falsch sein kann.
- Theorieproblem: Wie oben angesprochen, gibt es lediglich theoretische Vorstellungen über den Wirkungszusammenhang zwischen dem geldpolitischen Instrumenteneinsatz und dem Verhalten des Banken- (Phase 1) und des Nichtbankensektors (Phase 2), wobei dieser Wirkungszusammenhang zusätzlich ständigen Veränderungen unterworfen sein kann.
- Problem der externen Einflussnahme: Interessenvertreter politischer und nicht-politischer Natur können geneigt sein, zum eigenen Vorteil Einfluss auf geldpolitische Entscheidungen einer Zentralbank zu nehmen.

Den Ablauf des monetären Transmissionsprozesses veranschaulicht Abbildung 1. Dabei verdeutlicht sie zusätzlich, an welcher Stelle die unterschiedlichen „time-lags“ auftreten, und wo sich für eine effiziente Geldpolitik der Zentralbanken welche Probleme ergeben.

---

[18] Vgl. Issing, Otmar (1996), Seite174ff.
[19] Vgl. bspw. Svensson, Lars E.O. (1997a), Seite 4 und Europäische Zentralbank (2001a), Seite 47ff.

II. 3 Grundlegendes zur Ausgestaltung geldpolitischer Strategien

Aufgrund der Unsicherheiten des Wirkungszusammenhangs geldpolitischer Maßnahmen, die für Zentralbanken wegen ihrer Unkenntnis über den monetären Transmissionsmechanismus und die „time-lags" gegeben sind, sowie deren Auswirkungen auf das von ihnen verfolgte Endziel, bedienen sich Zentralbanken geldpolitischer Strategien als einer theoretischen Basis, auf deren Grundlage sie den geldpolitischen Instrumenteneinsatz vornehmen.

Geldpolitische Strategien sind definiert als theoretische Vorstellungen, nach denen über den geldpolitischen Instrumenteneinsatz zur Erreichung der der Zentralbank vorgegebenen Ziele entschieden wird.[20]

Ihre erste Aufgabe ist es, im sog. Innenverhältnis den geldpolitischen Entscheidungsträgern theoretisch fundierte Informationen bereitzustellen, anhand derer der entsprechende zielkonforme geldpolitische Instrumenteneinsatz erfolgt. Die zweite Aufgabe einer geldpolitischen Strategie bezieht sich auf das Zusammenspiel zwischen einer Notenbank und den Marktakteuren, dem sogenannten Außenverhältnis. Dabei dient die geldpolitische Strategie einer Notenbank als Mittel zur Kommunikation mit der Öffentlichkeit, indem sie letzterer verdeutlicht, anhand welcher Kriterien die einzelnen geldpolitischen Entscheidungen unter Berücksichtigung des zu erreichenden Endziels getroffen werden. Diese zweite Aufgabe kann eine Notenbank dabei um so besser erfüllen, je glaubwürdiger sie hinsichtlich des Willens des Erreichens ihres geldpolitischen Endziels ist.[21]

Für die Ausgestaltung geldpolitischer Strategien zur Erreichung des einer Zentralbank vorgegebenen Ziels[22] gibt es unterschiedliche Möglichkeiten. Bevor diese einzelnen, einer Zentralbank zur Verfügung stehenden Strategiekonzepte

---

[20] Vgl. Duwendag, D./Ketterer, K.-H./Kösters, W./Pohl, R./Simmert, D.B. (1999), Seite 322.

[21] Vgl. Europäische Zentralbank (1999a), Seite 47-48; Issing, Otmar (1999a), Seite 104 und Winkler, Bernhard (2000), Seite 15 und 17.

[22] Dies kann bspw. das Erreichen und Gewährleisten von Preisstabilität wie im Falle der Europäischen Zentralbank sein. Vgl. Europäische Zentralbank (1999a). Denkbar sind aber auch andere bzw. zusätzliche Ziele, wie das Erreichen eines hohen Beschäftigungsstandes Unterstützung der allgemeinen wirtschaftlichen Entwicklung oder Wechselkursstabilisierung.

dargestellt werden, wird als erster Schritt die Unterteilung, nach welchem Verfahren bzw. nach welcher Art der Entscheidungsfindung der geldpolitische Instrumenteneinsatz erfolgt, vorgenommen. Dies mündet in der Debatte um regelgebundene oder diskretionäre Strategien.

II. 3. 1 Rules versus Discretion

Grundsätzlich stehen der geldpolitischen Entscheidungsfindung im Rahmen geldpolitischer Strategien zwei Wege offen; zum einen der regelgebundene, zum anderen der diskretionäre (siehe Abbildung 2).

Unter einer regelgebundenen Geldpolitik ist zu verstehen, dass Zentralbanken genauen gesetzlichen oder verordnungsmäßigen Vorschriften unterworfen sind, die festlegen, wie in welcher Situation welcher geldpolitische Instrumenteneinsatz zu erfolgen hat. Diskretionäre Geldpolitik hingegen ermöglicht es einer Zentralbank, die Wahl ihrer geldpolitischen Maßnahmen nicht nach im voraus festgelegten Regeln vorzunehmen, sondern in Abhängigkeit von der aktuellen Gesamtsituation „von Fall zu Fall" zu entscheiden.[23] Der große Vorteil der diskretionären Geldpolitik, ihre Flexibilität, ist dabei auch ihr größter Nachteil.

Aufgrund dessen, dass die geldpolitischen Entscheidungsträger bezüglich ihrer geldpolitischen Maßnahmen keinen strikten Regeln unterworfen sind, wird es ihnen ermöglicht, flexibel auf die jeweilige wirtschaftliche Lage zu reagieren und den geldpolitischen Instrumenteneinsatz dementsprechend auszurichten. Dem steht gegenüber, dass es aufgrund dieser Flexibilität der Öffentlichkeit im voraus nicht möglich ist, aus der aktuellen wirtschaftlichen Lage die entsprechende geldpolitische Handlung der Notenbank abzuleiten. Dies führt neben der dem geldpolitischen Transmissionsprozess immanenten theoretischen Unsicherheit über den Wirkungszusammenhang zwischen dem Einsatz des geldpolitischen Instrumentariums und dessen Auswirkungen auf das Endziel zu zusätzli-

[23] Vgl. Issing, Otmar (1996), Seite 262.

cher Unsicherheit bei den Wirtschaftssubjekten bezüglich der Entscheidungsfindung der Zentralbank.

Abbildung 2: Die Struktur der Strategiewahl

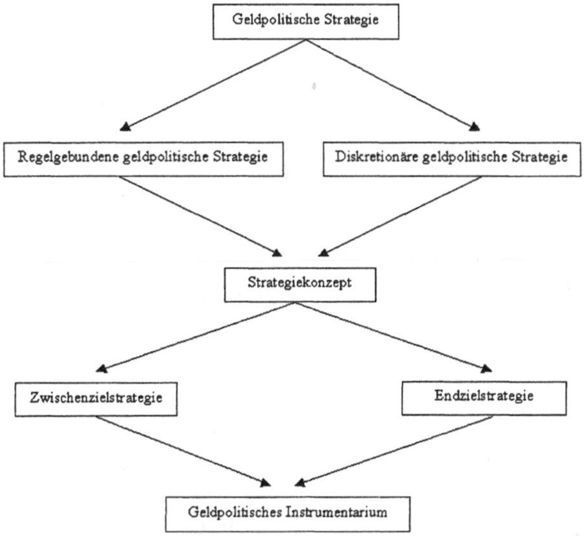

Quelle: Eigene Interpretation und Darstellung.

Um dieser Unsicherheit zu begegnen, besteht die Möglichkeit der Regelbindung der Notenbank auf institutioneller Ebene, indem bspw. durch Vorgabe von (Zwischen-)Zielen der Ermessensspielraum der Notenbank verringert und den geldpolitischen Entscheidungsträgern entsprechende Handlungsanweisungen gegeben werden. Aus einer derartigen Regelbindung lassen sich folgende Vorteile für die Geldpolitik ableiten.[24] Erstens verringert sie die Unsicherheit bei den Marktakteuren bezüglich der zu treffenden geldpolitischen Entscheidungen. Zweitens vermindert sie zumindest auf der Ebene der Zielerreichung die Gefahr bzw. die Möglichkeit der politischen Einflussnahme auf die Geldpolitik, da letz-

[24] Vgl. Taylor, John B. (1996), Seite 194.

terer durch die Regelbindung genaue Handlungsanweisungen hinsichtlich der zu erreichenden Ziele vorgegeben sind. Dies führt drittens dazu, dass im Falle von geldpolitischen Zielverfehlungen die Verantwortung dafür der Zentralbank zugewiesen werden kann, was bei ihr das Bestreben nach stabilen geldpolitischen Rahmenbedingungen erhöht. Und viertens wird durch sie das Problem der Zeitinkonsistenz, d. h., dass sich eine Strategie vor dem Zeitpunkt t_0 als optimal, im Zeitpunkt t_1 aber aufgrund sich ändernder Entscheidungsgrundlagen der Akteure als nicht mehr optimal erweist, beseitigt. Wie sich diese Problematik der Zeitinkonsistenz auf die Inflation, die Beschäftigung, das Volkseinkommen und insbesondere die Geldpolitik und Glaubwürdigkeit einer Zentralbank auswirkt, wurde ausführlich von *Kydland/Prescott* (1977) und *Barro/Gordon* (1983) anhand eines Modells über den Phillipskurvenzusammenhang und Geldpolitik bei rationalen Erwartungen untersucht.[25] Dieses Modell und die daraus gewonnenen Ergebnisse werden im folgenden kurz dargestellt.[26]

II. 3. 1. 1 Das Grundmodell der Zeitinkonsistenz von Kydland/Prescott und Barro/Gordon

Grundlage dieses Modells stellt ein erweitertes Phillipskurven-Modell dar, in dem von rationalen Erwartungen der Wirtschaftsakteure, symmetrischer Informationsverteilung und identischen Präferenzen ausgegangen wird. Zusätzlich ist den Wirtschaftssubjekten das ökonomische Modell, nach dem die Zentralbank ihre geldpolitischen Entscheidungen trifft, bekannt. Ausgegangen wird von einem Ein-Periodenfall. Die zwei Ausgangsgleichungen dieses Modells sind:[27]

(1) $U = U^* + c\,(\pi^e - \pi)$ mit $c > 0$

[25] Vgl. Kydland, Finn E./Prescott, Edward C. (1977) und Barro, Robert J./Gordon, David B. (1983).
[26] Eine ausführliche Darstellung des Modells findet sich auch in White, Lawrence H. (1999), Seite 194ff.
[27] Die formal-mathematische Darstellung des Grundmodells orientiert sich im folgenden an Fischer, C. (1997), Seite 58-63.

Hierbei bezeichnet U die aktuelle Höhe der Arbeitslosigkeit, U* das natürliche Maß an Arbeitslosigkeit, π^e die Inflationserwartungen der Wirtschaftssubjekte, π die tatsächliche Inflationsrate und c einen Steigungsparameter der Phillipskurve, der die Opportunitätskosten zwischen Inflation und Arbeitslosigkeit misst. Eine Absenkung der Arbeitslosigkeit (U) unter ihr natürliches Niveau (U*) ist somit nur möglich, wenn die tatsächlich realisierte Inflationsrate höher ist als die Inflationserwartungen der Wirtschaftssubjekte, d. h. wenn die Wirtschaftssubjekte einer Täuschung unterliegen. Dies entspräche einer Bewegung von Punkt A nach Punkt B in Abbildung 3.

$$(2) \qquad L = a\,(\pi - \pi^*)^2 + b\,(U - kU^*)^2 \qquad \text{mit } a, b > 0$$

In Gleichung (2) wird die gesamtwirtschaftliche Verlustfunktion dargestellt. Sie stellt die Grundlage für die Entscheidungen der Zentralbank dar. Der erste Term beschreibt dabei den Wohlfahrtsverlust in Form von durch Inflation verursachte volkswirtschaftliche Kosten, der durch die Abweichung der tatsächlichen Inflationsrate vom Zielinflationswert der Zentralbank (π^*) entsteht. Der zweite Term erfasst den Wohlfahrtsverlust, der durch die Abweichung der Arbeitslosigkeit (U) von dem Zielwert (kU*) entsteht. In diesem Modell liegt der Zielwert unter der natürlichen Arbeitslosigkeit von U*. Somit ergeben sich für den Koeffizienten k Werte zwischen null und eins. Die Parameter a und b geben an, mit welcher Gewichtung die Teilziele (geringe Inflation und/oder hohe Beschäftigung) in die Gesamtfunktion eingehen. Dass die Terme in quadratischer Form vorliegen deutet darauf hin, dass die gesellschaftlichen Wohlfahrtsverluste mit zunehmenden Abweichungen der Inflationsrate und der Arbeitslosigkeit von ihren Zielwerten exponentiell zunehmen. Angenommen, die Zentralbank würde eine Inflationsrate von null ($\pi^* = 0$) anstreben, so erhält man durch Einsetzen von Gleichung (1) in Gleichung (2):

$$(3) \qquad L = a\pi^2 + b\,[(1-k)\,U^* - c\,(\pi - \pi^e)]^2$$

Um daraus die wohlfahrtsoptimierende Inflationsrate π_{opt} zu berechnen, wird Gleichung (3) nach π differenziert und nach π_{opt} aufgelöst. Hieraus resultiert Gleichung (4):

$$(4) \qquad \pi_{opt} = [bc/(a + bc^2)] \, [(1 - k) \, U^* + c\pi^e]$$

Aus Gleichung (4) ist zu erkennen, dass bei einer diskretionären Geldpolitik die Inflationsrate um so höher ist, je stärker die Gesellschaft das Beschäftigungsziel gewichtet (d. h. je größer der Koeffizient b ist). Legt die Gesellschaft hingegen größeren Wert auf das Ziel der Geldwertstabilität (dies bedeutet einen höheren Koeffizienten a), so fällt die Inflationsrate bei diskretionärer Geldpolitik geringer aus.

Worin besteht nun im Zusammenhang mit diesem Modell das Zeitinkonsistenzproblem, also die Tatsache, dass sich eine Strategie vor dem Zeitpunkt t_0 als optimal, im Zeitpunkt t_1 aber aufgrund sich ändernder Entscheidungsgrundlagen der Akteure als nicht mehr optimal erweist?

Da der Zielwert der Zentralbank für die Beschäftigung (kU*) unter der natürlichen Arbeitslosigkeit (U*) liegt, wird sie bestrebt sein, dieses Ziel zu erreichen. Aus Gleichung (4) ist ersichtlich, dass mit zunehmender Bedeutung des Beschäftigungsziels der Koeffizient b und somit die optimale Inflationsrate ansteigt. Dadurch ist die anfängliche Ankündigung der Zentralbank, eine Inflation von null zu erzeugen, nicht glaubhaft, da bei einer höheren Inflationsrate (π) bei gleichzeitig niedrigen Inflationserwartungen der Wirtschaftssubjekte (π^e) ein höheres Beschäftigungsniveau (U) (siehe Gleichung (1)) erreicht werden kann. Für die Zentralbank besteht also der Anreiz, im Rahmen ihrer diskretionären Möglichkeiten der Durchführung der Geldpolitik von der anfangs angekündigten Inflation von null abzuweichen, um über eine sog. „Überraschungsinflation“ die Wirtschaftssubjekte zu täuschen und auf diesem Weg über niedrigere Reallöhne ein höheres Beschäftigungsniveau zu erreichen (Übergang von Punkt A nach B in Abbildung 3). Die Politik einer Null-Inflation ist für die Zentralbank also zeitinkonsistent, da durch eine Abweichung von der angekündigten Politik, bei konstanten Inflationserwartungen der Wirtschaftssubjekte, die Wohlfahrt im Sinne eines höheren Beschäftigungsniveaus gesteigert werden kann. Da die Wirtschaftssubjekte jedoch rational ihre Erwartungen bilden, und ihnen das ökonomische Modell, nach dem die Zentralbank ihre Entscheidungen trifft, bekannt ist, werden sie die Ankündigung einer Null-Inflationspolitik nicht als glaubhaft empfinden und ihre Inflationserwartungen dementsprechend anpassen. Als Ergebnis einer diskretionären Geldpolitik wird sich eine Situation einstellen, in der eine höhere Inflationsrate und aufgrund der Berücksichtigung der Preisniveausteigerungen durch die Wirtschaftssubjekte bei den Lohnverhandlungen ein Beschäftigungsgrad in Höhe des Ausgangswertes U* vorliegen (Übergang von Punkt B nach C in Abbildung 3). Eine diskretionäre Geldpolitik führt somit, unter der Annahme rationaler Erwartungen, zu einer Arbeitslosenquote und einer Inflationsrate, die oberhalb der gesellschaftlich angestrebten Werte liegen. Da die höhere Inflationsrate nicht mit einer Abnahme der Unterbeschäftigung unter ihr natürliches Niveau (U*) verbunden ist, führt eine diskretionäre Geldpolitik aufgrund des Problems der Zeitinkonsistenz zu Wohlfahrtseinbußen in Form von durch höhere Inflation verursachte volkswirtschaftliche Kosten.

Auf Basis dieser Argumentation leiten *Kydland/Prescott*[28] (1977) und *Barro/Gordon*[29] (1983 und 1985) die Vorteilhaftigkeit einer regelgebundenen Geldpolitik ab, da mit ihr im Gegensatz zu dem Ergebnis einer diskretionären Geldpolitik bei rationalen Erwartungen der Wirtschaftssubjekte eine Situation mit geringeren volkswirtschaftlichen Kosten im Sinne von Kosten der antizipierten und nicht antizipierten Inflation[30] erreicht werden kann. Doch wie sollte eine regelgebundene Geldpolitik aussehen, bzw. welche Arten monetärer Regeln oder andere Möglichkeiten der Zielbindung und –erreichung für die Geldpolitik

---

[28] Vgl. Kydland, Finn E./Prescott, Edward C. (1977), Seite 487.

[29] Vgl. Barro, Robert J./Gordon, David B. (1983), Seite 607 oder Barro, Robert J. (1985), Seite 27.

[30] Eine ausführliche Übersicht über antizipierte und nicht antizipierte Kosten der Inflation findet sich in Jarchow, H.-J. (1998), Seite 311-321.

gibt es? Das folgende Kapitel liefert hierfür einen Überblick, um die Problematik zu skizzieren.

Abbildung 3: Problem der Zeitinkonsistenz der Geldpolitik

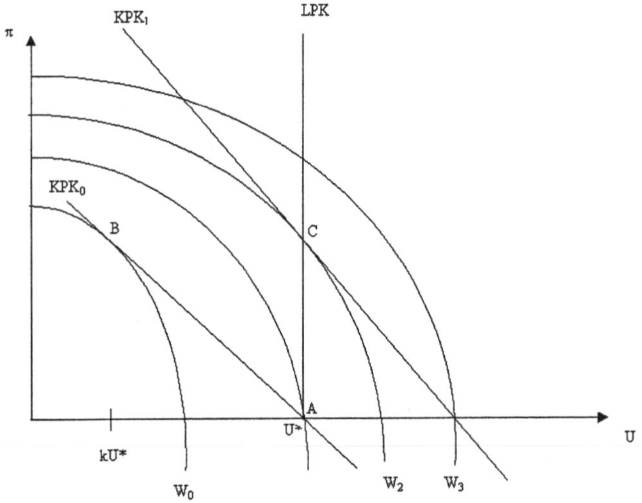

LPK	= langfristige Phillipskurve
KPK_1	= kurzfristige Phillipskurve mit positiven Inflationserwartungen
KPK_0	= kurzfristige Phillipskurve mit Inflationserwartungen von Null
U*	= natürliche Arbeitslosenrate
kU*	= Zielbeschäftigungswert
W	= Wohlfahrtsfunktionen

Quelle: In Anlehnung an Spahn, Heinz-Peter (1996), Seite 277.

II. 3. 1. 2 Monetäre Regeln und weitere Ansätze zur Etablierung von Glaubwürdigkeit

Die Bindung geldpolitischer Entscheidungen an monetäre Regeln führt zu einem Glaubwürdigkeitsgewinn der Zentralbank, und gewährleistet auf diese Weise eine effizientere Durchführbarkeit der Geldpolitik. Dabei kann diese Regelbindung auf zweierlei Art erfolgen.

Die erste Möglichkeit besteht in einer strikten Regelbindung der Geldpolitik. Dies wird als starre Regelbindung oder „open-loop policy" bezeichnet. Sie ist dadurch charakterisiert, dass Vorgaben für geldpolitische Handlungsweisen gemacht werden, bei denen sich ändernde wirtschaftliche Rahmenbedingungen während ihrer Durchführung keinerlei Berücksichtigung finden.[31] Der Paradefall für eine derartige Regelbindung der Geldpolitik bildet der von *Milton Friedman* (1959) unterbreitete Vorschlag eines jährlichen, prozentual konstanten Geldmengenwachstums (die sogenannte k%-Regel).[32] Befürworter einer derartigen Ausgestaltung der Geldpolitik führen an, dass die Selbstregulierungsmechanismen der Märkte ohne Eingreifen geldpolitischer Entscheidungsträger zu besseren Ergebnissen führen, da letztere nicht über die notwendige Kompetenz verfügen. Dem steht gegenüber, dass durch die Festlegung des Handlungsrahmens im voraus keinerlei Flexibilität der geldpolitischen Maßnahmen bezüglich des sich ändernden wirtschaftlichen Umfelds, unter anderem aufgrund von Finanzmarktinnovationen, besteht. Aus diesem Grund konnte sich die starre Regelbindung in der Praxis nicht durchsetzen.[33]

Die zweite Möglichkeit der Regelbindung der Geldpolitik, bezeichnet als „feedback-Regel" oder „closed-loop policy", trägt der an der starren Regelbindung formulierten Kritik der Unflexibilität gegenüber sich ändernden wirtschaftlichen Rahmenbedingungen Rechnung. Auch hier sind die geldpolitischen Handlungsregeln an den Eintritt spezifischer Ereignisse gebunden, jedoch er-

[31] Vgl. Hagen von, Jürgen (1998), Seite 1.
[32] Vgl. Friedman, Milton (1959).
[33] Vgl. Issing, Otmar (1998), Seite 173.

folgt eine Rückkopplung (feedback) vom angestrebten Endziel oder beobachteten Indikatoren und/oder Zwischenzielvariablen zurück zum Einsatz des geldpolitischen Instrumentariums. Als Folge kann anschließend eine dem „feedback" entsprechende Änderung im Einsatz des geldpolitischen Instrumentariums vorgenommen werden, die den geänderten Bedingungen Rechnung trägt.[34]

Neben der Möglichkeit geldpolitische Entscheidungen an Regeln zu binden gibt es auch Ansätze, die auf institutioneller Ebene der Ausgestaltung der Zentralbank ansetzen. So können bspw. Probleme auftreten, wenn in der Zielfunktion einer Zentralbank mehrere Größen, die es zu erreichen gilt, aufgeführt werden. Vor diesem Hintergrund entwickelte *Kenneth Rogoff* (1985) den Ansatz des „konservativen Zentralbänkers". Hiernach wird die Zielfunktion einer Zentralbank derart formuliert, dass sie dem jeweiligen Ziel der Geldpolitik, z.B. Preisstabilität oder Unterstützung der wirtschaftlichen Entwicklung, ein größeres Gewicht beimisst als die Regierung bzw. die Öffentlichkeit. Im Extremfall findet nur eine Größe Eingang in die Zielfunktion einer Zentralbank.[35] Diesem Ansatz kann allerdings entgegengehalten werden, dass die Zentralbank der realen wirtschaftlichen Entwicklung nicht genug Bedeutung beimisst, wodurch es zu einem „tradeoff" zwischen der strikten Verfolgung des jeweils hauptsächlichen Ziels der Geldpolitik und ihrer Flexibilität im Falle von Schocks kommen kann.

Um diesem „tradeoff" entgegenzuwirken, wurde der Vorschlag einer gemischten Strategie entworfen. Der Gedanke dabei ist, dass solange auftretende reale Schocks von geringer Bedeutung sind, an einer strikten Regel, bspw. einer Geldmengenregel im Sinne *Friedmans* (1959), festgehalten wird. Treten hingegen unvorhersehbare Störungen auf, so kann von dieser Regel abgewichen und flexibler reagiert werden.[36] Problematisch in diesem Zusammenhang ist allerdings, die Schwelle festzulegen, ab wann ein Schock als unvorhersehbar angesehen und damit das Aufkündigen der Regel gerechtfertigt werden kann.

---

[34] Vgl. Hagen von, Jürgen (1998), Seite 1-2.
[35] Vgl. Rogoff, Kenneth (1985).
[36] Vgl. Flood, Robert/Isard, Peter (1989).

Ein weiterer Vorschlag, der in ähnliche Richtung zielt, spricht einer Zentralbank nur unter Vorbehalt ihre Unabhängigkeit zu. Hier behält sich die Regierung die Möglichkeit des Eingreifens in die Geldpolitik mittels Vorbehaltsklauseln vor, um in Phasen wirtschaftlicher Instabilität in gewünschtem Maße Einfluss auf die Geldpolitik nehmen zu können.[37]

In Antizipation der Problematik der Gewichtung unterschiedlicher Ziele in der Zielfunktion einer Notenbank wurde der Vorschlag erarbeitet, eine Größe, die eine Strafe für die Zielverfehlung beinhaltet, in die Zielfunktion einzubauen. Diese Strafe für die Notenbank kann dabei pekuniärer oder nichtpekuniärer Art sein.[38]

Gegen diese Vorschläge der Internalisierung entsprechender Größen in die Zielfunktion einer Zentralbank hat es verschiedene Einwände gegeben, die unter anderem auf interne Inkonsistenzen und Probleme der Praktikabilität verweisen. So wird z. B. die Glaubwürdigkeitsproblematik von bilateralen Verträgen zwischen einer Notenbank und der jeweiligen Regierung betont. Ein derartiger Vertrag würde das Glaubwürdigkeitsproblem allerdings nur dann lösen, wenn an ihm auch dann festgehalten würde, wenn er sich ex post als nicht optimal erweist, und die Regierung dementsprechend auch auf einer Bestrafung besteht, wenn die Notenbank, durchaus in Übereinstimmung mit dem Interesse der Regierung, die Vorgaben nicht einhält. Allerdings ist fraglich, ob eine derartige vertragliche Ausgestaltung in der Lage ist, das Glaubwürdigkeitsproblem zu bekämpfen.[39]

II. 3. 2 Kriterien der Auswahl einer geldpolitischen Strategie

Nachdem die Entscheidung für eine Verfahrensweise im Sinne diskretionärer oder regelgebundener Geldpolitik getroffen wurde, besteht der nächste Schritt auf dem Weg zur Wahl eines entsprechenden Strategiekonzepts in der

[37] Vgl. Lohmann, Susanne (1992).
[38] Vgl. Persson, Thorsten (1995) und Walsh, Carl E. (1995).
[39] Vgl. bspw. Green, John H.(1996) und McCallum, Bennet T. (1995).

Analyse, inwieweit die zu wählende Strategie bestimmten Kriterien entspricht. Dabei ist allen Strategiekonzepten gemein, dass sie dieselben Kriterien erfüllen müssen, um eine effiziente Geldpolitik zu gewährleisten. Diese Kriterien sind:[40]

- Effektivität: Die Strategie muss in bezug auf das Endziel effektiv sein. Dies bedeutet, dass sie unter Berücksichtigung nationaler Besonderheiten im Finanzsystem und im Transmissionsmechanismus das Erreichen des Endziels gewährleistet. Dazu bedarf es einer theoretischen Fundierung und empirischer Untermauerung.
- Transparenz: Die geldpolitische Zielsetzung und Entscheidungsfindung muss der Öffentlichkeit durch die Strategie verständlich dargestellt werden. Dazu bedarf es einer verständlichen Formulierung und vor allem auch Veröffentlichung der geldpolitischen Strategie und der in ihrem Rahmen zu verfolgenden geldpolitischen Ziele und zu treffenden geldpolitischen Entscheidungen. Die damit verbundene Selbstdisziplinierung der Zentralbank bedeutet zugleich einen Rechtfertigungszwang, wenn von den veröffentlichten Zielen abgewichen wird.
- Verantwortlichkeit: Die Formulierung und Veröffentlichung der Ziele im Rahmen der geldpolitischen Strategie muss die Verantwortlichkeit für deren Erreichen eindeutig der Zentralbank zuweisen. Dies führt, ähnlich wie ein hohes Maß an Transparenz, zu einer Rechtfertigung geldpolitischen Handelns gegenüber der Öffentlichkeit und auf diesem Wege zu einer Selbstdisziplinierung der Notenbank.
- Kontinuität: Die Strategie muss für einen langen Zeitraum angelegt sein, um über klare Entscheidungsfindungen verstetigend zu wirken. Voraussetzung hierfür ist, dass sich die gewählte Strategie als robust gegenüber sowohl wirtschaftlichen als auch institutionellen Änderungen in ihrem Umfeld erweist. Dies bedeutet, dass eine Zentralbank an der von

[40] Vgl. Deutsche Bundesbank (1998a), Seite 34 oder Jarchow, H.-J. (1998), Seite 336ff.

ihr verfolgten geldpolitischen Strategie auch in schwierigen Zeiten festhält.

Neben diesen Kriterien für die Ausgestaltung einer effizienten geldpolitischen Strategie spielt der adäquate Einsatz des geldpolitischen Instrumentariums im Sinne des Erreichens des einer Zentralbank vorgegebenen Endziels eine entscheidende Rolle. Auf welcher theoretischen Basis dieser Instrumenteneinsatz stattfindet, wird durch die im folgenden zu besprechenden Strategiekonzepte festgelegt.

II. 4 Die unterschiedlichen Strategiekonzepte

Die Notwendigkeit geldpolitischer Strategien ergibt sich aus der Unsicherheit über die Auswirkungen geldpolitischer Maßnahmen über den monetären Transmissionsmechanismus auf das/die von einer Zentralbank verfolgte(n) Endziel(e). Die dabei einer Zentralbank zur Verfügung stehenden Varianten der Ausgestaltung geldpolitischer Strategien lassen sich in sogenannte „Zwischenzielstrategien“ und „Endzielstrategien“ unterteilen (siehe Abbildung 2).

Dabei unterscheiden sich diese beiden Strategiekonzepte nicht in den verfolgten Endzielen, sondern lediglich in der Art und Weise, wie der geldpolitische Instrumenteneinsatz erfolgt bzw. welche Informationen ihm zugrunde gelegt werden und wie und wann auf eventuelle Schocks reagiert wird. Für eine Notenbank bietet die Ausrichtung ihrer Geldpolitik an einer geldpolitischen Strategie dabei mehrere Vorteile. Erstens verfügt das Entscheidungsgremium einer Zentralbank über eine eindeutige Regel, anhand derer der Einsatz des geldpolitischen Instrumentariums vorgenommen werden kann. Dies trägt zu einer Stabilisierung des Innenverhältnisses einer Notenbank bei, da über die Formulierung der Strategie Einigkeit über die Vorstellungen geldpolitischer Wirkungszusammenhänge erreicht wird. Zweitens kann die Formulierung eines geldpolitischen Strategiekonzepts im sogenannten Außenverhältnis die Glaubwürdigkeit der Geldpolitik erhöhen, da sie für die Marktteilnehmer die geldpolitische Entscheidungsfindung transparenter und somit nachvollziehbarer macht.[41] Für welches Strategiekonzept sich eine Notenbank letztendlich entscheidet bzw. welches für sie die Durchführung einer effizienten Geldpolitik ermöglicht, hängt dabei in besonderem Maße von nationalen Gegebenheiten, wie bspw. Größe, außenwirtschaftliche Verflechtungen und Finanzmarktstrukturen ab.[42] Die Wahl hat sie dabei, wie oben angesprochen, zwischen den Varianten einer Zwischenzielstrategie, bspw. in Form einer Steuerung des Wechselkurses, eines Geldmengenaggregates oder des nominalen Bruttoinlandsprodukts, einer Endzielstrategie in Form einer direkten Inflationssteuerung oder einer geldpolitischen Strategie ohne explizitem, nominalem Ziel.[43] Da bei der Diskussion über die adäquate geldpolitische Strategie für die Europäische Zentralbank nur zwei dieser möglichen geldpolitischen Strategien in Frage kamen[44], nämlich die der Zwischenzielstrategie in Form einer Geldmengensteuerung (sog. monetary targeting), wobei in diesem Zusammenhang auch auf die Diskussion über die geeignetste Zwischenzielgröße eingegangen wird, und die der Endzielstrategie in Form einer direkten Inflationssteuerung (Inflation Targeting), werden auch nur diese beiden Konzepte untersucht.[45]

II. 4. 1 Die Zwischenzielstrategie

Die Suche nach adäquaten, geldpolitischen Strategien begann erneut mit dem Zusammenbruch des Festkurssystems von Bretton Woods zu Beginn der 70'er Jahre des 20. Jahrhunderts. Da die an diesem Festkurssystem teilnehmen-

[41] Vgl. Bofinger, Peter/Reischle, Julian/Schächter, Andrea (1996), Seite 243.
[42] Vgl. Deutsche Bundesbank (1998a), Seite 34.
[43] Für eine Diskussion dieser möglichen Strategiekonzepte vgl. bspw. Mishkin, Frederic S. (1999); Mishkin, Frederic S. (1997a); Svensson, Lars E.O. (1998a) und /oder Rogoff, Kenneth (1985), Seite 1181-1186.
[44] Vgl. European Monetary Institute (1997), Seite 1.
[45] Für eine Diskussion weiterer geldpolitischer Strategietypen vgl. bspw. Calvo, Guillermo A./Reinhart, Carmen M./Végh, Carlos A. (1994); Hall, Robert E./Mankiw, Gregory N. (1994); Mishkin, Frederic S. (1997); Mishkin, Frederic S. (1999) und Jensen, Henrik (1999).

den Länder aufgrund der Aufgabe fester Wechselkursbindungen die Möglichkeit erhielten, eine eigenständige nationale Geldpolitik zu betreiben, mussten sie sich geldpolitisch neu orientieren. Als Folge hiervon entschieden sich in diesem Zeitraum die G7-Länder Deutschland, Vereinigtes Königreich, Frankreich, Italien, Japan, Kanada und die USA vor dem Hintergrund hoher Inflation im Zusammenspiel mit erheblichem und volatilem Geldmengenwachstum und expansiver Fiskalpolitik für das Konzept einer Zwischenzielstrategie in Form einer Geldmengensteuerung (monetary targeting).[46] Der Hauptgrund, warum sich eine Notenbank für eine Zwischenzielstrategie entscheidet, ist der, dass es ihr über den Einsatz des ihr zur Verfügung stehenden geldpolitischen Instrumentariums aufgrund der Mehrstufigkeit des monetären Transmissionsmechanismus nicht möglich ist, das von ihr verfolgte Endziel unmittelbar zu beeinflussen. Somit bedient sich die Zentralbank einer sog. Zwischenzielvariable, die sie anstelle des Endziels über ihr geldpolitisches Instrumentarium steuert und von der sie sich die entsprechenden Auswirkungen auf das von ihr verfolgte Endziel verspricht.[47] Zwischenziele sind somit Variablen, die zwischen den von einer Notenbank direkt steuerbaren Größen und dem nur indirekt zu beeinflussenden Endziel liegen und von denen entsprechende Signalwirkungen für den geldpolitischen Kurs und Auswirkungen auf das Endziel erwartet werden. Das Ziel der Notenbanken ist es also, mittels der Zwischenzielstrategie die bereits besprochenen Probleme einer effizienten Geldpolitik, zu nennen sind hier das Unsicherheitsproblem, das Theorieproblem und das Problem der externen Einflussnahme, zu minimieren, und gleichzeitig die durch die zeitlichen Wirkungsverzögerungen („time-lags") während des monetären Transmissionsprozesses verursachten Ineffizienzen des Einsatzes des geldpolitischen Instrumentariums in bezug auf das Erreichen des

---

[46] Vgl. Argy, Victor (1990), Seite 37. Für eine ausführliche Studie über die Länder Neuseeland, Kanada, England und Deutschland siehe Mishkin, Frederic S./Posen, Adam S. (1997b). Zusätzlich für die Länder USA., Schweiz und Japan siehe Bernanke, Ben S./Mishkin, Frederic S. (1992). Eine Untersuchung über die Zwischenzielstrategien von 91 Ländern liefert Sterne, Gabriel (1999).

[47] Vgl. Issing, Otmar (1996), Seite 179.

Endziels zu verringern.[48] Somit bedient sich eine Zentralbank in diesem Falle einer zweistufigen Strategie, wobei in der ersten Stufe auf der Grundlage eines normativen Wertes für das Endziel ein entsprechender Wert für die Zwischenzielvariable abgeleitet wird, und in der zweiten Stufe der Einsatz des geldpolitischen Instrumentariums entsprechend dem Erreichen des für die Zwischenzielvariable festgelegten Wertes vorgenommen wird.[49]

Die Vorteile einer derartigen Zwischenzielstrategie liegen erstens darin, dass die Zwischenzielvariable früher als das von einer Notenbank verfolgte Endziel geldpolitischen Handlungsbedarf aufgrund monetärer als auch realwirtschaftlicher Veränderungen signalisiert. Dies ist darauf zurückzuführen, dass die Zwischenzielvariable früher im monetären Transmissionsprozess bzw. zwischen den von einer Notenbank direkt steuerbaren Größen und dem von ihr nur indirekt zu beeinflussenden Endziel angesiedelt ist. Aus diesen Signalen des Zwischenziels können dann rechtzeitig geldpolitische Korrekturmaßnahmen anhand eines entsprechenden geldpolitischen Instrumenteneinsatzes abgeleitet werden, um den im voraus bestimmten normativen Wert für das Endziel doch noch zu erreichen. Durch diesen Kontroll- und Korrekturmechanismus wird die Geldpolitik insgesamt effizienter, da aus Unsicherheits- und Theorieproblemen resultierende Fehler schneller erkannt und behoben werden können. Allerdings ist es einer Notenbank nur möglich, geldpolitische Korrekturmaßnahmen einzuleiten, solange sich die die Effizienz der Geldpolitik gefährdenden Probleme innerhalb des „inside-lag„ und „intermediate-lag" einstellen, da nur hier rechtzeitig monetäre Operationen durchgeführt werden können, die die Zwischenzielvariable in dem gewünschten Maße beeinflussen, welches eine adäquate Zielerreichung des normativen Wertes für das Endziel gewährleistet.

Zweitens verringert sich die Gefahr externer Einflussnahme auf geldpolitische Entscheidungen, da zu der Begründung der Entscheidungen von Seiten der

---

[48] Vgl. bspw. Saving, Thomas R. (1967), Seite 448; Brunner, Karl/Meltzer, Allan H. (1969), Seite 2 oder Bofinger, Peter/Reischle, Julian/Schächter, Andrea (1996), Seite 246.

[49] Vgl. bspw. Friedman, Benjamin (1990), Seite 1202 oder McCallum, Bennet T. (1990), Seite 46.

Notenbank auf die Entwicklung der Zwischenzielvariablen verwiesen werden kann. Über die Veröffentlichung der Entwicklung der Zwischenzielvariablen wird es zusätzlich der Öffentlichkeit ermöglicht, die getroffenen geldpolitischen Entscheidungen vor dem Hintergrund der veröffentlichten geldpolitischen Strategie zu beobachten und zu bewerten. Dies führt auf Seiten der Notenbank zu erhöhter Verantwortlichkeit bezüglich getroffener Entscheidungen und wirkt auf der anderen Seite verstetigend auf die Geldpolitik, da es den Marktteilnehmern ermöglicht wird, entsprechende Erwartungen zu bilden, die nicht durch überraschende Änderungen im geldpolitischen Kurs zunichte gemacht werden.

Die Funktionsweise einer derartigen Zwischenzielstrategie wird in Abbildung 4 widergegeben.

Abbildung 4: Monetärer Transmissionsprozess und Zwischenzielstrategie

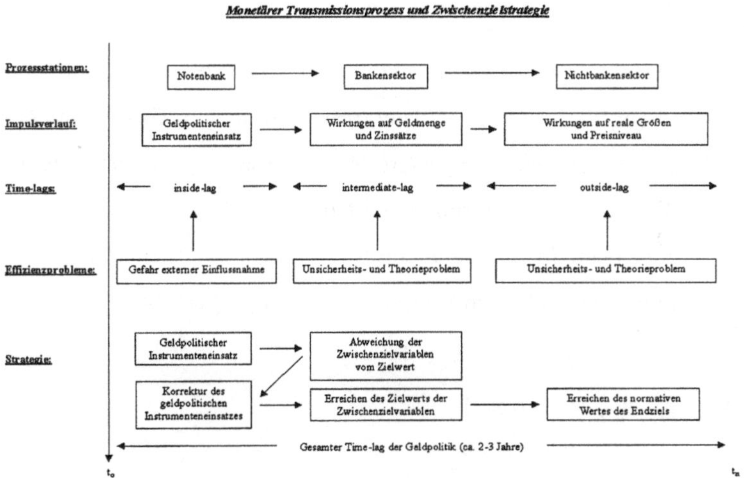

Quelle: In Anlehnung an Francke, Hans-Hermann (1999); eigene Erweiterungen.

Formal lässt sich die Funktionsweise einer Zwischenzielstrategie folgendermaßen darstellen. Ausgehend von einer Strategie der *direkten* Steuerung des entsprechenden Endziels (π) (bspw. Inflationsrate oder eine Kombination aus Output und Inflationsrate)[50], ist dieses direkt abhängig von exogenen Variablen, dem geldpolitischen Instrumenteneinsatz und einer Störgröße, wie Gleichung (1) verdeutlicht:[51]

$$(1) \qquad \pi_{t+1} = \beta\, x_{t-1} + \delta\, g_t + u_{t+1},$$

wobei π_{t+1} den Wert des Endziels in Periode t+1 darstellt, sowie x_{t-1} einen Vektor exogener, in der Vergangenheit beobachteter Variablen, die Einfluss auf das Endziel haben, g_t den von der Zentralbank kontrollierten, geldpolitischen Instrumenteneinsatz, β und δ Gewichtungsfaktoren der Größen x und g, wobei gilt $0 \leq \beta \leq 1$ und $0 \leq \delta \leq 1$, und u_{t+1} eine sich auf das Endziel auswirkende Störgröße.

Durch Umformung von Gleichung (1) und Einsetzen des von der Zentralbank erwünschten Werts für das Endziel (π^*) erhält man in Gleichung (2), unter der Annahme, dass der Erwartungswert der Störgröße u_{t+1} in Abhängigkeit von in Periode t-1 verfügbaren Informationen Null ergibt [$E(u_{t+1}|I_{t-1}) = 0$], den optimalen geldpolitischen Instrumenteneinsatz, welcher unmittelbar in Bezug auf den erwünschten, zu erzielenden Wert des Endziels (π^*) erfolgt.

$$(2) \qquad g_t^* = \frac{1}{\delta}\,(\pi^* - \beta\, x_{t-1})$$

Maßgeblich für den geldpolitischen Instrumenteneinsatz ist somit der Wert des von der Notenbank vorgegebenen Werts für das Endziel (π^*).

---

[50] Vgl. Brunner, Karl/Meltzer, Allan H. (1969).

[51] Die formale Darstellung orientiert sich dabei an Hagen von, Jürgen (1998), Seite 3-4.

Im Gegensatz dazu wird der geldpolitische Instrumenteneinsatz (g) im Rahmen einer *Zwischenzielstrategie* am Zwischenziel (z) ausgerichtet. Daraus ergeben sich folgende Modifikationen für Gleichung (1):

(3) $\pi_{t+1} = \beta_z x_{t-1} + \delta_z z_t + \epsilon_{z,t+1}$

Das Endziel (π) in t+1 ist somit nicht mehr direkt vom geldpolitischen Instrumenteneinsatz (g) in Periode t, sondern statt dessen von der Entwicklung der Zwischenzielgröße (z) in Periode t abhängig. Letztere wird nun direkt durch den geldpolitischen Instrumenteneinsatz (g) bestimmt, was in Gleichung (4) zum Ausdruck kommt:

(4) $z_t = \alpha_z z_{t-1} + \theta_z g_t + \eta_{z,t}$, mit $0 \leq \alpha, \theta \leq 1$ als Gewichtung

Wie oben bereits dargestellt, verläuft eine Zwischenzielstrategie in einem zweistufigen Prozess, wobei in der ersten Stufe auf der Grundlage eines normativen Wertes für das Endziel (π^*) ein entsprechender Wert für die Zwischenzielvariable (z_t^*) abgeleitet wird, und in der zweiten Stufe der Einsatz des geldpolitischen Instrumentariums (g_t^*) entsprechend dem Erreichen des für die Zwischenzielvariable festgelegten Wertes (z_t^*) vorgenommen wird. Dies wird in den Gleichungen (5) und (6) verdeutlicht:

(5) $z_t^* = \frac{1}{\beta_z}(\pi^* - \beta_z x_{t-1})$

(6) $g_t^* = \frac{1}{\theta}(z_t^* - \alpha_z z_{t-1} - \eta_{z,t})$

Aus Gleichung (6) ist auch der Hauptvorteil einer Zwischenzielstrategie zu erkennen. Dadurch, dass die Zwischenzielvariable früher als das von einer Notenbank verfolgte Endziel geldpolitischen Handlungsbedarf aufgrund unvorhersehbarer, exogener Schocks ($\eta_{z,t}$) signalisiert, ist es einer Notenbank möglich, rechtzeitig geldpolitische Korrekturmaßnahmen anhand des entsprechenden geldpolitischen Instrumenteneinsatzes vorzunehmen, um den im voraus bestimmten normativen Wert für das Endziel doch noch zu erreichen. Somit erweist sich eine Zwischenzielstrategie, verglichen mit einer auf direkte Steuerung des Endziels ausgerichteten Strategie, als effizienter. Diese Effizienz besteht in der durch die Möglichkeit des früheren Ergreifens geldpolitischer Korrekturmaßnahmen bedingten Minimierung der Abweichungen des Wertes des Endziels (π) von seinem normativen, im voraus festgelegten Wert (π^*). Dies lässt sich in einer Verlustfunktion einer Zentralbank abbilden:[52]

$$(7) \qquad L(\pi) = \frac{1}{2}(\pi - \pi^*)^2$$

Die Kosten bestehen dabei in Wohlfahrtsverlusten, die durch die Schwankungen des tatsächlichen Wertes des Endziels (π) um den Zielwert (π^*) entstehen. Handelt es sich bei dem Endziel bspw. um die Inflationsrate, so bestehen die Kosten einer Zielverfehlung bei bspw. einer Überschreitung des Zielwerts ($\pi > \pi^*$) in Kosten der nicht antizipierten Inflation, wie z. B. Effekten der Redistribution auf Einkommen und/oder Vermögen oder Allokationseffekten.[53]

Um die Effizienz einer derartigen Zwischenzielstrategie zu gewährleisten, werden bestimmte Anforderungen an die verwendeten Zwischenzielvariablen gestellt und Indikatoren benötigt, die die Stärke und Richtung geldpolitischer Maßnahmen anzeigen. Wie diese Indikatoren und Zwischenzielvariablen mit Blick auf die Zielerreichung ausgestaltet werden müssen, wird in dem folgenden Kapitel behandelt.

---

[52] Vgl. bspw. Svensson, Lars E.O. (1996a), Seite 5 oder Chadha, Jagjit S./Schellekens, Philip (1999), Seite 5. Eine derartige Verlustfunktion kann auch weitere Momente beinhalten, wie z. B. einen gewissen Zielgrad an Beschäftigung oder Output. Vgl. dazu bspw. Svensson, Lars E.O. (1997b), Seite 99 oder Illing, Gerhard (1997), Seite 113-115.

[53] Eine ausführliche Übersicht über antizipierte und nicht antizipierte Kosten der Inflation findet sich in Jarchow, H.-J. (1998), Seite 311-321.

II. 4. 1. 1 Das Indikator- und Zwischenzielproblem

Die Notwendigkeit von Indikatoren für die Geldpolitik ergibt sich aus der Tatsache, dass aufgrund von Änderungen im wirtschaftlichen Prozess geldpolitische Maßnahmen überprüft und eventuell angepasst werden müssen. Dabei ist es die Aufgabe der Indikatoren, diese Notwendigkeit des Überprüfens und Anpassens anzuzeigen.[54]

Unter dem *Indikatorproblem* wird somit die Suche nach den entsprechenden monetären Variablen, die die Messung geldpolitischer Impulse auf gesamtwirtschaftliche Zielgrößen ermöglichen, verstanden.[55]

Je nach Ausgestaltung der Indikatoren lassen sich zwei Arten unterscheiden: Zum einen „Frühindikatoren", die, falls aufgrund der aktuellen monetären und realwirtschaftlichen Entwicklung die Gefahr der Verfehlung des für das Endziel festgelegten Wertes besteht, geldpolitischen Handlungsbedarf signalisieren. Zum anderen „Wirkungsindikatoren", die die Wirkungsrichtung und –stärke des geldpolitischen Kurses anzeigen, der für das Erreichen des Endziels notwendig ist.[56] Um die Wirkungen geldpolitischer Aktivitäten messen zu können, werden in der Wissenschaft drei Konzepte aufgeführt: das quantitative, das klassifikatorische und das komparative Konzept.[57] Hierbei ist von den genannten Konzepten das quantitative Konzept das genaueste, da mit seiner Hilfe exakt die Auswirkungen der Geldpolitik auf eine entsprechende Zielgröße ermittelt werden können.[58] Da hierzu allerdings die gesamte Struktur des monetären Transmissionsmechanismus und des Wirtschaftsprozesses bekannt sein müsste, ist dieses Verfahren eine nicht zu praktizierende „first-best Lösung". Über die klassifikatorische Messung erhält man die ungenauesten Ergebnisse, da mit Hilfe

---

[54] Vgl. Saving, Thomas R. (1967), Seite 450.
[55] Vgl. Neumann, Manfred J.M. (1974), Seite 361.
[56] Vgl. bspw. Brunner, Karl/Meltzer, Allan H. (1967), Seite 187; Issing, Otmar (1994), Seite 4 oder Deutsche Bundesbank (1999), Seite 48.
[57] Vgl. Neumann, Manfred J.M. (1974), Seite 366-368.
[58] Brunner/Meltzer bezeichnen deshalb dieses Konzept auch als den „wahren Indikator". Hierzu und für eine formale Darstellung des Indikatorproblems vgl. bspw. Brunner, Karl/Meltzer, Allan H. (1969), Seite 10-22 oder Kamien, Morton I./Schwartz, Nancy L. (1969), Seite 101-110.

dieses Konzepts lediglich Informationen über die Richtung der monetären Wirkungen auf die von einer Notenbank verfolgten Endziele gewonnen werden können. Die Wirkungen der geldpolitischen Maßnahmen werden somit lediglich in Klassen, wie bspw. expansiv oder kontraktiv, eingeteilt. Als „second-best Lösung" steht einer Zentralbank als drittes das Konzept der komparativen Indikatoren zur Verfügung. Dabei handelt es sich um ordinale Indikatoren, die es ermöglichen, die Wirkungen monetärer Impulse zum einen zu klassifizieren, und zum anderen innerhalb der Klassen Aussagen über die Stärke der Wirkungen der einzelnen Indikatoren zu treffen, ohne das eine exakte Quantifizierung notwendig ist, so dass die Indikatoren ihrer Wirkungsweise nach in eine Rangfolge gebracht werden können. Für dieses in der Praxis verwendete Verfahren bieten sich monetäre Variablen, wie bspw. Geldvolumen, Marktzinssätze, Liquiditätsanlagen oder Kreditvolumen an.[59] Allerdings müssen alle monetären Variablen gewissen Anforderungen entsprechen, um als Indikatoren zuverlässige Ergebnisse liefern zu können. Diese Anforderungen sind:[60]

- Dass sie gut und ohne zeitliche Verzögerungen durch die Notenbank beobachtet werden können.
- Dass sie nahe an den geldpolitischen Maßnahmen sind, damit sie die Wirkungen des korrigierten Einsatzes des geldpolitischen Instrumentariums schnell anzeigen.
- Dass sie in engem Verhältnis zu der Zwischenzielvariablen oder dem Endziel stehen, damit bestimmten Änderungen der Indikatoren möglichst genau vorhersehbare Änderungen der Zwischenzielvariablen und/oder des Endziels folgen.

---

[59] Vgl. Neumann, Manfred J.M. (1974), Seite 368. Für die Untersuchung verschiedener Variablen auf ihre Indikatorqualitäten hin vgl. bspw. Saving, Thomas R. (1967), Seite 454-455 oder Brunner, Karl/Meltzer, Allan H. (1967), Seite 196-203. Für eine empirische Überprüfung der Qualität verschiedener Indikatoren vgl. bspw. McCallum, Bennet T. (1990), Seite 55-61; Stock, James H./Watson, Mark W. (1999) oder Cecchetti, Stephen G./Chu, Rita S./Steindel, Charles (2000).

[60] Vgl. Saving, Thomas R. (1967), Seite 450.

Uneinigkeit herrscht allerdings darüber, wie viele monetäre Variablen bei der Durchführung der Geldpolitik als Indikatoren verwendet werden sollen. Die Verfechter des Mehrindikatoransatzes weisen darauf hin, dass durch das Heranziehen lediglich eines Indikators wichtige Informationen für die Geldpolitik verloren gehen könnten,[61] wohingegen die Befürworter eines Einindikatoransatzes argumentieren, dass die Beobachtung mehrerer Indikatoren zu Widersprüchen führen kann, wenn sie unterschiedliche Signale für die Geldpolitik geben.[62]

Vom Indikatorproblem zu unterscheiden ist das *Zwischenzielproblem*. Hierunter wird die im Rahmen einer Zwischenzielstrategie zu treffende Wahl des oder der optimalen Zwischenzielvariablen verstanden.[63] Dabei sind Zwischenziele Variablen, die zwischen den von einer Notenbank direkt steuerbaren Größen und dem nur indirekt zu beeinflussenden Endziel liegen und von denen entsprechende Signalwirkungen für den geldpolitischen Kurs und Auswirkungen auf das Endziel erwartet werden. Damit eine Zwischenzielvariable den ihr durch eine Zwischenzielstrategie zugewiesenen Aufgaben der Verringerung der Probleme einer effizienten Geldpolitik und der Minimierung der durch die „timelags" hervorgerufenen Ineffizienzen des Einsatzes des geldpolitischen Instrumentariums entsprechen kann, muss sie folgende Kriterien erfüllen:[64]

- Es muss sich um eine monetäre Variable handeln, da Notenbanken nur auf den Geldsektor einwirken können.
- Es ist notwendig, dass es sich um eine Größe handelt, die sich durch die Zentralbank gut und ohne zeitliche Verzögerungen beobachten lässt.
- Um zu gewährleisten, dass über den Einsatz des geldpolitischen Instrumentariums die gewünschten Impulse an die Zwischenzielvariable

[61] Vgl. bspw. Friedman, Benjamin M. (1975), Seite 470; Issing, Otmar (1994), Seite 4 oder Deutsche Bundesbank (1998a), Seite 39.
[62] Vgl. bspw. Neumann, Manfred J.M. (1974), Seite 371 oder Deutsche Bundesbank (1995), Seite 70.
[63] Vgl. Neumann, Manfred J.M. (1974), Seite 361.
[64] Vgl. Saving, Thomas R. (1967), Seite 449; Issing, Otmar (1996), Seite 179 und Svensson, Lars E.O. (1998a), Seite 10.

weitergegeben werden können, muss sie seitens der Zentralbank über den geldpolitischen Instrumenteneinsatz gut kontrolliert werden können (Kontrollkriterium).

- Die Zwischenzielvariable muss in einem engen Zusammenhang mit dem Endziel stehen, damit geldpolitische Impulse in entsprechender Weise über die Zwischenzielgröße an das Endziel weitergegeben werden (Endzielkriterium).

Werden die Anforderungen, die von Indikatoren und Zwischenzielvariablen erfüllt werden müssen, miteinander verglichen, so ist zu erkennen, dass letztere auch als Indikatoren verwendet werden können, erstere aber nicht als Zwischenzielvariablen. Dies liegt daran, dass Zwischenzielgrößen im Gegensatz zu monetären Indikatoren zumindest mittelfristig über den Einsatz des geldpolitischen Instrumentariums durch eine Notenbank steuerbar sein müssen.[65] Für Indikatoren ist dies nicht notwendig, da sie lediglich die Funktion ökonomischer Informationsträger für die kurze bis mittelfristige Orientierung haben.

II. 4. 1. 2 Geldmenge versus Zins als Zwischenzielgröße

Als Zwischenzielgröße bzw. –variable kommen theoretisch alle monetären Größen in Betracht, die den oben genannten Kriterien genügen. Beschränkend wirken dabei allerdings nationale und institutionelle Bedingungen des monetären Sektors eines Landes. Prinzipiell können verschiedenste Größen, wie bspw. Zinssätze, Geldmengenaggregate, Kredite oder Bankenliquidität als Zwischenzielgrößen verwendet werden.[66] Im folgenden wird die Diskussion um die „richtige" Zwischenzielgröße auf Geldmengenaggregate und Zinsen beschränkt, da diese die beiden populärsten und im Hinblick auf die Geldpolitik im Euro-Währungsgebiet relevantesten Alternativen sind.

[65] Vgl. Saving, Thomas R. (1967), Seite 455 und Issing, Otmar (1994), Seite 4.
[66] Vgl. Deutsche Bundesbank (1995), Seite 68.

In seinem grundlegenden Artikel von 1970 zu der Diskussion über die Verwendung von Zins- oder Geldmengenaggregaten als Zwischenzielvariablen der Geldpolitik entwickelte *William Poole* ein Kriterium zur Bestimmung der Vorteilhaftigkeit der entsprechenden Variablen unter Berücksichtigung des Auftretens exogener Schocks.[67] Hierbei bediente er sich bei der Analyse der optimalen Zwischenzielvariablen des *Hicks*'schen IS-LM-Modells. Für die Geldpolitik ergaben sich daraus drei Alternativen für Zwischenzielvariablen, die je nach der Ursache exogener Störungen bessere Ergebnisse in Bezug auf das von der Notenbank verfolgte Endziel liefern. Diese drei Alternativen bestehen entweder in der Wahl eines reinen Zwischenziels in Form der Geldmenge oder des Zinses oder einer Kombination aus beidem. Das zu verfolgende Endziel besteht dabei in der Minimierung der Schwankungen des Einkommens um den Vollbeschäftigung garantierenden Wert des Einkommens. Ausgangspunkt für die Untersuchung bildet die formale Darstellung des IS-LM-Modells, welches um eine stochastische Struktur erweitert wird:[68]

(1) $y = a_1 r + u_1;$ mit $a_1 < 0$

(2) $m = b_1 r + b_2 y + u_2;$ mit $b_1 < 0 < b_2$

Gleichung (1) beschreibt das reale Volkseinkommen (y), welches durch den Zinssatz (r) und die stochastische Variable (u_1), die alle auf güterwirtschaftliche Bestimmungsfaktoren einwirkenden Schocks erfasst, bestimmt wird. Gleichung (2) stellt den Geldmarkt dar, auf dem das Geldangebot m der nachgefragten Geldmenge, welche vom Zins (r) und dem Einkommen (y) abhängt, entspricht. Die Variable u_2 beinhaltet dabei alle auf den Geldmarkt einwirkenden Schocks. Für die Geldpolitik stellt sich die Frage nach der entsprechenden Zwischenzielvariablen. Dabei kann sie sich zwischen dem Zinssatz (r*) und der Geldmenge (m*) entscheiden. Die Entscheidung für die jeweilige Variable wird

[67] Vgl. Poole, William (1970). Eine gute, darauf aufbauende Darstellung findet sich auch bei Friedman, Benjamin M. (1977), Seite 301-305.
[68] Die formale Darstellung orientiert sich an Brunner, Karl (1981), Seite 394-396.

davon abhängig gemacht, welche die geringeren zu erwartenden Variationen des Einkommens von seinem Vollbeschäftigung garantierenden Wert verursacht. Diesen Sachverhalt spiegelt Gleichung (3) wider.

$$(3) \qquad E\,[y - E(y/r^*)]^2 \lesseqgtr E\,[y - E(y/m^*)]^2$$

Aus Gleichung (3) lässt sich das *Poole-Kriterium* ableiten, welches die Vorteilhaftigkeit einer Zwischenzielvariablen gegenüber einer anderen begründet. Dieses Kriterium wird durch Gleichung (4) dargestellt, wobei σ_1^2 und σ_2^2 die Schockvarianzen des Güter- bzw. Geldmarktes darstellen.

$$(4) \qquad \frac{\sigma_1^2}{\sigma_2^2} > \frac{a_1}{b_2(2b_1 + a_1 b_2)}$$

Das *Poole-Kriterium* besagt nun, dass wenn die Schockvarianz auf dem Gütermarkt (σ_1^2) relativ zur Schockvarianz auf dem Geldmarkt (σ_2^2) größer ist als ein bestimmter Schwellenwert, in diesem Falle eine Geldmengenpolitik zu geringeren Schwankungen des Einkommens führt als eine Zinspolitik und vice versa. Somit lässt sich als Fazit aus der *Poole*'schen Argumentation ableiten, dass eine Geldmengenstrategie zu bevorzugen ist, wenn die gesamtwirtschaftlichen Störungen im realwirtschaftlichen Bereich entstehen, bzw. eine Zinsstrategie bessere Ergebnisse in Bezug auf die Einkommensvariation liefert, wenn die Störungen dem monetären Sektor zuzurechnen sind.[69] Bei der Wahl der Zwischenzielvariablen gilt es somit zu überlegen, welchem Bereich die größere Wahrscheinlichkeit der Entstehung von exogenen Schocks zugerechnet werden muss. Einer Vielzahl an Studien zufolge kann für den europäischen Währungsraum von stabilen monetären Verhältnissen ausgegangen werden,[70] so dass die

[69] Vgl. Poole, William (1970), Seite 200-202.

[70] Vgl. die grundlegenden Untersuchungen von Bekx, P./Tullio, G. (1989); Kremers, J.J.M./Lane, T.D. (1990) oder Monticelli, C./Strauss-Kahn, M-O. (1992). Neuere Studien

größere Gefahr der Entstehung exogener Schocks im realen oder fiskalischen Bereich zu suchen ist. Demzufolge wird in diesem Zusammenhang die Ausgestaltung einer Zwischenzielstrategie anhand von Geldmengenaggregaten näher untersucht werden.

Bei der Ausgestaltung einer Zwischenzielstrategie in Form einer Geldmengenzwischenzielstrategie besteht eines der hauptsächlichen Probleme in der Bestimmung desjenigen Geldmengenaggregates, welches als Zwischenzielgröße und gegebenenfalls auch als Indikator verwendet werden kann. Es stellt sich somit die Frage, ob weit oder eher eng abgegrenzte Geldmengenaggregate als Zwischenzielgrößen verwendet werden sollen. Dabei wird nicht auf das Problem eingegangen, wie sich weit gefasste Geldmengengrößen zusammensetzen bzw. wie verzinsliche und unverzinsliche Geldkomponenten innerhalb der Geldmengengrößen gewichtet werden sollen.[71] Wichtiger im Zusammenhang mit der Ausgestaltung einer Zwischenzielstrategie ist die Frage, welche Informationen aus den unterschiedlichen Geldmengenaggregaten abgeleitet werden können, und wie gut sie im Rahmen einer Zwischenzielstrategie als Zwischenzielgröße eingesetzt werden können. Um als geeignete Zwischenzielgröße Verwendung zu finden, müssen Geldmengenaggregate die bereits in Kapitel II. 4. 1. 1 genannten Kriterien erfüllen. Hier seien die Kriterien kurz hinsichtlich eines Geldmengenaggregats wiederholt:[72]

---

finden sich bspw. bei Monticelli, Carlo/Papi, Luca (1996); Browne, F.X./Fagan, G./Henry, J. (1997); Coenen, Günter/Vega, Juan-Luis (1999) oder Dedola, L./Gaiotti, E./Silipo, L. (2000). Diese Auffassung vertritt auch die Europäische Zentralbank. Vgl. hierzu Europäische Zentralbank (2000a), Seite 44. Kritischer stehen dem Arnold, Ivo J.M. (1994) und Fagan, G./Henry, J. (1998) gegenüber.

[71] Vgl. hierzu bspw. Fisher, Irvin (1922), Chapter II, Seite 11-42; Barnett, William A./Offenbacher, Edward K./Spindt, Paul A. (1984); Laidler, David E.W. (1993); Issing, Otmar/Tödter, Karl-Heinz/Reimers, Heinz-Herrmann und Hans-Eggert (1993), Seite 8-11 oder Krämer, Jörg W. (1996), Seite 39-50.

[72] Vgl. Fellner, William (1982), Seite 642 und Issing, Otmar/Tödter, Karl-Heinz/Reimers, Heinz-Herrmann und Hans-Eggert (1993), Seite 2.

- Als erstes besteht die Notwendigkeit, dass zwischen der Zwischenzielgröße und dem verfolgten Endziel eine stabile Beziehung in dem Sinne besteht, dass Änderungen des Zwischenziels auch entsprechende Wirkungen auf das Endziel ausüben (Endzielkriterium).
- Zweitens muss eine Zwischenzielgröße über den Einsatz des geldpolitischen Instrumentariums durch die Zentralbank steuerbar sein (Kontrollkriterium).
- Drittens sollten Zwischenziele die Stärke und die Richtung der von einer Notenbank verfolgten Geldpolitik in adäquatem Maße anzeigen.

Da allerdings Geldmengenaggregate in der Regel nicht allen diesen Kriterien gleichzeitig in erwünschtem Umfang gerecht werden, müssen Kompromisse gefunden werden.[73] So besteht der Vorteil weit gefasster Geldmengenaggregate gegenüber engen darin, dass sie bessere Vorlaufeigenschaften bezüglich der Preisniveauentwicklung besitzen und dementsprechend als Frühindikatoren geeigneter sind. Dies ist darauf zurückzuführen, dass sie durch Substitution zwischen unterschiedlichen Geldmengenabgrenzungen weniger stark beeinflusst werden. Hingegen besitzen enge Geldmengenaggregate die Eigenschaft der besseren und unmittelbareren Kontrollierbarkeit durch den Einsatz des geldpolitischen Instrumentariums, bspw. über die nominalen kurzfristigen Zinsen. Der Grund dafür liegt in der nicht geldmarktnahen Verzinsung enger Geldmengenaggregate. So wird bspw. bei steigenden kurzfristigen Zinsen das Halten liquider Mittel unattraktiver, so dass in illiquidere und somit weiter gefasste Geldmengenaggregate umgeschichtet wird. [74] Als problematisch bei der Verwendung von Geldmengenaggregaten erweist sich ebenfalls deren unterschiedlicher Informationsgehalt in Bezug auf den zu ergreifenden geldpolitischen Kurs. Dies kommt dadurch zustande, dass in unterschiedlich abgegrenzten Geldmengengrößen unterschiedliche Arten von Geld enthalten sind, die auf verschiedenste Weise

[73] Vgl. bspw. die Untersuchungen von Cagan, Phillip (1982) und Fellner, William (1982).
[74] Vgl. Issing, Otmar (1999a), Seite 106 und Europäische Zentralbank (1999b), Seite 33.

bspw. auf konjunkturelle Änderungen oder Umschichtungen in andere liquide Vermögenswerte reagieren.[75] Werden bspw. Geldmarktfondsanteile, die zwar in dem Geldmengenaggregat M3, nicht aber in M1 enthalten sind, in täglich fällige Einlagen umgewandelt, so wird die Größe M1 einen expansiven Effekt signalisieren, obwohl lediglich eine mengenmäßig neutrale Umschichtung stattgefunden hat, wie M3 auch anzeigen würde. Aus diesen Gründen erscheint es für eine erfolgreiche Geldpolitik unerlässlich, bei der Beurteilung des geldpolitischen Kurses anhand von Geldmengengrößen die Informationen mehrerer Geldmengenaggregate zu nutzen.[76]

Vor dem Hintergrund dieser Diskussion einer Zwischenzielstrategie erfolgt im Anschluss die Darstellung einer geldpolitischen Strategie in Form einer Endzielstrategie.

II. 4. 2 Die Endzielstrategie

Als eine neue Variante geldpolitischer Strategien wurde seit Beginn der 90'er Jahre das sogenannte „Inflation Targeting“ entdeckt und unter anderem von den Zentralbanken Neuseelands (1990), Kanadas (1991), des Vereinigten Königreiches (1992), Australiens (1993) und zuletzt der der Schweiz (2000), Süd-Afrikas (2000) und Thailands (2000) eingeführt (siehe Tabelle 1 im Anhang).[77]

Der Grund für den Wechsel der geldpolitischen Strategie für das jeweilige Land lag darin, dass die bisher angewendeten Strategien, wie Geldmengensteuerung oder Wechselkursstabilisierung, nicht zu den gewünschten Ergebnissen geführt hatten, und somit eine Neuorientierung in der Geldpolitik notwendig

---

[75] Vgl. Cagan, Phillip (1982), Seite 664 und Friedman, Benjamin M. (1990), Seite 1221.
[76] Vgl. Cagan, Phillip (1982), Seite 664; Friedman, Benjamin M. (1990), Seite 1221; Europäische Zentralbank (1999b), Seite 32 und Europäische Zentralbank (2000a), Seite 46.
[77] Vgl. Bernanke, Ben S./Mishkin, Frederic S. (1997), Seite 30; Siklos, Pierre L. (1999), Seite 50 und Mishkin, Frederic S./Schmidt-Hebbel, Klaus (2001).

wurde.[78] Der Unterschied des Strategietyps der Endzielstrategie zu dem bereits vorgestellten Typ der Zwischenzielstrategie besteht darin, dass bei ihm bei der Durchführung der Geldpolitik auf traditionelle Zwischenziele, wie bspw. Geldmengengrößen oder Wechselkurse, verzichtet wird.[79] Notenbanken müssen somit anhand anderer Größen die erforderlichen Informationen für den Einsatz ihres geldpolitischen Instrumentariums gewinnen, um ein adäquates Erreichen ihres Endziels zu gewährleisten. Diese Informationen erhalten sie über eine ausführliche Inflationsprognose, in der neben monetären auch finanzmarktliche und konjunkturelle Indikatoren enthalten sind.[80] Handlungsbedarf für die Notenbank entsteht nun, wenn diese Inflationsprognose von dem im voraus normativ in Bezug auf die Verträglichkeit mit der wirtschaftlichen Entwicklung festgelegten Zielwert der Inflationsrate abweicht.[81] Signalisiert sie bspw. eine stärkere inflationäre Tendenz, so wird die Zentralbank restriktiveren Gebrauch von ihrem geldpolitischen Instrumentarium machen.

Dieser neuartige Strategietyp wird durch drei Hauptelemente charakterisiert:[82]

1) Die Formulierung eines expliziten, quantitativen Inflationsziels für die Geldpolitik.
2) Ein Durchführungsverfahren, welches als „inflation-forecast targeting" bezeichnet wird.
3) Ein hohes Maß an Transparenz der geldpolitischen Strategie als Mittel zur Kommunikation zwischen der Notenbank und den Marktteilnehmern

---

[78] Vgl. Leiderman, Leonardo/Svensson, Lars E.O. (1995); Almeida, Alvaro/Goodhart, Charles A.E. (1996); Mishkin, Frederic S. (1999) und Wagner, Helmut (1999).
[79] Vgl. Leiderman, Leonardo/Svensson, Lars E.O. (1995), Seite 1 oder Bernanke, Ben S./Mishkin, Frederic S. (1997), Seite 5.
[80] Vgl. Haldane, Andrew G. (1997), Seite 9.
[81] Vgl. Debelle, Guy/Masson, Paul (1998), Seite 2. Auf diesen Ablauf wird in Kapitel II. 3. 2. 2 noch genauer und formal eingegangen.
[82] Vgl. bspw. Svensson, Lars E.O. (1998b), Seite 1; Rudebusch, Glenn D./Svensson, Lars E.O. (1999), Seite 203; Svensson, Lars E. O. (1999a), Seite 3 oder Mishkin, Frederic S. (1999), Seite 18.

und explizite Verantwortlichkeit der Notenbank bezüglich ihrer geldpolitischen Entscheidungen.

Diese drei Eigenschaften gilt es im folgenden genauer zu betrachten.

II. 4. 2. 1 Das quantitative Inflationsziel

Die Hauptannahme, die dem Strategietyp des Inflation Targetings zugrunde liegt, besteht in der Aussage, dass das primäre Ziel der Geldpolitik grundsätzlich darin bestehen sollte, eine niedrige und stabile Inflationsrate zu erreichen und aufrechtzuerhalten. Dieser Annahme liegt der in der modernen makroökonomischen Theorie und der Praxis vorherrschende Konsens besonders hinsichtlich folgender zwei Punkte zugrunde:[83]

1) Preisstabilität trägt zu einem ausgewogenen wirtschaftlichen Wachstum bei. Dieser positive Zusammenhang zwischen Preisniveaustabilität und wirtschaftlichem Wachstum wurde von *Barro* (1996) und *Bruno/Easterly* (1996) nachgewiesen.[84] Zurückzuführen ist dieser positive Zusammenhang zum einen darauf, dass erstens durch Schwankungen des Preisniveaus die Signalfunktion der relativen Preise gestört wird, und es somit zu einer Fehlallokation der Ressourcen kommen kann.[85] Zweitens führt eine hohe Volatilität der Inflationsrate zum Aufschlag einer Risikoprämie auf die realen Zinsen, was sich bspw. nachteilig auf Investitionen auswirken kann.[86]

[83] Vgl. Leiderman, Leonardo/Svensson, Lars E.O. (1995), Seite 2.
[84] Vgl. Barro, Robert J. (1996) und Bruno, Michael/Easterly, William (1996).
[85] Vgl. Issing, Otmar (2000), Seite 354.
[86] Vgl. Issing, Otmar (2000), Seite 354-355 und Europäische Zentralbank (1999c), Seite 37.

2) Geldpolitik hat langfristig keine andauernden Output- und Beschäftigungseffekte. Langfristig wirkt Geldpolitik also nur auf das Preisniveau oder die Inflationsrate.[87]

Die Frage nach dem quantifizierten Inflationsziel besteht dabei aus mehreren Gesichtspunkten. Erstens anhand welches Indexes die Inflationsentwicklung beobachtet und gemessen werden soll, zweitens welcher Wert ihm zugrunde gelegt wird (Punktwert oder Bandbreite) und drittens, auf welchen Zeithorizont das Erreichen des Ziels angelegt ist.[88]

II. 4. 2. 1. 1 Die Wahl des richtigen Index

Zur Messung der Entwicklung der Inflation steht einer Zentralbank eine Vielzahl an Preisindizes zur Verfügung, die sich durch unterschiedliche Abgrenzungen der in ihnen enthaltenen Komponenten unterscheiden. Dabei lässt sich ein „idealer" Index als ein solcher definieren, der „die Veränderungen der Aufwendungen für die Aufrechterhaltung eines bestimmten Lebensstandards widerspiegelt".[89] Da der hauptsächliche Sinn des Wirtschaftens in der privaten Bedürfnisbefriedigung gesehen werden kann, erscheint die Messung der Inflationsrate anhand einer Größe, die diesem Sachverhalt Rechnung trägt, als sinnvoll.[90] Aus diesem Grund verwenden alle Zentralbanken eines Inflation Targeting Regimes einen Preisindex in Form eines Konsumentenpreisindexes (in unterschiedlichen Variationen) als ihr „inflation-target".[91] Die Vorteile der Verwendung eines Konsumentenpreisindexes liegen in seiner Bekanntheit bzw. allgemeinen Verständlichkeit und seiner guten und regelmäßigen Messbar- und Verfügbar-

---

[87] Vgl. Phelps, Edmund (1967) und Friedman, Milton (1968).
[88] Vgl. Leiderman, Leonardo/Svensson, Lars E.O. (1995), Seite 1.
[89] Vgl. Deutsche Bundesbank (1998b), Seite 54.
[90] Vgl. Freedman, Charles (1996), Seite 244 und Deutsche Bundesbank (1998b), Seite 54.
[91] Vgl. Leiderman, Leonardo/Svensson, Lars E.O. (1995); Freedman, Charles (1996), Seite 243; Saxton, Jim (1997), Seite 4; Svensson, Lars E.O. (1997c), Seite 6; Svensson, Lars E.O. (1998b), Seite 5; Meyer, Laurence H. (2001), Seite 11 und siehe Tabelle 1 im Anhang.

keit.[92] Dem wird entgegengehalten, dass ein Konsumentenpreisindex nicht umfassend genug ist, um die für eine effiziente Geldpolitik notwendigen Informationen bereitzustellen, da er lediglich die Preise für eine Auswahl momentan produzierter und bereitgestellter Güter und Dienstleistungen und nicht auch deren zukünftige Preise enthält. Dieser Argumentation folgend sollten zusätzlich Preise von Vermögenswerten berücksichtigt werden, da sich in ihnen die Erwartungen über die zukünftigen Preise von Gütern und Dienstleistungen widerspiegeln.[93] Dieser Ansatz konnte sich allerdings aufgrund der Schwierigkeiten der Messbarkeit von Preisen für Vermögenswerte, bspw. für Humankapital, ihrer Schwankungsanfälligkeit und der Möglichkeit der Bildung spekulativer Blasen („bubbles") sowie der Tatsache, dass andere Faktoren, wie bspw. der reale Zinssatz oder Gewinnerwartungen, die gegenwärtige Preise von Gütern und Dienstleistungen beeinflussen, nicht durchsetzen.[94] Somit bleibt der Konsumentenpreisindex, bzw. eine seiner Variationen, trotz seiner Nachteile das Kernstück der Inflationsmessung.

II. 4. 2. 1. 2 Der Wert des Inflationsziels

Für die Quantifizierung des Inflationsziels (inflation target) hat eine Notenbank die Wahl zwischen einem Punktziel oder einer Bandbreite. Wie aus Tabelle 1 im Anhang ersichtlich, wurden von allen Inflation Targeting praktizierenden Ländern Bandbreiten für ihr Inflationsziel angegeben. Dies ist auf folgende zwei Gründe zurückzuführen. Erstens besteht aufgrund der angesprochenen Probleme innerhalb des monetären Transmissionsprozesses Unsicherheit bezüglich der Auswirkungen getroffener, geldpolitischer Entscheidungen und deren Auswirkungen auf die Inflationsrate.[95] Hierzu zählt auch die Problematik der genauen

[92] Vgl. Freedman, Charles (1996), Seite 244; Saxton, Jim (1997), Seite 4 und Svensson, Lars E.O. (2000a), Seite 8-9.
[93] Vgl. Alchian, A.A./Klein, B. (1973).
[94] Vgl. Goodhart, Charles A.E. (1994), Seite 1429 und Freedman, Charles (1996), Seite 244.
[95] Vgl. Debelle, Guy/Masson, Paul (1998), Seite 7.

Messbarkeit von Inflation.[96] Zweitens eröffnet eine Bandbreite einer Zentralbank einen gewissen Spielraum bzw. Flexibilität auf kurze Sicht in der Reaktion auf exogene Schocks oder der Verfolgung zusätzlich anderer Ziele als dem der Preisniveaustabilität.[97] Allerdings muss bei der Ausgestaltung der Bandbreiten berücksichtigt werden, dass die Wahl einer engen Bandbreite zwar das Signal einer stark am Ziel der Preisniveaustabilität orientierten Geldpolitik an die Marktteilnehmer vermittelt, jedoch die größere Wahrscheinlichkeit der Zielverfehlung zu Glaubwürdigkeitsverlusten bezüglich der geldpolitischen Richtung der Notenbank führen kann. Eine weite Ausgestaltung der Bandbreiten hingegen erhöht die Wahrscheinlichkeit, dass die Notenbank das Inflationsziel innerhalb eines spezifizierten Zeitraums erreicht, kann allerdings vom Markt als expansivere Einstellung der Notenbank gegenüber Inflation interpretiert werden. In der praktischen Ausgestaltung haben deswegen Bandbreiten mit einer Spanne von in der Regel ca. 2 Prozent Anwendung gefunden.[98]

II. 4. 2. 1. 3 Der Zeithorizont des Inflationsziels

Als letztes bezüglich des quantitativen Inflationsziels ist die Frage zu klären, mit welcher Geschwindigkeit die Inflationsrate auf den Wert des Inflationsziels zurückgeführt werden sollte, nachdem sie sich aufgrund bisher nicht antizipierter Schocks davon entfernt hat. Dabei bezieht sich das Erreichen des Inflationsziels lediglich auf eine Zielerreichung im Durchschnitt, da die tatsächliche Inflationsrate aufgrund verschiedenster Schocks in einer dynamischen Wirtschaft immer um ihren quantifizierten Zielwert pendelt. Gefragt wird also nach der Länge des Zeitraums, über den hinweg die tatsächliche Inflationsrate im Durchschnitt dem Inflationsziel zu entsprechen hat.[99] Dies ist davon abhängig, ob eine Notenbank die geldpolitische Strategie des Inflation Targetings in soge-

---

[96] Vgl. zu dieser Thematik bspw. Deutsche Bundesbank (1998b).
[97] Vgl. Saxton, Jim (1997), Seite 4 und Bernanke, Ben S./Mishkin, Frederic S. (1997), Seite 5.
[98] Vgl. Tabelle 1 im Tabellenverueichnis.
[99] Vgl. Taylor, John B. (1996), Seite 188.

nannter „flexibler“ oder „strikter“ Form verfolgt. Bei „flexiblem“ Inflation Targeting sind neben dem Ziel der Preisniveaustabilität weitere Größen, wie bspw. die Stabilisierung von Zinssätzen und/oder Wechselkursen oder ein gewisses Maß an Beschäftigung und/oder gesamtwirtschaftlichem Output, im Zielkatalog einer Notenbank enthalten, so dass sie bei der Ausrichtung ihres geldpolitischen Instrumentariums nicht nur dessen Wirkungen auf die Inflationsrate, sondern auch auf die jeweils anderen Größen zu berücksichtigen hat. „Striktes“ Inflation Targeting hingegen bedeutet, dass eine Notenbank lediglich bemüht ist, die Inflationsrate so nahe wie möglich am Inflationsziel zu halten, ohne weitere Ziele mit ihrer Geldpolitik zu verfolgen.[100] Dies impliziert, dass im Falle einer Abweichung der tatsächlichen Inflationsrate von ihrem normativ quantifizierten Zielwert unverzüglich entsprechende geldpolitische Maßnahmen durch die Zentralbank getroffen werden, um die Zielerreichung so schnell wie möglich zu gewährleisten. Für eine Notenbank bedeutet die Implementierung einer Strategie des „strikten“ Inflation Targetings aufgrund des schnell auftretenden Handlungsbedarfs somit die Durchführung einer aktivistischen Geldpolitik. Diese Handlungsweise erhöht zwar zum einen die Glaubwürdigkeit einer Notenbank, da sie durch ihr sofortiges geldpolitisches Handeln bei Abweichungen der Inflationsrate von ihrem Zielwert ihren Willen zu Preisniveaustabilität signalisiert.[101] Auf der anderen Seite verursacht eine derart aktivistische Geldpolitik hohe Schwankungen bspw. der Wechselkurse, Zinsen, Beschäftigung und des gesamtwirtschaftlichen Outputs, wobei diese Schwankungen und die daraus resultierenden gesamtwirtschaftlichen Kosten überproportional mit der Rate der Disinflation zunehmen.[102] Es besteht somit bei der Form des „strikten“ Inflation Targetings ein „tradeoff“ zwischen der Etablierung und Aufrechterhaltung von Glaubwürdigkeit seitens der Zentralbank, indem rechtzeitige geldpolitische

---

[100] Vgl. Svensson, Lars E.O. (1997a), Seite 7 und Svensson, Lars E.O. (1997c), Seite 5. Wie dies formal dargestellt wird, erfolgt im Zusammenhang mit der Erläuterung über die Funktionsweise von Inflation Targeting in Kapitel II. 3. 2. 2.
[101] Vgl. Freedman, Charles (1996), Seite 267.
[102] Vgl. King, Mervyn (1996), Seite 58; Freedman, Charles (1996), Seite 267 und Svensson, Lars E.O. (1997a), Seite 8.

Maßnahmen ergriffen werden, um die Inflationsrate auf ihren gewünschten Zielwert zurückzuführen und den durch diese geldpolitischen Maßnahmen verursachten Schwankungen bei bspw. Wechselkursen, Zinsen und Beschäftigung.[103]

Diese Vorgehensweise entspricht allerdings nicht den in der Realität vorzufindenden Handlungsweise der Inflation Targeting praktizierenden Länder. Die von ihnen festgelegten Zeiträume zum Erreichen des Inflationsziels sind relativ lang gewählt, um zu kurzfristiges geldpolitisches Handeln und die daraus entstehenden Probleme zu vermeiden. So beträgt dieser Zeitraum, in dem die Inflationsrate nach einer Abweichung auf ihren Zielwert zurückgeführt werden soll, bspw. bei der Schweizerischen Nationalbank drei Jahre, bei der Bank of Australia einen Konjunkturzyklus und bei der Bank of Kanada bis 1991 eineinhalb bis zwei Jahre und danach mehrere Jahre.[104] Dies verdeutlicht, dass ein eher „flexibler" Ansatz des Inflation Targetings bezüglich der Zeitspanne der Zielerreichung gewählt wurde. Warum dieser Ansatz in der praktischen Umsetzung Anwendung gefunden hat, ist auf mehrere Gründe zurückzuführen. Erstens würde eine zu aktivistische Geldpolitik zu dem sogenannten „Instrumenteninstabiltätsproblem" führen, was bedeutet, dass immer größere Änderungen des geldpolitischen Instrumentariums notwendig werden, um die entsprechenden Wirkungen zu erzielen. Zweitens besteht nach wie vor Unsicherheit über die Zusammenhänge bezüglich des monetären Transmissionsmechanismus, so dass durch schnelle geldpolitische Eingriffe nicht notwendiger Weise die erwünschten Ergebnisse erreicht werden können. Drittens besteht oftmals Unsicherheit über die Ursache der entstandenen Schocks, so dass es für eine Notenbank sinnvoll erscheint, vor dem sofortigen geldpolitischen Gegensteuern weitere Informationen zu Rate zu ziehen, wozu Zeit benötigt wird. Und viertens würde eine Notenbank

[103] Vgl. Freedman, Charles (1996), Seite 267.

[104] Vgl. Bank of Canada (1991), Seite 5; Leiderman, Leonardo/Svensson, Lars E.O. (1995) und Taylor, John B. (1996), Seite 188 und siehe Tabelle 1 im Anhang.

durch zu häufiges geldpolitisches Handeln an Vertrauen und die Geldpolitik an Vorhersagbarkeit verlieren.[105]

II. 4. 2. 2 Inflation-Forecast Targeting

Wie anfangs erwähnt wurde, zeichnet sich Inflation Targeting dadurch aus, dass keine traditionelle Zwischenzielvariable, wie bspw. Geldmengengrößen oder Wechselkurse, verwendet wird. Anstatt dessen basiert die Strategie des Inflation Targetings auf einem „Theorie-offenen“ Ansatz, da geldpolitische Entscheidungen nicht aufgrund der Entwicklung einer Zwischenzielgröße getroffen werden, sondern im Rahmen einer Inflationsprognose verschiedenste Informationen, sowohl monetärer als auch konjunktureller Art, Berücksichtigung finden.[106] Somit orientiert sich eine Notenbank bei ihren geldpolitischen Entscheidungen an der von ihr aufgestellten Inflationsprognose, so dass diese im Rahmen des Inflation Targetings die Funktion einer Zwischenziel- und Indikatorvariablen übernimmt. Dieser Sachverhalt und die Funktionsweise des Inflation Targetings werden nun anhand eines Modells von *Svensson* (1996 und 1997) formal dargestellt.[107]

Ausgangspunkt sind die folgenden Gleichungen:

(1) $$\pi_{t+1} = \pi_t + \alpha_1 y_t + \alpha_2 x_t + \varepsilon_{t+1}$$

(2) $$y_{t+1} = \beta_1 y_t - \beta_2 (i_t - \pi_t) + \beta_3 x_t + \eta_{t+1}$$

(3) $$x_{t+1} = \gamma x_t + \theta_{t+1}$$

Hierbei bezeichnet π_t die Inflationsrate in Periode t, y_t die Wachstumsrate des Output, x_t eine exogene Variable, i_t steht stellvertretend für das geldpoliti-

[105] Vgl. Saxton, Jim (1997), Seite 5; Svensson, Lars E.O. (1997a), Seite 8-9 und Svensson, Lars E.O. (1997c), Seite 6.
[106] Vgl. Mishkin, Frederic S. (1997), Seite 22 und Bernanke, Ben/Mishkin, Frederic S. (1997), Seite 11.
[107] Vgl. Svensson, Lars E.O. (1996a), Seite 4-9 und Svensson, Lars E.O. (1997d), Seite 2-8.

sche Instrumentarium (bspw. der Refinanzierungssatz bei der Zentralbank) und ε_t, η_t und θ_t für nicht vorhersehbare Schocks in Periode t. Wie aus Gleichung (1) zu erkennen ist, besteht zwischen der Entwicklung des Output und der exogenen Variablen bezüglich der Inflationsrate ein positiver Zusammenhang mit einer Zeitverzögerung von einer Periode. Aus Gleichung (2) ist ersichtlich, dass der Output negativ mit dem geldpolitischen Instrumentarium und positiv mit der exogenen Variablen ebenfalls mit einer Verzögerung von einer Periode verknüpft ist.

Da über das geldpolitische Instrumentarium zuerst Einfluss auf den Output mit einem „time-lag" von einer Periode und darüber indirekt mit einer weiteren Verzögerung von einer Periode auf das eigentliche Endziel genommen werden kann, besteht in dieser Modellierung ein sogenannter „control-lag", d. h. eine Verzögerung vom Ergreifen geldpolitischer Maßnahmen bis zu deren Wirkungen auf das Endziel, von zwei Perioden. Somit sind die dem monetären Transmissionsprozess eigenen zeitlichen Verzögerungen („time-lags") und die damit verbundenen Wirkungsverzögerungen des Einsatzes des geldpolitischen Instrumentariums und dessen Wirkungen auf das Endziel explizit in das Modell eingebaut.

Für die Entwicklung der Inflationsrate (π) in Periode t+2 sind also Veränderungen des geldpolitischen Instrumentariums (i), der exogenen Variablen (x) und des Output (y) in Periode t, und die Entwicklung der Störgrößen (ε, η und θ) in Periode t+1 und t+2 verantwortlich.

Dieses Ergebnis erhält man, indem die Gleichungen (2) und (3) in (1) eingesetzt werden:

$$(4) \qquad \pi_{t+2} = (\pi_t + \alpha_1 y_t + \alpha_2 x_t + \varepsilon_{t+1}) + \alpha_1 (\beta_1 y_t - \beta_2 i_t + \beta_2 \pi_t + \beta_3 x_t + \eta_{t+1}) + \alpha_2 (\gamma x_t + \theta_{t+1}) + \varepsilon_{t+2}$$
$$= a_1 \pi_t + a_2 y_t + a_3 x_t - a_4 i_t + (\varepsilon_{t+1} + \alpha_1 \eta_{t+1} + \alpha_2 \theta_{t+1} + \varepsilon_{t+2})^{108}$$

[108] Mit $a_1 = 1 + \alpha_1\beta_2$, $a_2 = \alpha_1 (1 + \beta_1)$, $a_3 = \alpha_1\beta_3 + \alpha_2 (1 + \gamma)$ und $a_4 = \alpha_1\beta_2$.

Im Gegensatz zu der tatsächlichen Entwicklung der Inflationsrate in Periode t+2 beruht die Inflationsprognose der Zentralbank in Periode t auf den ihr zur Verfügung stehenden Daten über die aktuellen Werte der Größen Inflation (π_t), Output (y_t), exogene Variable (x_t) und geldpolitisches Instrumentarium (i_t). Somit fallen die Störterme ($\varepsilon_{t+1} + \alpha_1\eta_{t+1} + \alpha_2\theta_{t+1} + \varepsilon_{t+2}$), da sie innerhalb des „control-lags" auftreten und deshalb von der Zentralbank nicht beeinflussbar sind, heraus, und es ergibt sich folgende Gleichung für die Inflationsprognose ($\pi_{t+2/t}$) in Periode t für Periode t+2:

(5) $$\pi_{t+2/t} = a_1\pi_t + a_2y_t + a_3x_t - a_4i_t$$

Eine Zentralbank wird gemäß ihrer vertraglichen Verpflichtung Preisniveaustabilität zu gewährleisten, ihren geldpolitischen Instrumenteneinsatz dergestalt vornehmen, dass die Abweichungen der tatsächlichen Inflationsrate von ihrem Zielwert minimiert werden.

(6) $$\min E_t \sum_{r=t}^{\infty} \delta^{r-t} L(\pi_r)$$

Gleichung (6) in Verbindung mit Gleichung (7) illustriert, dass die Notenbank die Summe der quadrierten Abweichungen der tatsächlichen Inflationsrate (π_r) von ihrem Zielwert (π^*) mit dem Diskontfaktor δ abdiskontiert und zu minimieren versucht. Dabei werden die Abweichungen der Inflation vom Zielwert und die daraus resultierenden Auswirkungen auf die Wohlfahrt und das reale Wirtschaftsgeschehen in der Verlustfunktion $L(\pi_r)$ gemessen.[109]

[109] Eine derartige Verlustfunktion kann je nach Aufgabenstellung einer Notenbank auch mehrere Zielgrößen enthalten, wie bspw. für Output und/oder Beschäftigung. Sie nimmt dann für den Fall zweier Ziele folgende Gestalt an: $L(\pi, y) = ½ [(\pi_r - \pi^*) + \lambda(y_r - y^*)]$, mit $0<\lambda<1$. Hierbei gibt λ die Gewichtung an, mit der ein zusätzliches Ziel in die Verlustfunktion einer Notenbank aufgenommen wird. Falls $\lambda > 0$, so liegt sogenanntes flexibles Inflation Targeting vor, da neben dem Ziel der Preisniveaustabilität weitere Größen in der Verlustfunktion einer Notenbank Berücksichtigung finden. Vgl. hierzu bspw. Green, John H. (1996), Seite 783-785;

(7) $L(\pi_r) = \frac{1}{2} (\pi_r - \pi^*)^2$

Die Minimierung der Abweichungen der tatsächlichen Inflationsrate (π_r) von ihrem Zielwert (π^*) kann nun dadurch erreicht werden, dass der Einsatz des geldpolitischen Instrumentariums derart vorgenommen wird, dass der Wert der Inflationsprognose ($\pi_{t+2/t}$) dem des Inflationsziels (π^*) entspricht. Daraus ergibt sich folgende Gleichung für den optimalen Einsatz des geldpolitischen Instrumentariums (i):

(8) $i_t = 1/a_4 (-\pi^* + a_1\pi_1 + a_2y_t + a_3x_t$
$= \pi_t + b_1 (\pi_t - \pi^*) + b_2y_t + b_3x_t$[110]

Dieser Einsatz des geldpolitischen Instrumentariums garantiert, dass die Inflationsprognose dem der Zentralbank vorgegebenen Zielwert für die Inflation, dem „inflation-target", entspricht. Überschreitet (unterschreitet) die Inflationsprognose den Zielwert, oder steigt (sinkt) der Output, die tatsächliche Inflationsrate und/oder die exogene Variable, so wirkt sich dies solange restriktiv (expansiv) auf den Einsatz des geldpolitischen Instrumentariums aus, bis der Wert der Inflationsprognose und der Zielwert der Inflation wieder übereinstimmen.

Da die Zentralbank aufgrund der während des „control-lags" möglicherweise auftretenden Schocks die tatsächliche Inflationsrate in Periode t+2 nicht genau beeinflussen kann, orientiert sie sich bei ihrer Geldpolitik an der von ihr aufgestellten Inflationsprognose ($\pi_{t+2/t}$), mit dem Ziel, deren Abweichungen vom Zielwert (π^*) zu minimieren. Somit übernimmt die Inflationsprognose die Informationsfunktion und wird dadurch zu einer Zwischenzielvariablen, die den in Kapitel II. 3. 1. 1 genannten Anforderungen an eine Zwischenzielvariable ent-

Svensson, Lars E.O. (1997b) Seite 99-101; Svensson, Lars E.O. (1997d), Seite 4; Svensson, Lars E.O. (1999b), Seite 6-8 und Svensson, Lars E.O. (2000a), Seite 6-7.

[110] Mit $b_1 = \frac{1}{\alpha_1\beta_2}$, $b_2 = \frac{1+\beta_1}{\beta_2}$ und $b_3 = \frac{\alpha_1\beta_3 + \alpha_2(1+\gamma)}{\alpha_1\beta_2}$.

spricht, und anhand derer der geldpolitische Instrumenteneinsatz erfolgt. Der Unterschied zu den traditionellen Zwischenzielvariablen besteht lediglich darin, dass es sich bei der Inflationsprognose nicht um eine Größe handelt, sondern um ein Modell, in dem die unterschiedlichsten Faktoren, die Einfluss auf das von einer Zentralbank verfolgte Endziel haben, zu einer Aussage zusammengefasst werden.[111] Sie genügt aber ebenfalls von ihrer Funktionsweise her den Anforderungen, die an traditionelle Zwischenzielvariablen gestellt werden und stellt somit im Rahmen des Inflation Targetings die beste Grundlage für die geldpolitischen Entscheidungen einer Notenbank dar.

II. 4. 2. 3 Transparenz und Verantwortlichkeit

Als drittes wird Inflation Targeting charakterisiert durch ein hohes Maß an Transparenz und Verantwortlichkeit. Hierbei bedeutet Transparenz, dass die geldpolitische Strategie als Mittel der Kommunikation zwischen der Notenbank und den Marktteilnehmern eingesetzt wird, um der Öffentlichkeit über die Bekanntgabe der geldpolitischen Ziele und die den geldpolitischen Entscheidungen zugrunde liegenden Modelle und Daten die Gründe für bestimmtes geldpolitisches Handeln darzulegen.[112] Für eine derartig aktive Informationspolitik seitens der Notenbank gibt es mehrere Gründe.[113] Erstens hilft sie die Unsicherheit für andere Entscheidungen treffende Wirtschaftsakteure zu verringern, was sich bspw. in steigender Investitionsbereitschaft niederschlagen kann. Zweitens erhöht gute Informationspolitik die Glaubwürdigkeit der Geldpolitik, da die von der Notenbank getroffenen geldpolitischen Entscheidungen von der Öffentlichkeit dahingehend überprüft werden können, inwieweit sie konsistent mit der veröffentlichten geldpolitischen Strategie sind. Drittens führt sie zu direkter Verantwortlichkeit der Zentralbank bezüglich ihrer Geldpolitik gegenüber der

---

[111] Vgl. Haldane, Andrew G. (1997), Seite 9.
[112] Vgl. Geraats, Petra M. (1999), Seite 2.
[113] Vgl. Svensson, Lars E.O. (1998a), Seite 19; Tarkka, Juha/Mayes, David (1999), Seite 9 und Svensson, Lars E.O. (1999a), Seite 39.

Öffentlichkeit, da Abweichungen des Endziels von seinem Zielwert geldpolitischem Fehlverhalten seitens der Notenbank oder unvorhersehbaren Schocks zugerechnet werden können.

Die Inflation Targeting praktizierenden Länder tragen diesem Aspekt der Transparenz Rechnung. Dabei bedienen sie sich unterschiedlicher Instrumente. Die Zentralbanken des Vereinigten Königreichs, Kanadas, Neuseelands und Schwedens bspw. veröffentlichen sogenannte Inflationsberichte, in denen die Geschehnisse der Vergangenheit zusammengefasst und die getroffenen Entscheidungen gegenüber der Öffentlichkeit begründet werden.[114] Zusätzlich hierzu veröffentlichen die Notenbanken des Vereinigten Königreichs, Neuseelands, Norwegens und Schwedens Inflationsprognosen, in denen die Daten, auf deren Grundlage die geldpolitischen Entscheidungen getroffen wurden, dargestellt, und anhand geeigneter Modelle für unterschiedlichste Szenarien Prognosen über die zukünftige Entwicklung bspw. der Inflationsrate aufgestellt werden.[115] Weiterhin kann die Transparenz geldpolitischer Entscheidungen durch die Veröffentlichung von Pressenotizen oder Sitzungsprotokollen des jeweiligen geldpolitischen Gremiums einer Notenbank, wie es im Falle des Vereinigten Königreichs tatsächlich praktiziert wird, gesteigert werden.[116] Allerdings wird dem entgegengehalten, dass eine schnelle Veröffentlichung von Sitzungsprotokollen des geldpolitischen Entscheidungsgremiums einer Zentralbank sich negativ bspw. auf die Wirkungsweise geldpolitischer Maßnahmen auswirken bzw. in Konflikt mit deren Ausführung stehen kann.[117] Demzufolge ist das optimale Maß an Transparenz für die Geldpolitik einer Notenbank nicht daraus ableitbar, was an bzw. wie viele Informationen sie der Öffentlichkeit zugänglich macht,

[114] Vgl. Haldane, Andrew G. (1997), Seite 28 und siehe Tabelle 1 im Anhang.
[115] Vgl. die Inflation Reports auf den Homepages der einzelnen Zentralbanken bzw. siehe für einen Überblick Haldane, Andrew G. (1997), Seite 29 und Tarkka, Juha/Mayes, David (1999), Seite 7.
[116] Vgl. Haldane, Andrew G. (1997), Seite 28.
[117] Vgl. Goodfriend, Marvin (1986), Seite 69-70. Für eine weitere Diskussion über die Vorteilhaftigkeit der Veröffentlichung von Sitzungsprotokollen und Abstimmungsergebnissen siehe bspw. Buiter, Willem H. (1999) und Issing, Otmar (1999b).

sondern inwieweit es den Märkten möglich ist, die richtigen Schlussfolgerungen aus den ihnen zur Verfügung gestellten Informationen zu ziehen.

III. Das Konzept der Zwei-Säulen-Strategie der Europäischen Zentralbank

III. 1 Theoretischer Aufbau des Konzepts der Zwei-Säulen-Strategie der Europäischen Zentralbank

Am 13. Oktober 1998 veröffentlichte der Rat der Europäischen Zentralbank die Hauptelemente seiner geldpolitischen Strategie.[118] Dem war im Vorfeld eine ausführliche Untersuchung verschiedenster geldpolitischer Strategien vorausgegangen, innerhalb derer die beiden Strategietypen der Geldmengensteuerung und der direkten Inflationssteuerung als einzige adäquate Alternativen für die Europäische Zentralbank erachtet wurden.[119] Die seit dem 1. Januar 1999 Anwendung findende geldpolitische Strategie der Europäischen Zentralbank besteht dabei aus drei Hauptelementen:[120]

- Der quantitativen Festlegung des vorrangigen Ziels (Preisstabilität) des Eurosystems.
- Den zwei Säulen, bestehend aus
    1) der herausragenden Rolle der Geldmenge M3, unterstrichen durch die Bekanntgabe eines Referenzwertes für das Wachstum dieses Geldmengenaggregates,
    2) einer auf breiter Grundlage erfolgenden Beurteilung der Aussichten für die künftige Preisentwicklung und der Risiken für die Preisstabilität im Euro-Währungsgebiet.

[118] Vgl. European Central Bank (1998) und Europäische Zentralbank (1999a), Seite 43.
[119] Vgl. European Monetary Institute (1997), Seite1.
[120] Vgl. Europäische Zentralbank (1999a), Seite 50ff oder Europäische Zentralbank (2000a), Seite 42.

Diese Strategie wurde in Einklang mit dem in Artikel 105, Absatz (1) des Vertrages zur Gründung der Europäischen Gemeinschaft manifestierten vorrangigen Ziel des Europäischen Systems der Zentralbanken, dem Erreichen und Gewährleisten von Preisstabilität,[121] entwickelt. Dabei dienten als Entscheidungsgrundlage für die Wahl der adäquaten geldpolitischen Strategie für die Europäische Zentralbank die Kriterien der Effektivität, Transparenz, Verantwortlichkeit und der Kontinuität, denen eine geldpolitische Strategie entsprechen muss, um in ausreichendem Maße eine geldpolitische Zielerreichung zu gewährleisten.[122]

Die Gründe, warum man sich bei der Formulierung der geldpolitischen Strategie der EZB für einen Zwei-Säulen-Ansatz entschied, sind vielfältig. Auf der einen Seite stehen die Unsicherheiten hinsichtlich der Wirtschaftsstruktur und des geldpolitischen Transmissionsmechanismus für das gesamte Eurogebiet. Um daraus resultierende Probleme so gering wie möglich zu halten, bzw. gar nicht erst entstehen zu lassen, beschränkte man sich nicht auf ein einziges Modell, sondern unterteilte die Ansätze zur Beurteilung der Inflationsrisiken in zwei Gruppen: in solche, die in besonderer Weise monetären Einflüssen bezüglich der Inflationsentwicklung Rechnung tragen, und in solche, die darüber hinaus Indikatoren finanzwirtschaftlicher und konjunktureller Art berücksichtigen. Auf der anderen Seite steht das Problem der Erfassung verlässlicher Daten für den gesamten, europäischen Raum, welches man durch einen breiten Ansatz und somit eine breite Grundlage an Informationen, auf denen die geldpolitischen Entscheidungen getroffen werden, zu verringern sucht.[123]

---

[121] Vgl. Presse- und Informationsamt der Bundesregierung (1997), Seite 182.

[122] Vgl. für eine allgemeine Darstellung der Kriterien siehe Kapitel II. 2. 2 und im Speziellen Europäische Zentralbank (1999a), Seite 48-49.

[123] Vgl. Europäische Zentralbank (1999a), Seite 54-55; Europäische Zentralbank (2000a), Seite 41 und 49ff. und Europäische Zentralbank (2001a), Seite 56.

III. 1. 1 Die quantitative Definition von Preisstabilität

Mit der Veröffentlichung eines quantitativen Wertes für das Ziel der Preisstabilität beabsichtigt der Rat der Europäischen Zentralbank den Marktteilnehmern eine klare Grundlage für deren Erwartungsbildung bezüglich der künftigen Preisentwicklung zu liefern. Zusätzlich ermöglicht sie es der Öffentlichkeit, den Erfolg der Geldpolitik der Europäischen Zentralbank anhand des quantifizierten Ziels zu überprüfen und trägt dadurch entscheidend zur Transparenz und Glaubwürdigkeit geldpolitischer Entscheidungen bei.

Dabei wird Preisstabilität definiert als *„ein Anstieg des Harmonisierten Verbraucherpreisindex (HVPI) für das Euro-Währungsgebiet von unter 2 % gegenüber dem Vorjahr"*. Im Einklang mit dieser Definition wird das Ziel der Preisstabilität auf mittlere Frist angestrebt.[124]

Diese Definition verdeutlicht erstens, dass der EZB-Rat seinen geldpolitischen Entscheidungen die monetäre, wirtschaftliche und finanzielle Entwicklung des gesamten Euro-Währungsgebietes zu Grunde legt, und somit regionale und nationale Gegebenheiten nur eine sekundäre Rolle spielen. Zweitens wird durch die Formulierung *„Anstieg (...) von unter 2 %"* auf der einen Seite unterstrichen, dass Deflation, d. h. ein anhaltender Rückgang des HVPI-Index, ebenfalls nicht mit dem Ziel der Preisstabilität zu vereinbaren ist. Auf der anderen Seite gibt sie unter Berücksichtigung des Ziels der Preisstabilität eine Obergrenze für die anhand des HVPI gemessenen Inflationsrate an. Drittens spiegelt die Aussage, dass das Ziel der Preisstabilität auf mittlere Sicht angelegt ist, die Notwendigkeit einer zukunftsgerichteten, mittelfristigen Orientierung der Geldpolitik wider. Hierdurch wird verdeutlicht, dass kurzfristigen Volatilitäten der Preise aufgrund nicht-monetärer Schocks nicht durch geldpolitische Maßnahmen entgegengesteuert wird.[125] Die Höhe der mit dem Ziel der Preisstabilität zu vereinbarenden

---

[124] Vgl. European Central Bank (1998), Seite 1 und/oder Europäische Zentralbank (1999a), Seite 51.

[125] Dies entspricht einer an der Entwicklung der Inflationsrate ausgerichteten Geldpolitik. Somit muss eine Zentralbank bei einem Preissprung, bspw. aufgrund eines Anstiegs der Rohstoffpreise, lediglich dafür sorgen, dass die aus der Preiserhöhung resultierende Inflationsbeschleunigung wieder zurückgeht. Im Gegensatz dazu wäre auch eine am Preisniveau orientier-

Inflationsrate von 2 Prozent lässt sich mit dem Argument der Kontinuität begründen. Seit Juli 1995 formuliert der Rat der Europäischen Union diesen Wert für den Euro-Raum.[126]

Für den Harmonisierten Verbraucherpreisindex (HVPI) zur Messung der Inflation für das Euro-Währungsgebiet entschied man sich aus drei Gründen.[127] Erstens ist er der geeignetste Preismaßstab, da er der einzige Preisindex ist, der zu Beginn der dritten Stufe der Europäischen Währungsunion (EWU) in harmonisierter Form für das gesamte Euro-Währungsgebiet vorliegt. Zweitens liegen aufgrund dessen, dass er bereits im Rahmen der zweiten Stufe der EWU als Index zur Beurteilung der Preiskonvergenz im Euro-Währungsraum entwickelt wurde, harmonisierte Daten bis einschließlich 1996 vor. Drittens entspricht die Verwendung des HVPI der Tatsache, dass die Öffentlichkeit die Entwicklung des Preisniveaus vor allem anhand der Verbraucherpreise beurteilt.

III. 1. 2 Die beiden Säulen der geldpolitischen Strategie der Europäischen Zentralbank

Vor dem Hintergrund erheblicher Unsicherheiten bezüglich der Aussagekraft EWU-weit aggregierter Daten und der Wirkungsweise des geldpolitischen Transmissionsmechanismus auf europäischer Ebene, entschloss sich der Rat der Europäischen Zentralbank, seine Analyse bezüglich des primären Ziels, dem Erreichen von Preisstabilität im Euro-Währungsgebiet, anhand zweier Analyseansätze vorzunehmen, die als die zwei Säulen der geldpolitischen Strategie der Europäischen Zentralbank bezeichnet werden. Ziel dieses weit gefassten Analyserahmens ist es, eine Vielzahl an Indikatoren anhand unterschiedlicher Modell-

---

te Geldpolitik denkbar. Hierbei wäre die Notenbank allerdings zu kontraktiven geldpolitischen Maßnahmen verpflichtet, um das Ausgangsniveau wieder zu erreichen, was ein vorrübergehendes Sinken der Preise voraussetzt. Somit ist eine am Ziel der Inflationsrate ausgerichtete Politik weniger aktivistisch und wirkt dadurch verstetigend auf die Geldpolitik. Vgl. Svensson, Lars E.O. (1996b).

[126] Vgl. Issing, Otmar/Gaspar, Vitor/Angeloni, Ignazio/Tristani, Oreste (2001), Seite 71.

[127] Vgl. European Central Bank (1998), Seite 1; Europäische Zentralbank (1999a), Seite 51 und Europäische Zentralbank (2000a), Seite 42.

ansätze auf ihre für geldpolitische Entscheidungen relevanten Informationen hin zu überprüfen. Bei der Differenzierung zwischen den beiden Säulen handelt es sich in erster Linie um eine Unterscheidung verschiedener volkswirtschaftlicher Modelle zur Messung und Bestimmung des Inflationsprozesses. Somit bilden die zwei Säulen einen Rahmen für die Aufbereitung, Analyse und Überprüfung der zahlreichen volkswirtschaftlichen Daten, die der Europäischen Zentralbank als geldpolitischem Entscheidungsträger zur Verfügung stehen.

Abbildung 5: Die Zwei-Säulen-Strategie der Europäischen Zentralbank

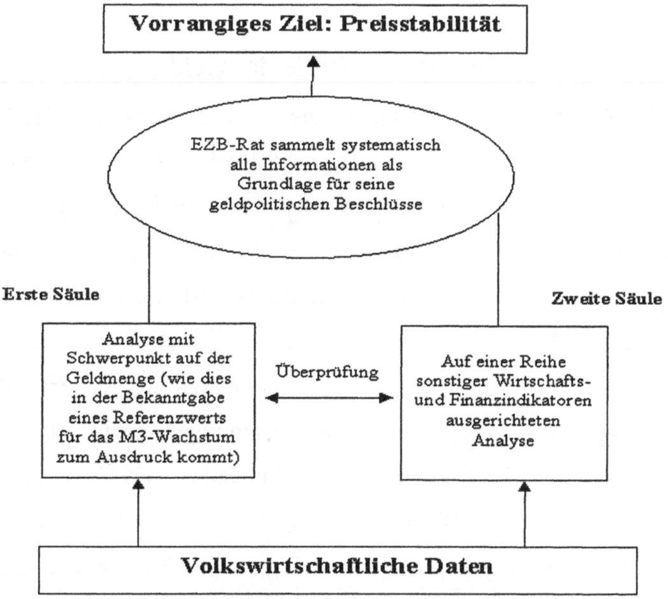

Quelle: Europäische Zentralbank (2000a).

Dabei stellt die erste Säule die Ansätze dar, die der Geldmenge bei der Erklärung der künftigen Preisentwicklung eine herausragende Rolle zuweisen, wohingegen im Rahmen der zweiten Säule die Entwicklung des Inflationsprozesses auf Basis eines breiten Spektrums vor allem realwirtschaftlicher Variablen untersucht wird. Diese Unterteilung bringt zum Ausdruck, dass anhand der ersten Säule monetäre und anhand der zweiten Säule nicht-monetäre Indikatoren, bspw. konjunktureller oder finanzwirtschaftlicher Art, zur Analyse des Preisentwicklungsprozesses herangezogen werden.[128]

Allerdings erfolgt die Analyse und die daraus resultierende geldpolitische Entscheidungsfindung unter Berücksichtigung beider Säulen. Somit stellen die beiden Säulen keine voneinander getrennte theoretische Basis für den geldpolitischen Handlungsrahmen der Europäischen Zentralbank dar, sondern Entscheidungen werden unter Berücksichtigung der beiden, sich ergänzenden Säulen getroffen.[129]

III. 1. 2. 1 Die herausragende Rolle der Geldmenge

Mit dem Faktum, dass der Geldmenge eine herausragende Rolle eingeräumt wurde, trägt der EZB-Rat der Tatsache Rechnung, dass Inflation mittel- bis langfristig ein monetäres Phänomen ist. Um die Bedeutung der Geldmenge im Rahmen der geldpolitischen Strategie der Europäischen Zentralbank zu unterstreichen, gibt der EZB-Rat einen quantitativen Referenzwert für das Geldmengenwachstum des Geldmengenaggregates M3[130] bekannt. Dieser Referenzwert soll dem EZB-Rat helfen, die in den monetären Aggregaten enthaltenen Informationen für seine geldpolitischen Entscheidungen nutzbar zu machen, indem unter anderem die Entwicklung der Geldmenge M3 im Verhältnis zum Referenzwert betrachtet wird. Die Bestimmung bzw. Überprüfung des Referenzwertes erfolgt dabei auf jährlicher Basis. Zugrundegelegt wird in diesem Zu-

[128] Vgl. Europäische Zentralbank (2000a), Seite 43ff und Europäische Zentralbank (2001a), Seite 55ff.
[129] Vgl. Europäische Zentralbank (2001a), Seite 56.
[130] Dieses Geldmengenaggregat M3 besteht aus dem Bargeldumlauf, täglich fälligen Einlagen, Einlagen mit vereinbarter Laufzeit von bis zu zwei Jahren, Einlagen mit vereinbarter Kündigungsfrist von bis zu drei Monaten, Repogeschäften, Geldmarktfondsanteilen und Geldmarktpapieren und Schuldverschreibungen von bis zu zwei Jahren. Vgl. Europäische Zentralbank (1999a), Seite 53 und 12*. Im Mai 2001 entschloss sich der Rat der Europäischen Zentralbank dazu, das bisherige Geldmengenaggregat M3 um die von Ansässigen außerhalb des Euro-Währungsgebietes gehaltenen Geldmarktfondsanteile zu bereinigen, da sich deren Entwicklung auf die Jahreswachstumsrate von M3 seit dem Spätsommer 2000 stark verzerrend auswirkt. Vgl. Europäische Zentralbank (2001c), Seite 9-11.

sammenhang die Beziehung (sog. Quantitätsgleichung) zwischen der Geldmenge und der Umlaufgeschwindigkeit auf der einen und dem realen Bruttoinlandsprodukt und den Preisen auf der anderen Seite.[131]

$$M * V = P * Y$$

mit	M	= nominaler Geldmenge
	V	= Umlaufgeschwindigkeit des Geldes
	P	= Preisniveau
	Y	= realer Output der Volkswirtschaft

Hierbei handelt es sich um eine immer erfüllte Identität, da die Summe aller Zahlungen, dargestellt durch das Produkt aus Geldmenge und Umlaufgeschwindigkeit (linke Seite), stets der Summe des Wertes aller Käufe bzw. Verkäufe (rechte Seite) entsprechen muss. Geschrieben in Wachstumsraten und aufgelöst nach der nominalen Geldmenge erhält man:

$$m = p + y - v$$

Um nun das Wachstum der nominalen Geldmenge zu berechnen, werden die Werte für p, y und v ermittelt. Dies stellt sich bei p als am einfachsten heraus, da hier lediglich der Wert der jährlichen Preissteigerung, der mit dem Ziel des Erreichens von Preisniveaustabilität in Einklang zu bringen ist, eingesetzt wird. Hierbei handelt es sich um den Wert von maximal zwei Prozent Preissteigerung gegenüber dem Vorjahr. Bei y und v gestaltet sich die Ermittlung schwieriger. Beide müssen anhand bestimmter Verfahren ermittelt bzw. geschätzt werden. Für die Erfassung der zu erwartenden realen Produktion in Europa (y) erfolgt dies anhand der trendmäßigen Zunahme des Produktionspotenti-

[131] Vgl. Europäische Zentralbank (1999a), Seite 54; Europäische Zentralbank (1999d), Seite 10-11; Europäische Zentralbank (2000b), Seite 10-11 und Europäische Zentralbank (2001b), Seite 11-13.

als, und im Falle der Umlaufgeschwindigkeit (v) als Relation des nominalen Bruttoinlandprodukts zu der nominalen Geldmenge M3.[132] Bei den bisher drei jährlichen Überprüfungen des Referenzwertes für das Geldmengenwachstum des Geldmengenaggregates M3 am 1. Dezember 1998, 14. Dezember 2000 und 6. Dezember 2001 kam der Rat der Europäischen Zentralbank jeweils zu dem gleichen Ergebnis. Demzufolge wurde der Wert für die Jahreswachstumsrate des Geldmengenaggregates M3 (Referenzwert) auf 4,5 Prozent festgelegt.[133] Dieser Wert ergibt sich aus dem für die maximale Steigerung des Preisniveaus von zwei Prozent gegenüber dem Vorjahr, einer prognostizierten trendmäßigen Zunahme des Produktionspotentials von zwei bis zweieinhalb Prozent und dem der Umlaufgeschwindigkeit von jährlich zwischen minus einem halben und minus einem Prozent. Dieser negative Wert der Umlaufgeschwindigkeit ist dabei teilweise auf den Rückgang der nominalen Zinsen und der Inflationsraten zurückzuführen. Eingesetzt in die obige, in Wachstumsraten übertragene Variante der Quantitätsgleichung, ergibt:

$$\text{Referenzwert} = m = 2\ \% + 2\ \% \text{ bis } 2\ ½\ \% - (-½\ \% \text{ bis } -1\ \%) = 4{,}5\ \%$$ [134]

Als Ergebnis erhält man den Referenzwert für das Geldmengenwachstum, welcher mit dem Ziel der Preisstabilität vereinbar ist, in Form eines Punktwertes. Mit dem Ziel der Preisniveaustabilität vereinbar bedeutet hierbei, dass das Wachstum der Geldmenge M3 dem realen Wirtschaftswachstum in dem Sinne Rechnung trägt, als dass die monetäre Expansion inflationsneutral aufgenommen wird. Denn laut der Quantitätstheorie führt ein den anhand der prognostizierten Wachstumsrate des Produktionspotentials ermittelten Wert übersteigendes monetäres Wachstum mittel- bis langfristig zu Inflation, da aufgrund der Annahme der Vollbeschäftigung und der damit verbundenen Auslastung der

---

[132] Vgl. Europäische Zentralbank (2000b), Seite 10-11.
[133] Vgl. Europäische Zentralbank (1999a), Seite 9; Europäische Zentralbank (2000b), Seite 10-13 und Europäische Zentralbank (2001b), Seite 11-13.
[134] Vgl. bspw. Europäische Zentralbank (2001b), Seite 11.

vorhandenen Kapazitäten die durch die monetäre Expansion gesteigerte Nachfrage sich lediglich in einem Preisanstieg bemerkbar macht. Somit stellt der Referenzwert den Wert des gleichgewichtigen, inflationsneutralen Geldmengenwachstums pro Jahr dar.

Der EZB-Rat sah davon ab, den Referenzwert in Form eines Korridors zu veröffentlichen, da die Ankündigung eines Referenzkorridors von der Öffentlichkeit dahingehend hätte fehlinterpretiert werden können, dass sofortiger geldpolitischer Handlungsbedarf bei Über- oder Unterschreiten des Korridors durch das Geldmengenwachstums gegeben sei. Vielmehr dient der Referenzwert als Hilfsmittel für die Analyse und Darstellung der Geldmengenentwicklung und stellt als solches eine wichtige Orientierungsgröße für die Beurteilung der monetären Risiken für die Preisstabilität dar.[135]

Anhand dieser Beurteilung der ersten Säule, bzw. dem aus einem Abweichen des tatsächlichen Wachstums der Geldmenge M3 von seinem Referenzwert lediglich resultierenden Bedarf des Überprüfens der Notwendigkeit geldpolitischen Handelns, wird deutlich, dass es sich hierbei nicht um eine klassische Zwischenzielvariable, wie ihre Funktionsweise und Anforderungen an eine solche im Rahmen der Zwischenzielstrategie in Kapitel II. 3. 1 und II. 3. 1. 1 beschrieben wurden, handelt, sondern dass sie als erste Säule in der geldpolitischen Strategie der Europäischen Zentralbank lediglich die Funktion eines, wenn auch besonders wichtigen, Indikators einnimmt. Aus diesem Grund entschied man sich für ein weit gefasstes monetäres Aggregat, da weniger Wert auf die Steuerbarkeit seitens der EZB über ihr geldpolitisches Instrumentarium, als vielmehr auf seinen Informationsgehalt hinsichtlich der mittelfristigen Preisentwicklung und die Stabilität bezüglich seines Wachstums gelegt wurde.[136]

Die monetäre Entwicklung bzw. das Geldmengenwachstum wurde dabei bis Mai 2001 anhand des Geldmengenaggregates M3 gemessen. Um übermäßige Verzerrungen der in diesem Aggregat enthaltenen Informationen durch errati-

---

[135] Vgl. Europäische Zentralbank (1999a), Seite 52.

[136] Vgl. Europäische Zentralbank (1999a), Seite 53 und Europäische Zentralbank (1999b), Seite 29 und 33.

sche Monatswerte zu verhindern, wird das Wachstum anhand eines gleitenden, zentrierten Dreimonatsdurchschnitts der monatlichen Wachstumsraten der Geldmenge M3 gegenüber dem Vorjahr gemessen. Daneben werden aber auch enger gefasste Geldmengenaggregate wie M1 (bestehend aus Bargeldumlauf und täglich fälligen Einlagen) und M2 (bestehend aus M1 und Einlagen mit vereinbarter Laufzeit von bis zu zwei Jahren und Einlagen mit einer vereinbarten Kündigungsfrist von bis zu drei Monaten) beobachtet, um aus deren Entwicklung Rückschlüsse auf das Verhalten M3`s ziehen zu können.[137] Im Mai 2001 entschloss sich der Rat der Europäischen Zentralbank dazu, das bisherige Geldmengenaggregat M3 um die von Ansässigen außerhalb des Euro-Währungsgebietes gehaltenen Geldmarktfondsanteile zu bereinigen, da sich deren Entwicklung auf die Jahreswachstumsrate von M3 seit dem Spätsommer 2000 stark verzerrend auswirkt.

Abbildung 6: Entwicklung des Wachstums der Geldmengen M3 und M3 bereinigt

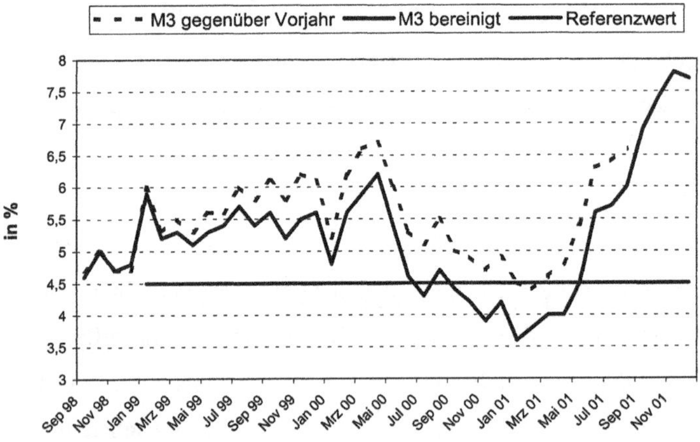

Quelle: Europäische Zentralbank, Monatsberichte; eigene Darstellung.

[137] Vgl. Europäische Zentralbank (1999a), Seite 54. Für die Definition der einzelnen im Euro-Währungsraum verwendeten monetären Aggregate siehe bspw. Europäische Zentralbank (1999b), Seite 35-36.

Grundlage dieser Entscheidung war, dass anhand des Geldmengenaggregates M3 die Geldhaltung der Ansässigen im Euro-Währungsgebiet gemessen werden soll, da laut Interpretation der EZB lediglich diese Bestände Auswirkungen auf die Preisstabilität innerhalb des Eurogebietes haben.[138] Unter stabilitätspolitischen Gesichtspunkten scheint allerdings die Berücksichtigung desjenigen Geldmengenaggregates als sinnvoll, welches für die Finanzierung realwirtschaftlicher Transaktionen innerhalb des Euro-Raumes relevant ist. Inwieweit dies durch die Revision der Geldmenge M3 erhalten bleibt, gilt es abzuwarten.

III. 1. 2. 2 Die auf breiter Grundlage erfolgende Beurteilung der Aussichten und Risiken der Preisentwicklung

Um angemessene geldpolitische Entscheidungen treffen zu können, müssen dem EZB-Rat Informationen vorliegen, die es ihm ermöglichen, sich ein umfassendes Bild der aktuellen wirtschaftlichen Lage im Euro-Währungsgebiet machen zu können. Hierfür reichen rein monetäre Daten, die die Risiken für die Preisstabilität auf mittlere bis langfristige Sicht anzeigen, nicht aus. Dementsprechend erfolgt im Rahmen der zweiten Säule auf der Grundlage einer breit angelegten Beurteilung nicht-monetärer Risiken für die Preisstabilität anhand konjunktureller, arbeitsmarktlicher, finanzmarktlicher und weiterer Indikatoren eine ausführliche Analyse angebots- und nachfrageseitig bestimmter, die Inflationsrate kurz- bis mittelfristig beeinflussender Variablen. Diese breite Palette an Indikatoren umfasst Größen wie Wechselkurs, Löhne, Anleihekurse und Zinsstrukturkurve, verschiedene realwirtschaftliche und fiskalpolitische Variablen, Preis- und Kostenindizes sowie Branchen- und Verbraucherumfragen.[139]

Um die Analyse zu vervollständigen, werden zusätzlich modellgestützte Projektionen für das Euro-Währungsgebiet erstellt. Bei diesen Projektionen handelt es sich um halbjährlich von Experten der Europäischen Zentralbank und den

[138] Vgl. Europäische Zentralbank (2001c), Seite 9-11.
[139] Vgl. Europäische Zentralbank (1999a), Seite 55; Europäische Zentralbank (2000a), Seite 46 und Europäische Zentralbank (2000c), Seite 35ff.

den Nationalen Zentralbanken veröffentlichte Einschätzungen der zukünftigen wirtschaftlichen Entwicklung im Euro-Raum, wobei von unveränderten Zinssätzen und Wechselkursen ausgegangen wird. Ziel dieser Projektionen stellt somit die Analyse der Wirkungen der aktuellen Geldpolitik auf das zukünftige Wirtschaftsgeschehen in der Europäischen Währungsunion dar.[140]

Diese breite Palette an Indikatoren zusammen mit den eigens erstellten Projektionen über die wirtschaftliche Entwicklung im Euro-Raum stellen dem EZB-Rat zusätzliche Informationen zur geldpolitischen Entscheidungsfindung zur Verfügung und ergänzen und erweitern damit als zweite Säule der geldpolitischen Strategie die im Rahmen der ersten Säule gewonnenen monetären Erkenntnisse. Wie der Entscheidungsfindungsprozess anhand der im Rahmen der geldpolitischen Strategie gewonnenen Informationen aussieht, wird im folgenden Kapitel behandelt.

III. 2 Die geldpolitische Entscheidungsfindung der Europäischen Zentralbank

Aufgrund der Tatsache, dass die Europäische Zentralbank für ihre geldpolitische Strategie den Aufbau anhand der beiden beschriebenen Säulen der Geldmengenentwicklung und der Beurteilung der Aussichten und Risiken der Preisentwicklung gewählt und in diesem Zusammenhang die Rolle der monetären Entwicklung als „herausragend" bezeichnet hat, ergibt sich, dass bei den zu treffenden geldpolitischen Entscheidungen die den beiden Säulen zugrunde liegenden Informationen getrennt voneinander ausgewiesen werden. Ziel dieses Vorgehens ist es, ein umfassendes Bild sowohl der monetären als auch der realwirtschaftlichen und finanzmarktlichen Seite für die zu treffenden geldpolitischen Maßnahmen zu erhalten. Je nachdem, welche Informationen die jeweilige Säule den geldpolitischen Entscheidungsträgern bereitstellt, liefern sie entsprechende

[140] Vgl. Europäische Zentralbank (2000a), Seite 47-48.

Signale für die Geldpolitik. Dies wird in der folgenden Tabelle 1 veranschaulicht.

Tabelle 1: Informationsgehalt der beiden Säulen und Entscheidungsproblematik

Geldpolitische Entscheidungsproblematik			
Mögliche Varianten	**Säule 1**	**Säule 2**	**Handlungsanweisung**
1. a.	aktuelles Wachstum von M3 > Referenzwert	aktuelle Inflationsrate > 2 % und Inflationsprognose *steigend*	kontraktive Geldpolitik
1. b.	aktuelles Wachstum von M3 > Referenzwert	aktuelle Inflationsrate > 2 % und Inflationsprognose *fallend*	kontraktive Geldpolitik
2. a.	aktuelles Wachstum von M3 < Referenzwert	aktuelle Inflationsrate > 2 % und Inflationsprognose *steigend*	Tendenz kontraktive Geldpolitik
2. b.	aktuelles Wachstum von M3 < Referenzwert	aktuelle Inflationsrate > 2 % und Inflationsprognose *fallend*	Tendenz expansive Geldpolitik
3. a.	aktuelles Wachstum von M3 > Referenzwert	aktuelle Inflationsrate < 2 % und Inflationsprognose *steigend*	Tendenz kontraktive Geldpolitik
3. b.	aktuelles Wachstum von M3 > Referenzwert	aktuelle Inflationsrate < 2 % und Inflationsprognose *fallend*	Tendenz expansive Geldpolitik
4. a.	aktuelles Wachstum von M3 < Referenzwert	aktuelle Inflationsrate < 2 % und Inflationsprognose *steigend*	expansive Geldpolitik
4. b.	aktuelles Wachstum von M3 < Referenzwert	aktuelle Inflationsrate < 2 % und Inflationsprognose *fallend*	expansive Geldpolitik

Quelle: In Anlehnung an Francke, Hans-Hermann (2001); eigene Erweiterungen.

Dabei gestaltet sich die Informationsgewinnung im Rahmen der ersten Säule als relativ einfach. Die Schwierigkeit hierbei bestand lediglich darin herauszufinden, welches Geldmengenaggregat sich für eine innerhalb Europas einheitliche Geldpolitik als am geeignetsten erweisen würde. Dazu dienten die in II. 4. 1. 1 und II. 4. 1. 2 vorgestellten Kriterien der Beobachtbarkeit und Kontrollierbarkeit durch die Zentralbank, des Anzeigens des geldpolitischen Handlungsbedarfs und der Wirkung der geldpolitischen Maßnahmen und die enge Beziehung zu dem Zwischen- oder Endziel.[141] Schwieriger gestaltet sich die Informationsgewinnung bezüglich der zweiten Säule aufgrund der Tatsache, dass die Analyse der gegenwärtigen und die Prognose der zukünftig zu erwartenden Inflationsrate auf die Entwicklung einer großen Anzahl unterschiedlichster Variablen zurückzuführen ist (siehe Kapitel III. 1. 2. 2). Von diesem Problem sei im Moment abgesehen, um anhand der dargestellten Szenarien die mögliche Entscheidungsproblematik der EZB zu illustrieren.

Im Vorfeld der EZB-Ratssitzungen bezüglich der Festlegung des geldpolitischen Kurses, die bis zum 8. November 2001 vierzehntägig am ersten und dritten Donnerstag des jeweiligen Monats und danach in der Regel vierwöchentlich am ersten Donnerstag des entsprechenden Monats abgehalten wurden bzw. werden,[142] fand/findet eine ausführliche Analyse des monetären und wirtschaftlichen Umfeldes in Europa statt, welche zu einem der in Tabelle 1 dargestellten Szenarien führt(e). Dabei sind diejenigen Szenarien, die aufgrund einer widersprüchlichen Datenlage der beiden Säulen zu unterschiedlichen Aussagen hinsichtlich des einzuschlagenden geldpolitischen Kurses kommen, bei der Handlungsanweisung mit dem Zusatz „Tendenz“ versehen, was die Diskretionarität der geldpolitischen Entscheidung zum Ausdruck bringen soll. Entscheidend hierbei sind drei Faktoren.

Zum einen trifft die EZB keine Aussage darüber, mit welchem Gewicht die einzelnen Säulen in ihre geldpolitische Strategie eingehen. Dies bedeutet, dass je nach subjektiver Einschätzung des EZB-Rats hinsichtlich des wirtschaftlichen Umfelds unterschiedliche Gewichtungen den beiden Säulen zuteil werden können, was sich in der letztendlich getroffenen geldpolitischen Entscheidung widerspiegelt.

Zweitens ist vor dem Hintergrund der aktuellen wirtschaftlichen Entwicklung in Betracht zu ziehen, wie groß die Differenz zwischen der tatsächlichen

[141] Auf die Fragestellung der Eignung unterschiedlicher Geldmengenaggregate für die einheitliche Geldpolitik in Europa wird in Kapitel V. 2. 2 eingegangen.
[142] Vgl. Europäische Zentralbank (2001d), Seite 7.

Entwicklung des Wachstums des Geldmengenaggregats M3 und dessen Wert eines gleichgewichtigen Wachstums (Referenzwert) ist. Dies ist wichtig, da bspw. bei einem den Referenzwert übersteigenden monetären Wachstum bei gleichzeitiger Unterauslastung des Produktionspotentials im Euro-Raum kein unmittelbarer Inflationsdruck entsteht.[143]

Drittens spielt auch die Differenz zwischen der aktuellen und dem mit Preisniveaustabilität in Einklang zu bringenden Wert von zwei Prozent Wachstum des Harmonisierten Verbraucherpreisindex (HVPI) gegenüber dem Vorjahr im Zusammenspiel mit der prognostizierten Inflationsrate eine wichtige Rolle. Liegt bspw. Szenario 2. a. bei einer geringen Differenz zwischen tatsächlicher Inflationsrate und dem Zielwert von zwei Prozent vor, so kann es trotz steigend prognostizierter Inflationsentwicklung aufgrund der monetären Lage (aktuelles Wachstum von M3 < Referenzwert) zu einer expansiven Geldpolitik kommen, wobei die Gewichtung der entsprechenden Säule ebenfalls von Bedeutung ist. Der Ausdruck „Tendenz" soll lediglich zum Ausdruck bringen, dass mit größerer Wahrscheinlichkeit in diesem Szenario mit einer kontraktiven Geldpolitik zu rechnen ist, was aber eine gegenteilige Entscheidung nicht ausschließt.

Umgekehrt ist im Szenario 3. b. eine kontraktive Geldpolitik nicht auszuschließen, wenn die monetäre Entwicklung stark expansiv verläuft und diesem Aspekt aufgrund der aktuellen wirtschaftlichen Lage größere Bedeutung beigemessen wird, als der Entwicklung der zweiten Säule. Analoges gilt für die Szenarien 2. b. und 3. a.. Lediglich die Szenarien 1. a., 1. b., 4. a. und 4. b. scheinen eine eindeutige Richtung der zu erwartenden Geldpolitik zu signalisieren.

Wie aus dem folgenden Kapitel und der darin enthaltenen Tabelle 3 ersichtlich ist, lassen sich die seitens der EZB getroffenen Leitzinsentscheidungen nicht immer mit einer aus den oben illustrierten Szenarien abgeleiteten Handlungsanweisung in Einklang bringen. Auf unter anderem den daraus resultierenden Konflikt zwischen einer diskretionären Anwendung der Geldpolitik, dem

---

[143] Zur Berechnung des Referenzwertes und den dabei zugrunde liegenden Annahmen siehe Kapitel II. 1. 2. 1.

daraus möglicherweise resultierenden Problem der Kommunikation der geldpolitischen Maßnahmen seitens der EZB gegenüber der Öffentlichkeit und dem Bestreben einer Zentralbank des Erlangens von Glaubwürdigkeit hinsichtlich ihrer geldpolitischen Entscheidungen wird im Rahmen der Diskussion theoretischer Probleme der geldpolitischen Strategie der EZB in Kapitel V. 1 vertiefend eingegangen. Davor wird im folgenden auf die Leitzinsentscheidungen des EZB-Rats Bezug genommen, aufgezeigt, vor welchem monetären und wirtschaftlichen Hintergrund sie getroffen wurden, und diese einem der acht Szenarien zugeordnet.

III. 3 Die bisherige Performance der Zwei-Säulen-Strategie

Nachdem das theoretische Konzept, auf dessen Grundlage die Europäische Zentralbank ihre geldpolitischen Entscheidungen trifft, vorgestellt wurde, gilt es in diesem Kapitel herauszufinden, inwieweit diese bisher getroffenen Entscheidungen als konsistent mit diesem Konzept anzusehen, bzw. wo eventuelle Ungereimtheiten aufgetreten sind. Zu diesem Zweck werden die Ergebnisse der EZB-Ratssitzungen, bei denen eine Leitzinsänderung beschlossen wurde, chronologisch vorgestellt und vor dem Hintergrund der Entwicklung der für die Leitzinsänderung verantwortlichen Größen untersucht. Von besonderem Interesse ist in diesem Zusammenhang, welche monetären, finanzmarktlichen, preislichen und realen Größen im Zeitablauf als Argumentationsgrundlage gedient haben, bzw. ob ein Wandel im theoretischen Verständnis der geldpolitischen Strategie in dem Sinne festzustellen ist, dass sich die Gewichtung der beiden Säulen Geldmengenentwicklung und der auf breiter Grundlage erfolgenden Beurteilung der Aussichten für die künftige Preisentwicklung im Zeitablauf verschoben hat.

Tabelle 2 liefert dazu einen Überblick der seit Beginn der Europäischen Währungsunion am 1. Januar 1999 vom Rat der Europäischen Zentralbank getroffenen geldpolitischen Entscheidungen bezüglich Leitzinsänderungen. Als letzte zu untersuchende Leitzinsänderung wird hierbei diejenige vom 30. August

2001 betrachtet, da es aufgrund des Terroranschlags am 11. September 2001 auf das World Trade Center in New York zu einem immensen externen Schock kam, der am 17. September 2001 eine außerordentliche, in Übereinstimmung mit einem entsprechenden Beschluss des Offenmarktausschusses der amerikanischen Notenbank vorgenommene, Zinssenkung um einen halben Prozentpunkt zur Folge hatte. Diese Zinsentscheidung fand aber nicht auf der Grundlage der Analyse der Gefahren für die Preisstabilität im Euro-Währungsgebiet statt, sondern trug aufgrund der Verunsicherung an den Geld- und Kapitalmärkten in Folge der Anschläge eventuell auftretenden Liquiditätsproblemen im Bankensektor Rechnung.

Im weiteren wird hauptsächlich auf diejenigen EZB-Ratssitzungen eingegangen, die eine Änderung des Zinssatzes für das Hauptrefinanzierungsgeschäft und die ständigen Fazilitäten zur Folge hatten. Diese Sitzungen sind in Tabelle 2 dargestellt. Eine Tabelle mit allen seit dem Beginn der Währungsunion getroffenen Leitzinsentscheidungen findet sich im Anhang (Tabelle 2).

Mit Beginn der Währungsunion am 1. Januar 1999 sah sich die Europäische Zentralbank vor das Problem gestellt, ein ihrem Ziel der Sicherung der Preisstabilität und dem wirtschaftlichen Umfeld entsprechendes Niveau für die Leitzinsen festzulegen. Am 22. Dezember 1998 gab der EZB-Rat die Zinssätze für die ersten geldpolitischen Operationen des Eurosystems bekannt. Demnach betrug der Zinssatz für das Hauptrefinanzierungsinstrument 3 Prozent und für die Einlage- und Spitzenrefinanzierungsfazilität 2 Prozent bzw. 4,5 Prozent.

Tabelle 2: Leitzinsänderungen des EZB-Rats seit dem 1. Januar 1999 bis zum 30. August 2001

Geldpolitische Entscheidungen	Einlage-fazilität	Hauptrefi-nanzierungs-instrument	Spitzen-refinan-zierungs-fazilität
1. Januar 1999: Der EZB-Rat legt folgende Zinsen für die Fazilitäten und das Hauptrefinanzierungsgeschäft fest. Für die Zeit vom 4. bis zum 21. Januar werden die Zinsen für die Fazilitäten neu festgelegt.	**2 %** **2,75 %**	3 %	4,5 % 3,25 %
21. Januar 1999: Der EZB-Rat beschließt, für die ständigen Fazilitäten wieder auf das Niveau zurückzukehren, das sie für den Beginn der Dritten Stufe festgelegt hatte.	**2 %**	3 %	4,5 %
8. April 1999: Der EZB-Rat beschließt, die Zinsen für das HRG* und die ständigen Fazilitäten zu senken.	**1,5 %**	2,5 %	3,5 %
4. November 1999: Der EZB-Rat beschließt, die Zinsen für das HRG und die ständigen Fazilitäten zu erhöhen.	**2 %**	3 %	4 %
3. Februar 2000: Der EZB-Rat beschließt, die Zinsen für das HRG und die ständigen Fazilitäten zu erhöhen.	**2,25 %**	3,25 %	4,25 %
16. März 2000: Der EZB-Rat beschließt, die Zinsen für das HRG und die ständigen Fazilitäten zu erhöhen.	**2,5 %**	3,5 %	4,5 %
27. April 2000: Der EZB-Rat beschließt, die Zinsen für das HRG und die ständigen Fazilitäten zu erhöhen.	**2,75 %**	3,75 %	4,75 %
8. Juni 2000: Der EZB-Rat beschließt, die Zinsen für das HRG und die ständigen Fazilitäten zu erhöhen.	**3,25 %**	4,25 %	5,25 %
31. August 2000: Der EZB-Rat beschließt, die Zinsen für das HRG und die ständigen Fazilitäten zu erhöhen.	**3,5 %**	4,5 %	5,5 %
5. Oktober 2000: Der EZB-Rat beschließt, die Zinsen für das HRG und die ständigen Fazilitäten zu erhöhen.	**3,75 %**	4,75 %	5,75 %
10. Mai 2001: Der EZB-Rat beschließt, die Zinsen für das HRG und die ständigen Fazilitäten zu senken.	**3,5 %**	4,5 %	5,5 %
30. August 2001: Der EZB-Rat beschließt, die Zinsen für das HRG und die ständigen Fazilitäten zu senken.	**3,25 %**	4,25 %	5,25 %
* HRG = Hauptrefinanzierungsgeschäft			

Quelle: Europäische Zentralbank, Monatsberichte.

Bei der Ermittlung der ersten Zinssätze für die ständigen Fazilitäten standen für den Rat der Europäischen Zentralbank zwei Aspekte im Vordergrund.[144] Als Erstes sollte anhand der Zinssetzung der geldpolitische Kurs signalisiert werden. Dies erfolgte, indem man das Zinsband um den Hauptrefinanzierungssatz asymmetrisch ausgestaltete (2 Prozent zu 3 Prozent zu 4,5 Prozent). Dies lieferte den kurzfristigen Marktzinssätzen im oberen Bereich eine breitere Schwankungsmöglichkeit und unterstrich die höheren Kosten einer zusätzlichen Liquiditätsbeschaffung.

In der folgenden Abbildung 7 wird das aus den Zinsentscheidungen resultierende Zinsband graphisch dargestellt.

Abbildung 7: Entwicklung der Leitzinssätze der Europäischen Zentralbank

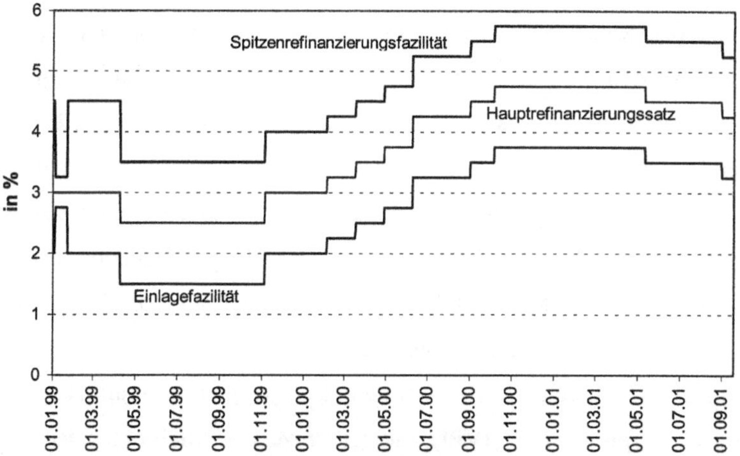

Quelle: Europäische Zentralbank, Monatsberichte; eigene Darstellung.

Zweitens sollte berücksichtigt werden, dass die Marktteilnehmer einige Zeit benötigen könnten, um sich an das neue geldpolitische Umfeld in den ersten Tagen der Währungsunion nach der Umstellung auf den integrierten Geldmarkt

[144] Vgl. Europäische Zentralbank (1999a), Seite 19.

im Euro-Währungsgebiet zu gewöhnen. Aus diesem Grund wurden die Sätze für die ständigen Fazilitäten für den Zeitraum vom 4. Januar bis zum 21. Januar 1999 auf 2,75 Prozent für die Einlagen- und 3,25 Prozent für die Spitzenrefinanzierungsfazilität vorübergehend verringert. Dadurch wurde der Volatilität der Marktzinssätze eine geringere Schwankungsbreite zugestanden, um die Kosten für Kreditinstitute, die aufgrund technischer Probleme oder unzureichender Informationen nicht in der Lage waren, zu Beginn der dritten Stufe ihre Liquidität aus dem Interbankenmarkt zu erhalten bzw. überflüssige Mittel dort zu platzieren, zu verringern. Allerdings wurde dies zeitlich bis zum 21. Januar 1999 restringiert, um etwaigen Anreizen nicht sorgfältiger Liquiditätsplanung von Seiten der Kreditinstitute bspw. bezüglich der Mindestreserveerfüllungspflicht vorzubeugen.

Am 8. April 1999 kam es zur ersten und bisher umstrittensten Leitzinsentscheidung des Rates der Europäischen Zentralbank. Im Rahmen dieser Entscheidung wurden die Zinssätze für die Einlagefazilität und das Hauptrefinanzierungsgeschäft um jeweils 50 Basispunkte auf 1,5 Prozent bzw. 2,5 Prozent und der Satz der Spitzenrefinanzierungsfazilität um 100 Basispunkte auf 3,5 Prozent gesenkt. Damit wurde die bisherige Asymmetrie des Zinsabstandes zwischen den beiden ständigen Fazilitäten und dem Hauptrefinanzierungsgeschäft beseitigt, was bis dato (März 2002) Bestand hat. Was waren die Gründe für diese Leitzinssenkung und warum ist sie so umstritten?

Im April 1999 lag die Inflationsrate in Europa, gemessen am Harmonisierten Verbraucherpreisindex (HVPI), mit 1,1 Prozent deutlich unter dem von der EZB als mit dem Ziel der Preisniveaustabilität zu vereinbarenden Wert von 2 Prozent. Zurückzuführen war dies auf eine geringe prozentuale Veränderung der einzelnen Komponenten des HVPI gegenüber dem Vorjahr. Besonders der Bereich der Waren, der mit einer anteiligen Gewichtung von 63,7 Prozent in den HVPI eingeht, entwickelte sich mit einer durchschnittlichen Steigerung von 0,3 Prozent gegenüber dem Vorjahr für die Monate Januar bis März 1999 sehr gemäßigt.[145] Aus Abbildung 8a und 8b ist die Entwicklung der einzelnen Komponenten und die des HVPI insgesamt zu entnehmen.

Abbildung 8a: Entwicklung des Harmonisierten Verbraucherpreisindex

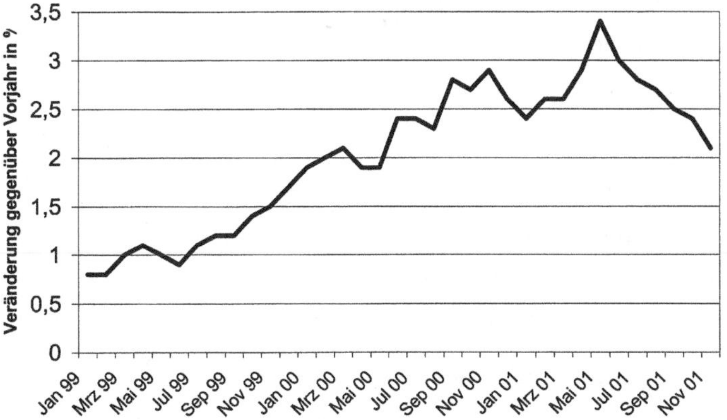

Quelle: Europäische Zentralbank, Monatsberichte; eigene Darstellung.

Abbildung 8b: Entwicklung des Harmonisierten Verbraucherpreisindex und seiner Komponenten (Energie rechte Skala)

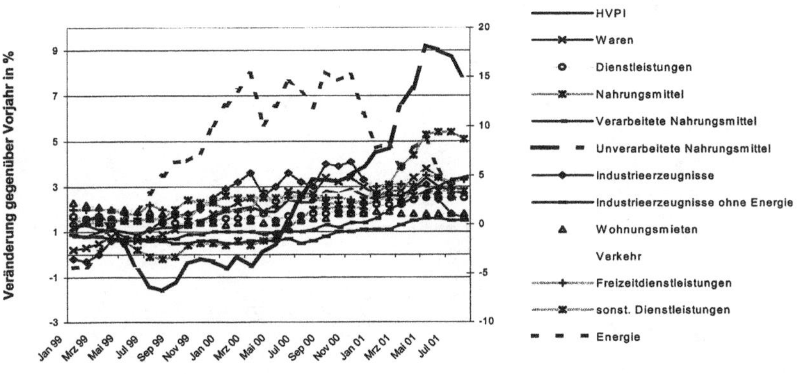

Quelle: Europäische Zentralbank, Monatsberichte; eigene Darstellung.

[145] Vgl. Europäische Zentralbank (2001e), Seite 38*.

Aufgrund dieses geringen Inflationsdrucks entschied sich der Rat der EZB zu der genannten Zinssenkung, welche sie bezüglich ihrer zwei Säulen folgendermaßen begründete (Szenario 3. a. in Tabelle 1).

Die Entwicklung des Geldmengenwachstums im Rahmen der ersten Säule wurde nicht als Zeichen für einen aufkommenden Inflationsdruck genommen. Zwar lag das Wachstum des Geldmengenaggregates M3, gemessen anhand eines gleitenden, zentrierten Dreimonatsdurchschnitts der monatlichen Wachstumsraten der im Mai 2001 um die von Ansässigen außerhalb des Euro-Währungsgebietes gehaltenen Geldmarktfondsanteile bereinigte Geldmenge M3 gegenüber dem Vorjahr, seit Beginn 1999 mit 5,4 Prozent für den Monat Januar fast einen Prozentpunkt oberhalb des Referenzwertes von 4,5 Prozent (siehe Abbildung 9), doch wurde dieses nicht als die Preisniveaustabilität auf Dauer gefährdend betrachtet, da das Wachstum möglicherweise durch Sonderfaktoren zu Beginn der dritten Stufe beeinflusst worden war.[146]

Abbildung 9: Entwicklung des nicht bereinigten Geldmengenaggregates M3

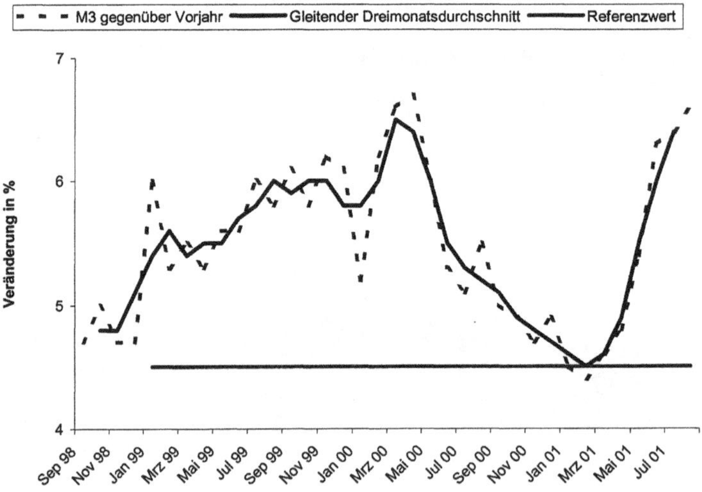

Quelle: Europäische Zentralbank, Monatsberichte; eigene Darstellung.

[146] Vgl. Europäische Zentralbank (1999e), Seite 5.

Der leichte Rückgang im Wachstum von M3 im Februar 1999 gegenüber dem Vormonat lässt sich in diesem Zusammenhang hauptsächlich auf eine geringere Expansion der in dem Geldmengenaggregat M1 enthaltenen täglich fälligen Einlagen zurückführen, auf die rund ein Drittel der gesamten Geldmenge M3 entfällt. Ebenfalls ging das Wachstum der sonstigen in M3 enthaltenen Einlagen im Vergleich zum Vorjahreszeitraum zurück. Dies wird aus Abbildung 10 ersichtlich.

Abbildung 10: Entwicklung von M3 und dessen Komponenten (täglich fällige Einlagen rechte Skala)

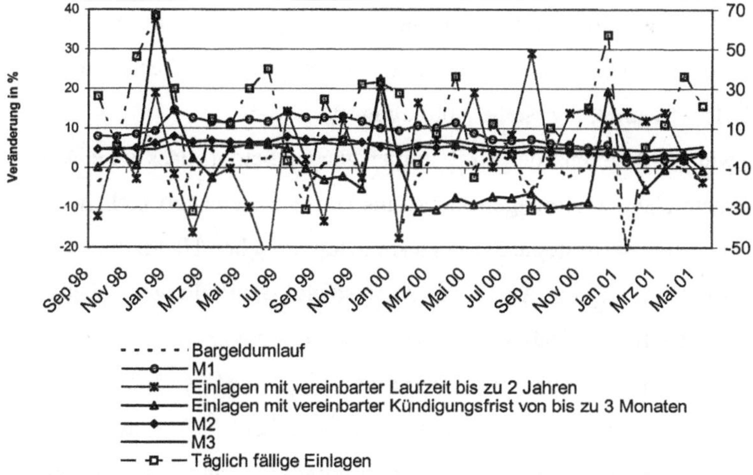

Quelle: Europäische Zentralbank, Monatsberichte; eigene Darstellung.

Ausschlaggebend für die Analyse der Gefahren für die Preisstabilität im Rahmen der zweiten Säule war die Prognose der Kommission eines sich für 1999 auf 2,2 Prozent abschwächenden wirtschaftlichen Wachstums für das Euro-Währungsgebiet im Vergleich zu 3 Prozent für 1998, und dem daraus resultierenden geringeren Druck auf das Preisniveau. Ebenfalls wirkte sich der Rückgang der Energiepreise und der geringe Anstieg der Preise für Waren inflationsdämpfend bzw. nur gering preissteigernd aus (siehe Abbildung 8b).[147]

Betrachtet man diese Leitzinsentscheidung vor dem Hintergrund der in Kapitel III. 1 vorgestellten Strategie der EZB, so wird ersichtlich, warum diese Entscheidung zumindest auf Unverständnis sowohl in wissenschaftlichen Kreisen[148] als auch bei der übrigen Öffentlichkeit[149] stieß.

Dies ist darauf zurückzuführen, dass entgegen der Ankündigung der herausragenden Rolle der Geldmenge M3 im strategischen Konzept der geldpolitischen Entscheidungen der Europäischen Zentralbank von einem geringen zukünftigen Druck auf das Preisniveau ausgegangen wurde, obwohl das Geldmengenwachstum von M3 seit Anbeginn der Europäischem Währungsunion am 1. Januar 1999 bis zu der Zinsentscheidung am 8. April 1999 um ca. 1 Prozent über dem Referenzwert, der in Einklang mit dem Ziel des Erreichens von Preisstabilität abgeleitet wurde, lag (siehe Abbildung 9).

Zwar wird seitens der EZB immer wieder betont, dass eine Abweichung des tatsächlichen Geldmengenwachstums vom Referenzwert nicht wie im Sinne einer Zwischenzielstrategie automatisch geldpolitischen Handlungsbedarf signalisiert, sondern lediglich Anlass zur Analyse und Beurteilung der Risiken für die Preisstabilität liefert. Dabei ist diese monetäre Analyse im Rahmen der ersten Säule immer in Verbindung mit einer ergänzenden Analyse anderer Wirtschafts- und Finanzindikatoren der zweiten Säule zu sehen.[150] Auf der anderen Seite wird anerkannt, dass es sich bei Inflation mittel- bis langfristig um ein monetäres Phänomen handelt.[151]

Diese Art der Aussage ist geeignet Unsicherheit bei den Marktakteuren bezüglich der zukünftigen geldpolitischen Entscheidungsfindung der EZB zu er-

---

[147] Vgl. Europäische Zentralbank (1999e), Seite 20-22.
[148] Vgl. bspw. Svensson, Lars E.O. (2000b), Seite 98 oder Gros, Daniel (2000), Seite 1-2.
[149] Vgl. bspw. Obertreis, Rolf (1999) oder Neubauer, Ralf (1999).
[150] Vgl. bspw. Europäische Zentralbank (1999a), Seite 53; Europäische Zentralbank (2000a), Seite 45 oder Europäische Zentralbank (2000b), Seite 12.
[151] Vgl. bspw. Europäische Zentralbank (2000a), Seite 44 oder Europäische Zentralbank (2000d), Seite 47.

zeugen. Das Interessante bei dieser Zinsentscheidung war somit, dass sich der Rat der EZB trotz der unterschiedlichen Signale, die die beiden Säulen bezüglich der zu erwartenden Entwicklung der Inflation lieferten, für eine Zinssenkung entschied. Während im Rahmen der ersten Säule die expansive monetäre Entwicklung eine Gefahr für die Preisniveauentwicklung darstellte, signalisierte die zweite Säule anhand des Wertes der momentanen Inflationsrate, der mit 1,1 Prozent deutlich unter dem von der EZB als mit dem Ziel der Preisniveaustabilität zu vereinbarenden Wert von 2 Prozent lag, und anhand der Inflationsprognose aufgrund eines sich für 1999 auf 2,2 Prozent abschwächenden wirtschaftlichen Wachstums geringen Aufwärtsdruck auf das Preisniveau. Und trotz der Betonung der Bedeutung der Geldmenge im strategischen Konzept der EZB wurde eine Zinssenkung durchgeführt. Auf diesen Aspekt gilt es im Rahmen der Diskussion der theoretischen Probleme der Zwei-Säulen-Strategie in Kapitel IV. 1 näher einzugehen.

Die folgenden Leitzinsentscheidungen ab dem 4. November 1999 bis einschließlich der am 5. Oktober 2000, innerhalb derer die Leitzinsen, bis auf die Entscheidung am 8. Juni 2000, an der ein Schritt von 50 Basispunkten vollzogen wurde, kontinuierlich um jeweils 25 Basispunkte angehoben wurden, basierten allesamt auf der Grundlage des von beiden Säulen angezeigten Inflationsdrucks. So stieg der Harmonisierte Verbraucherpreisindex (HVPI) bis zu seinem bisherigen Höchstwert von 3,4 Prozent im Mai 2001 kontinuierlich an (siehe Abbildung 8a).

Im Rahmen der ersten Säule nahm die Wachstumsrate der Geldmenge M3 gegenüber dem Vorjahr bis April 2000 auf ihren bisherigen Maximalwert von 6,7 Prozent zu, verringerte sich dann bis Oktober 2000 auf 4,9 Prozent, lag aber immer noch deutlich über dem Referenzwert von 4,5 Prozent (siehe Abbildung 9). Anhand der bereinigten Geldmenge M3 fiel das Wachstum allerdings weitaus geringer aus und lag mit im Schnitt 4,3 Prozent seit Mitte 2000 bis Ende 2000 sogar unter dem Reverenzwert (siehe Abbildung 6). Allerdings war dies nicht ausschlaggebend, da dieses Geldmengenaggregat erst ab Mai 2001 in den

Mittelpunkt der monetären Analyse rückte. Diese monetäre Expansion machte sich besonders bei der Kreditvergabe an den privaten Sektor bemerkbar. Sie schwankte während des Jahres 2000 zwischen dem minimalen Wert von 8,8 Prozent im Januar 2000 und dem maximalen Wert von 10,4 Prozent im April 2000 auf hohem Niveau. Da von der Kreditvergabe an den privaten Sektor eine Stärkung der Nachfrage und daraus mittelfristig Druck auf das Preisniveau abgeleitet werden kann, galt es, diese Entwicklung in die geldpolitische Entscheidungsfindung mit einzubeziehen. Diese beiden wichtigen Faktoren, Wachstum der Geldmenge M3 und der Kreditvergabe an den privaten Sektor, deuteten auf eine großzügige Liquiditätsausstattung im Euro-Währungsgebiet und somit auf Aufwärtsrisiken für die Preisstabilität hin.

Die seit Ende 1999 stark zunehmende reale Wirtschaftstätigkeit in Europa konnte sich in 2000 weiterhin behaupten. Dies signalisierte innerhalb der zweiten Säule, neben den monetären Aspekten der ersten Säule zusätzlichen Preisdruck aufgrund von Kapazitätsengpässen.

Abbildung 11: Veränderung des realen Bruttoinlandsprodukt des Euro-Währungsgebiets gegenüber dem Quartal des Vorjahrs

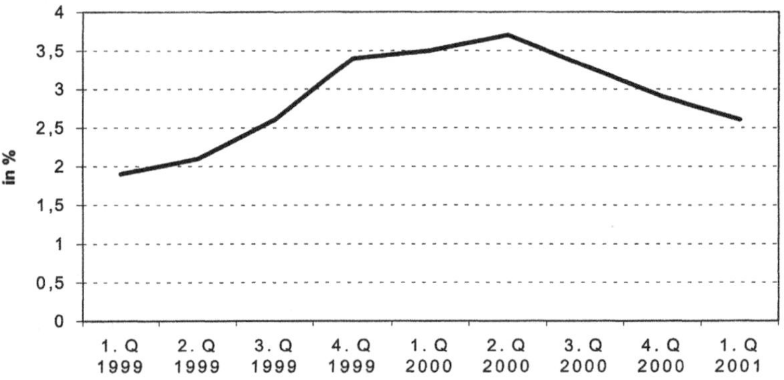

Quelle: Bloomberg; eigene Darstellung.

Besonders der Anstieg der Preise für Öl und Rohstoffe unterstützte ab dem vierten Quartal 1999 die Zunahme des HVPI (siehe Abbildung 8b). Dazu kam, dass mit Beginn 2000 der Wechselkurs des Euro gegenüber dem US-Dollar die Parität unterschritt.

Abbildung 12: Nominaler Wechselkurs Dollar/Euro

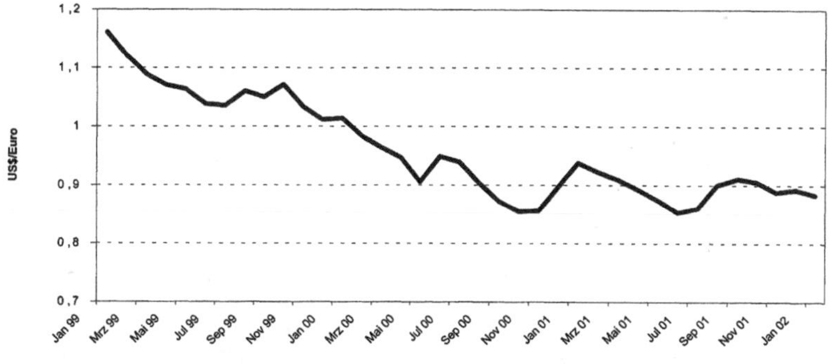

Quelle: Europäische Zentralbank, Monatsberichte; eigene Darstellung.

Diese zunehmende Schwäche der europäischen Währung wurde ab der Leitzinsentscheidung am 3. Februar 2000 in zunehmendem Maße berücksichtigt. Grund war die Gefahr der importierten Inflation über erhöhte Preise für Importgüter und damit möglicherweise verbundenen Zweitrundeneffekten bspw. bei Lohnabschlüssen.

Eine zusätzliche Problematik für die einheitliche Geldpolitik der EZB stellte die zunehmende Differenz der Inflationsraten zwischen den Mitgliedsländern der Europäischen Währungsunion dar. Sie war von Anbeginn des Jahres 2000 von 2,9 Prozent auf bis zu 4,2 Prozent im Juli 2000 angewachsen, siehe Abbildung 13. Dies erhöhte auf der einen Seite die Problematik der Gewichtung der einzelnen Länder in der Inflationsprognose und –berechnung, worauf in Kapitel IV. 2. 1 noch genauer eingegangen wird. Auf der anderen Seite lief die EZB Gefahr, mit aufgrund der zunehmenden Inflation etwaigen kontraktiven geldpolitischen Eingriffen in den einzelnen Ländern unterschiedlich hohe gesamtwirtschaftliche Kosten zu verursachen.

Abbildung 13: Inflationsdifferenz im Euro-Raum

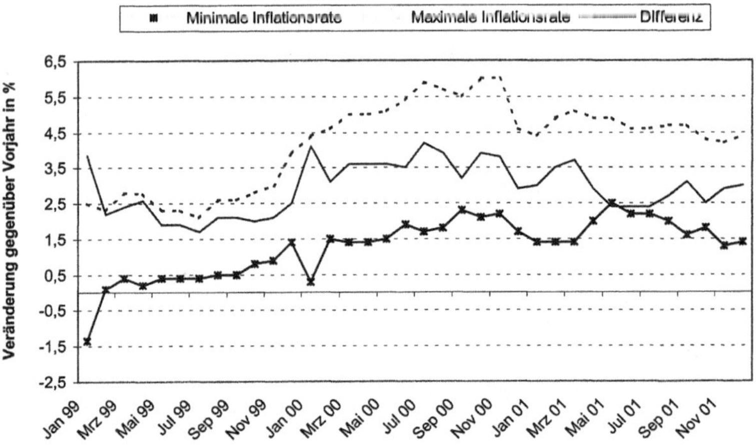

Quelle: Bloomberg; eigene Berechnung und Darstellung.

Am 10. Mai 2001 senkte die EZB nach April 1999 zum zweiten Mal die Leitzinsen um jeweils einen viertel Prozentpunkt auf 4,5 Prozent für das Hauptrefinanzierungsgeschäft und 3,5 Prozent und 5,5 Prozent für die Einlage- bzw. Spitzenrefinanzierungsfazilität. Diese Zinssenkung, hieß es, sei als eine Anpassung des Zinsniveaus an einen etwas geringeren Inflationsdruck auf mittlere Sicht zu verstehen. Die aktuelle Inflationsrate betrug zu diesem Zeitpunkt 2,9 Prozent auf Monatsbasis für April 2001 (siehe Abbildung 8a). Dieser Entschluss wurde auf Grundlage der Analyse der Risiken der Preisniveaustabilität im Rahmen der beiden Säulen der geldpolitischen Strategie getroffen, die folgende Informationen lieferten (Szenario 1. b. in Tabelle 1).

Von Seiten der monetären Entwicklung wurde von keiner Gefahr für die Preisstabilität ausgegangen. Der gleitende, zentrierte Dreimonatsdurchschnitt der Geldmenge M3 war seit März 2000 rückläufig. Für den Zeitraum von Januar bis März 2001 belief er sich auf 4,6 Prozent (siehe Abbildung 9). Werden die Verzerrungen des Geldmengenwachstums, die sich der EZB folgend aufgrund von Ansässigen außerhalb des Euro-Währungsgebietes gehaltenen Geldmarktfondsanteilen ergeben, berücksichtigt, so lag das Geldmengenwachstum bereits seit einigen Monaten unter dem Referenzwert von 4,5 Prozent (siehe Abbildung 6). Allerdings scheint es angesichts der Bedeutung der monetären Seite, die ihr im Rahmen der geldpolitischen Strategie zugesprochen wird, als zu oberflächlich, sich bei der Betrachtung der Geldmengenentwicklung von M3 durch statistische Revisionen, wie bspw. das Herausrechnen bestimmter Komponenten aus dem ursprünglichen Geldmengenaggregat, leiten zu lassen. Dies scheint allerdings bei dieser Zinsentscheidung zumindest zu einem nicht unerheblichen Teil der Fall gewesen zu sein. Zumindest wurden Kalendereffekte, eine besonders hohe Volatilität der Aktienmärkte und das laut EZB bis dahin falsch abgegrenzte Geldmengenaggregat für das Überzeichnen der bis dahin gehenden monetären Entwicklung verantwortlich gemacht, so dass die getroffene Zinssenkung auch im Einklang mit der ersten Säule stattfinden konnte.[152]

Ausschlaggebend für die Beurteilung der zukünftigen Inflation im Rahmen der zweiten Säule war das sich seit dem dritten Quartal 2000 abschwächende reale Wirtschaftswachstum (siehe Abbildung 11). Außerdem wurde davon ausgegangen, dass der Druck auf das Preisniveau, der sich unter anderem durch kurzfristige Angebotsschocks bspw. im Bereich der unverarbeiteten Nahrungsmittel aufgrund der Maul- und Klauenseuche ergab, mittelfristig wieder verringern werde. Zusätzlich wurde hervorgehoben, dass bei den bisherigen Lohnabschlüssen diese kurzfristigen Effekte auf das Preisniveau nicht antizipiert wurden, so dass von Seiten der Löhne ebenfalls nicht mit Inflationsgefahren gerechnet werden musste, obwohl die Lohnstückkosten, gemessen anhand des Entgelts aller Arbeitnehmer pro Einheit des realen Bruttoinlandprodukts, im Vergleich gegenüber dem Vorjahr seit dem zweiten Quartal 2001 um 2,5 Prozent gestiegen waren. Hinzu kam eine Umkehr in der Zinsdifferenz zwischen Europa und den

---

[152] Vgl. Europäische Zentralbank (2001c), Seite 7-8 und European Central Bank (2001).

USA. So überschritt der europäische Leitzins den amerikanischen seit April 2001, so dass eine positive Nominalzinsdifferenz zugunsten Europas entstand (siehe Abbildung 14). Unter Berücksichtigung der Inflationsraten der beiden Währungsräume besteht somit zur Zeit (Juli 2001 bis März 2002) auch ein real gesehen höheres Zinsniveau in Europa. Dies könnte über erhöhten Kapitalimport zu einer Aufwertung des Euro und somit über die damit verbundene Verringerung der Importpreise zu einem Rückgang der Inflationsrate auf mittlere Sicht führen.

Abbildung 14: Leitzinsdifferenz Europa/USA

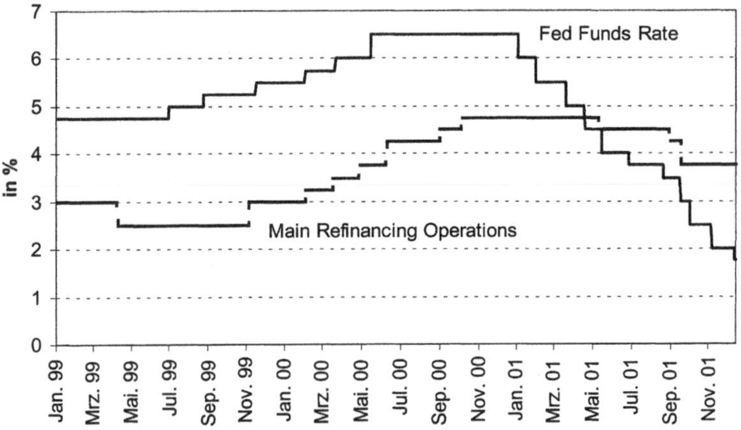

Main Refinancing Operations = Leitzinssatz der Europäischen Zentralbank
Fed Funds Rate = Leitzinssatz der Federal Reserve Bank

Quelle: Europäische Zentralbank, Monatsberichte; eigene Darstellung.

Die letzte zu untersuchende Leitzinsänderung vollzog sich am 30. August 2001, in deren Rahmen der Satz für das Hauptrefinanzierungsgeschäft um weitere 0,25 Prozentpunkte auf 4,25 Prozent und für die Einlagen- und Spitzenrefinanzierungsfazilität auf 3,25 bzw. 5,25 Prozent gesenkt wurde. Anlass zu dieser

Entscheidung gab die folgende Entwicklung der beiden Säulen (Szenario 1. b. in Tabelle 1).

Die Entwicklung der Geldmenge M3 im Rahmen der ersten Säule wies seit Beginn des Jahres 2001 einen steigenden Verlauf auf (siehe Abbildung 9). Allerdings galt es, diesen Anstieg aus zwei Gründen mit Vorsicht zu betrachten. Zum einen wurde das Geldmengenwachstum aufgrund der laut EZB „falschen Abgrenzung“ stark verzerrt. Gemessen anhand der im Mai 2001 um die von Ansässigen außerhalb des Euro-Währungsgebietes gehaltenen Geldmarktfondsanteile bereinigte Geldmenge M3, fiel das Wachstum wesentlich geringer aus (siehe Abbildung 6), nämlich im Schnitt seit Jahresbeginn fast 1 Prozent. Zum anderen führte eine flache Zinsstrukturkurve und die starke Volatilität an den Aktienmärkten zu Portfolioumschichtungen in in M3 enthaltene kurzfristige Einlagen und marktfähige Finanzinstrumente, wodurch das Geldmengenwachstum vorrübergehend verzerrt wurde. Die Steigerung des M3-Wachstums wurde somit als die Preisniveaustabilität auf mittlere Sicht nicht gefährdend betrachtet.[153]

Auch die zweite Säule signalisierte keine preistreibende Tendenzen. Das Wachstum des realen Bruttoinlandprodukts hatte sich seit Beginn 2001 stärker als prognostiziert verlangsamt (siehe Abbildung 11). Auch die Inflationsrate, gemessen am HVPI, verringerte sich seit Jahresbeginn aufgrund geringerer gesamtwirtschaftlicher Nachfrage und abnehmender Preise für Energie und Nahrungsmittel, die mit einem Gewicht von jeweils 15,7 Prozent und 16,6 Prozent in den HVPI eingehen[154] (siehe Abbildung 8a und 8b). Da mit einer weiteren Verringerung der Energie- und Importpreise und einem weiteren Rückgang des wirtschaftlichen Wachstums im Euro-Raum gerechnet wurde, sank dadurch der zu erwartende Aufwärtsdruck auf die Inflationsrate. Allerdings blieb das Wachstum der Lohnstückkosten auf hohem Niveau und könnte dadurch auf mittlere Sicht einen preisniveausteigernden Effekt haben.

---

[153] Vgl. Europäische Zentralbank (2001c), Seite 8.

[154] Vgl. Issing, Otmar/Gaspar, Vitor/Angeloni, Ignazio/Tristani, Oreste (2001), Tabelle 3.3, Seite 55.

Die folgende Tabelle 3 liefert einen Überblick über die EZB-Ratssitzungen, auf denen eine Leitzinsänderung beschlossen wurde und die dafür zugrundeliegenden Informationen. Dabei bedeutet ein Plus (+) Aufwärtsdruck auf die Inflationsrate, und ein Minus (-) signalisiert abnehmende Gefahren für die Preisstabilität. Die ersten beiden Zinsentscheidungen vom 1. Januar 1999 und 21. Januar 1999 wurden dabei nicht berücksichtigt, da es sich hierbei nicht um Zinsentscheidungen bezüglich der Entwicklung der beiden Säulen der geldpolitischen Strategie im engeren Sinn handelte, sondern lediglich um das Festsetzen der Leitzinsen zu Beginn der Europäischen Währungsunion. In Tabelle 3 sind diejenigen Größen aufgeführt, auf die in den Monatsberichten der EZB am häufigsten Bezug hinsichtlich der Erklärung von Zinsentscheidungen genommen wurde. Die beiden Determinanten der nominalen Zinsdifferenz zwischen den USA und Euro-Land und die der Inflationsdifferenz im Euro-Währungsgebiet wurden hingegen vom Autor hinzugefügt, um zusätzlichen Erklärungsgehalt zu gewinnen. Sie wurden dementsprechend nicht mit einem Plus oder Minus für die Richtung der geldpolitischen Entscheidung versehen, sondern versuchen anhand ihrer absoluten Werte zusätzliche Informationen bezüglich der Zinsentscheidungen zu liefern. Anhand dieser wenigen Zinsentscheidungen fällt es allerdings schwer, diejenigen Größen zu identifizieren, die für die Zinsentscheidung maßgeblich waren. Zumindest die monetäre Säule wies, gemessen anhand des ursprünglich definierten Geldmengenaggregates M3, auf stetigen Druck auf das Preisniveau hin. Dies allein ist allerdings nicht aussagekräftig genug, da eine Wirtschaft, die sich bezüglich ihres Auslastungsgrades, gemessen am sogenannten Output-gap zwischen tatsächlicher Produktion und langfristigem Potentialniveau des Outputs, unterhalb ihres maximalen Auslastungsgrades befindet, mehr Liquidität inflationsneutral absorbieren kann.

Tabelle 3: EZB-Rats- Leitzinsentscheidungen und ihre zugrundeliegenden Informationen

	8. Apr. `99	4. Nov. `99	3. Febr. `00	16. März `00	27. Apr. `00	8. Juni `00	31. Aug. `00	5. Okt. `00	10. Mai `01	30. Aug. `01
M3 zu Referenzwert in %	5,5 > 4,5 (+)	5,8 > 4,5 (+)	5,2 > 4,5 (+)	6,2 > 4,5 (+)	6,7 > 4,5 (+)	6 > 4,5 (+)	5,5 > 4,5	5 > 4,5 (+)	4,6 ≈ 4,5	6,6 > 4,5 (+)
M3 bereinigt	5,3 % (+)	5,2 % (+)	4,8 % (-)	5,6 % (+)	6,2 % (+)	5,4 % (+)	4,7 % (-)	4,4 % (-)	4 % (-)	6 % (+)
Kreditvergabe an privaten Sektor	9,9 % (+)	10,1 % (+)	8,8 % (+)	9,5 % (+)	10,4 % (+)	10,3 % (+)	9,5 % (+)	10 % (+)	8,4 % rückläufige Tendenz (-)	7,2 % rückläufige Tendenz (-)
HVPI	1 % (-)	1,4 % (-)	1,9 % steigende Tendenz (+)	2 % steigende Tendenz (+)	1,9 % (-)	1,9 % (-)	2,3 % steigende Tendenz (+)	2,8 % steigende Tendenz (+)	3,4 % rückläufige Tendenz (-)	2,7 % rückläufige Tendenz (-)
Lohnstückkosten (auf Quartalsbasis)	1. Quartal `99 1,7 % (+)	4. Quartal `99 0,4 % (-)	1. Quartal `00 0,4 % (-)	1. Quartal `00 0,4 % (-)	2. Quartal `00 0,5 % (-)	2. Quartal `00 0,5 % (-)	3. Quartal `00 1,4 % (+)	3. Quartal `00 1,4 % (+)	2. Quartal `01 2,5 % (+)	3. Quartal `01 2,5 % (+)
Reales BIP-Wachstum (Durchschnitt über die EWU-Länder auf Quartalsbasis)	3,34 % (+)	4,64 % (+)	4,8 % (+)	4,8 % (+)	5,01 % (+)	5,01 % (+)	4,14 % (+)	4,12 % (+)	2,59 % (-)	1,14 % (-)
Nominaler Wechselkurs ($/€)	1,088 (-)	1,070 (-)	1,013 (-)	0,983 (+)	0,946 (+)	0,905 (+)	0,904 (+)	0,872 (+)	0,892 (+)	0,901 (+)
Nominale Zinsdifferenz USA/Europa	1,75 Prozentpunkte	2,75 Prozentpunkte	2,5 Prozentpunkte	2,5 Prozentpunkte	2,5 Prozentpunkte	2,25 Prozentpunkte	2,25 Prozentpunkte	2 Prozentpunkte	-0,25 Prozentpunkte	-0,75 Prozentpunkte
Inflationsdifferenz zwischen minimalem und maximalem Wert	2,58 Prozentpunkte	3,8 Prozentpunkte	3,1 Prozentpunkte	3,6 Prozentpunkte	3,6 Prozentpunkte	3,5 Prozentpunkte	3,9 Prozentpunkte	3,9 Prozentpunkte	2,4 Prozentpunkte	2,7 Prozentpunkte
Szenario aus Tabelle 1	Szenario 3.a.	Szenario 3.a.	Szenario 3.a.	Szenario 1.a./3.a.	Szenario 3.a.	Szenario 3.a.	Szenario 1.a.	Szenario 1.a.	Szenario 1.b./2.b.	Szenario 1.b.
Leitzinsentscheidung	Leitzinssenkung um 0,5 Prozentpunkte	Leitzinserhöhung um 0,5 Prozentpunkte	Leitzinserhöhung um 0,25 Prozentpunkte	Leitzinserhöhung um 0,25 Prozentpunkte	Leitzinserhöhung um 0,25 Prozentpunkte	Leitzinserhöhung um 0,5 Prozentpunkte	Leitzinserhöhung um 0,25 Prozentpunkte	Leitzinserhöhung um 0,25 Prozentpunkte	Leitzinssenkung um 0,25 Prozentpunkte	Leitzinssenkung um 0,25 Prozentpunkte

Quelle: Europäische Zentralbank, Monatsberichte; eigene Darstellung.

Für die Jahre 1999 und 2000 lag das wirtschaftliche Wachstum für die Mitgliedsländer der Währungsunion, gemessen anhand des aggregierten realen Bruttoinlandsprodukts, mit 2,6 Prozent und 3,4 Prozent über dem von der EZB bei der Berechnung des Referenzwertes prognostizierten Wert von 2,5 Prozent, so dass aus einem Übermaß an Liquidität Gefahren für das Preisniveau abgeleitet werden konnten. Da für das Euro-Gebiet für das Jahr 2001 lediglich ein Wachstum des realen Bruttosozialprodukts von 1,7 bis 1,9 Prozent erwartet wird, dürfte dieser Überschuss an Liquidität vom Markt aufgenommen worden sein, ohne zusätzlichen Druck auf das Preisniveau auszuüben. Dementsprechend ist mit einer geringeren Bedeutung der monetären Säule in dieser Zeit zu rechnen.

Die Kreditvergabe an den privaten Sektor fiel ebenfalls, betrachtet über den Zeitraum Beginn 1999 bis Ende drittes Quartal 2001, expansiv aus, wenngleich am Ende mit abnehmender Tendenz. Somit lieferte auch diese Größe Anlass zur sorgfältigen Beobachtung bezüglich preistreibender Tendenzen.

Ein nicht so einheitliches Bild lieferten die Determinanten der zweiten Säule, Harmonisierter Verbraucherpreisindex, Lohnstückkosten, Wachstum des realen Bruttoinlandprodukts und der nominale Wechselkurs zwischen dem Euro und dem US-Dollar. Die Inflationsrate befand sich zum Zeitpunkt des Beginns der Währungsunion im Januar 1999 mit 0,8 Prozent Veränderung gegenüber dem Monat des Vorjahres auf sehr niedrigem Niveau. Allerdings stieg sie bis Mai 2001 auf ihren vorläufig maximalen Wert von 3,4 Prozent an. Somit signalisierte dieser Parameter erst ab dem Jahre 2000 einen Wert, der sich dem Bereich des maximal vorgegebenen Werts von 2 Prozent gegenüber dem Vorjahr annäherte (siehe Abbildung 8a). Auch die Lohnstückkosten lieferten in den Jahren 1999 und 2000 keinen Anlass zur Besorgnis bezüglich inflationären Drucks über den Arbeitsmarkt auf das Preisniveau. Erst 2001 stieg die Wachstumsrate der Lohnstückkosten über die des realen Bruttoinlandprodukts, so dass dieser Aspekt bei der EZB besondere Beachtung fand.[155]

---

[155] Vgl. Europäische Zentralbank (2001f), Seite 6.

Das kräftige Wirtschaftswachstum in Europa in den Jahren 1999 und 2000 wurde in den Begründungen der EZB bezüglich ihrer Zinsentscheidungen immer wieder als wichtiger Grund für die in dieser Zeit durchgeführten Leitzinserhöhungen aufgeführt. Seine in dieser Zeit ständig hohen Werte decken sich mit den stattgefundenen Zinserhöhungen, und auch das Nachlassen der Wirtschaftstätigkeit zu Beginn des Jahres 2001 fand Niederschlag in den derzeitig (Mai 2001 bis November 2001) implementierten Zinssenkungen.

Der Außenwert des Euro, insbesondere gegenüber dem US-Dollar, war zu Anfang der Währungsunion 1999 für die geldpolitischen Entscheidungen der EZB von untergeordneter Bedeutung. Erst ab der Leitzinsentscheidung am 3. Februar 2000 rückte der Wechselkurs des Euro gegenüber dem US-Dollar aufgrund ständiger Abwertung und der dadurch hervorgerufenen Gefahr der importierten Inflation mehr und mehr ins Blickfeld geldpolitischen Interesses.[156] Die bis dato (März 2002) anhaltende Schwäche des Euro dürfte auch weiterhin Anlass zur sorgfältigen Beobachtung des daraus resultierenden Drucks auf das Preisniveau in Europa liefern.

Alles in allem ist es nicht möglich, diejenigen Variablen eindeutig zu identifizieren, die bei den Zinsentscheidungen der EZB eine Rolle gespielt haben. Dies ergibt sich allerdings auch aus der Tatsache, dass in einem dynamischen Wirtschaftsablauf vor sich ändernden Gegebenheiten auch andere Größen an Gewicht und Bedeutung gewinnen und andere verlieren. Insbesondere im Rahmen der Zweiten Säule, innerhalb derer eine Vielzahl an Indikatoren, wie bspw. Wechselkurse, Anleihekurse, Lohnabschlüsse, Zinsstrukturkurve, Verbraucherumfragen, etc. berücksichtigt werden, ist es nicht verwunderlich, dass keine klaren Prioritäten für die einzelnen Größen vergeben werden, sondern dass anhand ausführlicher Untersuchungen und Betrachtungen des wirtschaftlichen Umfelds von Fall zu Fall die entsprechenden und relevanten Variablen für die Zinsentscheidungen ermittelt werden. Ziel bei der Beobachtung der Zinsentscheidungen der Europäischen Zentralbank kann es also vielmehr nur sein, diejenigen Vari-

[156] Vgl. Europäische Zentralbank (2000e), Seite 5-6.

ablen zu diagnostizieren, die von besonderer Bedeutung für ihre Geldpolitik sind, um anhand dieser eine möglichst genaue Prognose des zukünftigen Verhaltens der EZB aufstellen zu können, was im einzelnen durch eine individuelle Betrachtung der aktuellen und prognostizierten wirtschaftlichen Gegebenheiten in Europa vervollständigt werden muss. Dazu stehen einem die unterschiedlichsten statistischen und ökonometrischen Verfahren zur Verfügung, anhand derer eine derartige Prognose geldpolitischer Entscheidungen der EZB durchgeführt werden kann. Im Vorfeld all dieser Verfahren steht allerdings die Suche nach den für die geldpolitischen Beschlüsse relevanten Variablen. Dies wurde teilweise anhand dieses Kapitels und der obigen Tabelle 3 versucht und wird in dem folgenden Kapitel vertieft. Dort werden die bisherigen Leitzinsentscheidungen anhand eines statistischen Verfahrens nachgebildet, um auf dieser Grundlage die Möglichkeit der Prognose für zukünftige Zinsschritte abzuleiten.

IV. Ein Modell zur Nachbildung und Prognose der Leitzinsentscheidungen der Europäischen Zentralbank

Die Anreize ein Modell zu entwickeln, anhand dessen die bisherigen Zinsentscheidungen der EZB möglichst genau nachgebildet werden können, sind vielfältig. Auf wissenschaftlicher Ebene besteht das Interesse darin herauszufinden, inwieweit die getroffenen geldpolitischen Entscheidungen mit dem veröffentlichten strategischen Konzept der EZB in Einklang zu bringen sind.[157] Auf der Ebene der Marktakteure, wie z.B. der Anleger oder Banken, besteht das Interesse hingegen in der Maximierung unter anderem ihrer Anlageerfolge, bzw. in der Minimierung der durch eine Fehleinschätzung der geldpolitischen Maßnahmen der EZB entstandenen Kosten, bspw. in Form höherer Kosten bei der Refinanzierung über die EZB im Rahmen des Hauptrefinanzierungsgeschäfts. Der hier vorgestellte Ansatz versucht einen Brückenschlag zwischen diesen beiden Ebenen und deren Interessen, indem ein Indikator ermittelt wird, anhand dessen

[157] Vgl. bspw. Svensson, Lars E.O. (2000b) oder Mihov, Ilian (2001).

ex post die Leitzinsentscheidungen nachgebildet werden, um daraus erstens Prognosegehalt für zukünftig zu erwartende Zinsschritte zu ziehen und zweitens herauszufinden, anhand welcher Variablen sich die Zinsentscheidungen besonders gut nachvollziehen lassen, um daraus ableiten zu können, welche Größen bei den geldpolitischen Entscheidung der EZB von besonderer Bedeutung waren. Dazu wird zuerst das Verfahren, welches zur Bildung des Indikators verwendet wird, vorgestellt. Anschließend wird auf die Konstruktion des Modells, die Berechnung und Bewertung der einzelnen verwendeten Variablen und die Aggregation zu dem Gesamtindikator, eingegangen. Abschließend erfolgt eine Darstellung und Auswertung der anhand des Indikators gewonnenen Ergebnisse.

IV. 1 Wahl des Ansatzes eines Scoring-Modells

Scoring-Modelle gehören zu den indikatorenorientierten Verfahren und versuchen, einem multidimensionalen Problem durch Berücksichtigung aller möglichen Einflussfaktoren Sorge zu tragen. Die Zerlegung in einzelne erklärende Variablen ermöglicht so eine ordinale oder kardinale Bewertung der Variablen nach Punkten. Anschließend werden die Variablen je nach ihrer Bedeutung gewichtet und zu einer Kennzahl verdichtet. Ziel der Scoring-Modelle ist es, das Wertsystem eines Entscheidungsträgers in dem Maße abzubilden, dass die von ihm getroffenen Entscheidungen unter Kenntnis seines Wertsystems und der entscheidungsrelevanten Größen intersubjektiv nachprüfbar werden.[158] Ursprünglich entwickelt für Projektwahlprobleme im Forschungs- und Entwicklungsbereich und zur Bewertung neuer Produktideen, finden sie heute auch breite Anwendung bspw. bei Ratingagenturen oder der Analysepraxis der Finanzmärkte bspw. bei der Beurteilung von Kreditrisiken oder Wechselkursentwicklungen. Der große Vorteil der Scoring-Modelle besteht dabei in der Möglichkeit, mehr Variablen als bei ökonometrischen Modellen verwenden zu können. Die Möglichkeit der Nutzung multikorrelierter Variablen stellt dabei kein Problem

[158] Vgl. Strebel, Heinz (1975), Seite 45.

dar, sondern ermöglicht das Erfassen unterschiedlicher Signale gleichlaufender Zeitreihen. Ihre Transparenz und leichte Nachvollziehbarkeit durch Externe erhöht zusätzlich den Nutzen der Anwendung dieses Modelltyps. Dass ein gewisses Maß an Subjektivität bei der Auswahl und Gewichtung der einzelnen Variablen vorliegt, ist nicht von der Hand zu weisen. Jedoch unterliegen alle Modelle dieser Restriktion, da sie immer unter bestimmten Vorstellungen des „Konstrukteurs" erstellt werden. Da Scoring-Modelle jedoch im Gegensatz zu vielen ökonometrischen Verfahren für Beobachter leichter nachzuvollziehen sind, erhöht dies sowohl den Reiz ihrer Anwendung als auch den Wert und Gehalt ihrer Aussagen.

IV. 2 Aufbau und Berechnung des Indikators

Der Grundstein für die Motivation zur Entwicklung des im folgenden zu beschreibenden Indikators, dem ECB-Analyser, wurde, neben dem wissenschaftlichen Interesse aufgrund der Fragestellung der vorliegenden Arbeit, im Sommer 2001 durch diverse Gespräche mit hauptberuflichen sog. ECB-Watchern unter anderem des Investmenthauses Dresdner Kleinwort Wasserstein (DrKW) in Frankfurt am Main und der Siemens Kapitalanlagegesellschaft mbH in München gelegt. Dabei sind unter dem Tätigkeitsfeld des ECB-Watchings die Bemühungen der jeweiligen Personen zu verstehen, anhand unterschiedlichster Verfahren die Geldpolitik der Europäischen Zentralbank zu beobachten, zu kommentieren und Prognosen bezüglich der zukünftig zu erwartenden Geldpolitik zu treffen.

Der Indikator (ECB-Analyser) ist, um die Entscheidungssituation des Rates der Europäischen Zentralbank nachzubilden, entsprechend der geldpolitischen Strategie auf zwei Säulen aufgebaut, wobei in der ersten Säule monetäre Variablen, und in der zweiten Säule unterschiedliche Abgrenzungen von Inflationsraten, Kostenindizes, Maße über die aktuelle Wirtschaftstätigkeit und Größen über die zu erwartende Wirtschaftstätigkeit enthalten sind. Bei der Wahl der in diesem Indikator (ECB-Analyser) verwendeten Variablen wurde erstens darauf geachtet, einen nicht zu umfangreichen Ansatz zu wählen, d.h. eine möglichst genaue Nachbildung der Leitzinsentscheidungen anhand einer überschaubaren Anzahl an Größen zu erhalten, um den Indikator möglichst übersichtlich und nachvollziehbar zu gestalten. Zum zweiten werden bis auf den Geschäftsklimaindex des Instituts für Wirtschaftsforschung (Ifo-Index)[159] und den Wert für Löhne und Gehälter je Produktionseinheit in Deutschland[160] nur Variablen verwendet, deren Werte den Monatsberichten der Europäischen Zentralbank zu entnehmen sind.[161] Dabei liegen die Daten der einzelnen Variablen auf Monatsbasis vor, so dass auch die Ergebnisse der ECB-Analyser`s monatlich verfügbar sind. Die Berechnung des Indikators auf monatlicher Basis wurde gewählt, um Aussagen über die zu erwartenden Leitzinsentscheidungen mit der Frequenz zu treffen, mit der auch der Rat der Europäischen Zentralbank im Rahmen seiner Sitzungen seine Leitzinsentscheidungen trifft.[162] Dies gewährleistet einen Gleichlauf der Aussagen des ECB-Analyser`s mit den Leitzinsentscheidungen des EZB-Rats, ohne dabei auf die Aussagekraft der Daten zu verzichten, wie dies im Falle einer wöchentlichen Berechnung der Fall wäre.

Diese beiden Ausnahmen bezüglich der Variablen Ifo-Geschäftsklimaindex und Löhne und Gehälter je Produktionseinheit in Deutschland wurden gemacht, da es für den gesamten Euro-Raum keine vergleichbaren Daten gibt und es sich bei Deutschland um das wirtschaftsstärkste und somit den Trend auf nationaler Ebene am stärksten beeinflussende Mitgliedsland der Europäischen Währungsunion handelt. Dies gewährleistet, dass nur Größen verwendet werden, die mit absoluter Sicherheit auch von der EZB bei ihrer Geldpolitik berücksichtigt wer-

---

[159] Vgl. Institut für Wirtschaftsforschung (2002).
[160] Vgl. Deutsche Bundesbank (2002).
[161] Bei der Berechnung des ECB-Analyser`s wurde dabei auf die Daten des Monatsberichts Februar 2002 der Europäischen Zentralbank zurückgegriffen. Vgl. Europäische Zentralbank (2002).
[162] Auf seiner Sitzung am 8. November 2001 beschloss der EZB-Rat den geldpolitischen Kurs zukünftig in der Regel auf seiner ersten Sitzung im Monat festzulegen, und nicht wie bisher vierzehntägig. Vgl. Europäische Zentralbank (2001d), Seite 7.

den. Folgende Tabelle 4 liefert einen Überblick über den Aufbau des ECB-Analyser`s, die darin enthaltenen Variablen und deren Gewichtung.[163]

Tabelle 4: Aufbau des ECB-Analyser`s und Gewichtung der Variablen

ECB-Analyser	
1. Säule	**2. Säule**
Dreimonatsdurchschnitt von M3 (50 %)	Harmonisierter Verbraucherpreisindex (12,5 %)
Kreditvergabe an den privaten Sektor (50 %)	Harmonisierter Verbraucherpreisindex ohne Energie und Nahrungsmittel als Kerninflationsrate (12,5 %)
	Erzeugerpreise (12,5 %)
	Löhne und Gehälter je Produktionseinheit in Deutschland (12,5 %)
	Industrieproduktion ohne Baugewerbe (12,5 %)
	Zinsstrukturkurve (12,5 %)
	Ifo-Geschäftsklimaindex für Westdeutschland (12,5 %)
	EU-12- Economic Sentiment (12,5 %)

Da der ECB-Analyser auf dem Ansatz eines Scoring-Modells basiert, werden den einzelnen Variablen über ihre individuellen Bewertungsfunktionen Punkwerte zugerechnet, die in der Aggregation den Endwert für den Indikator ergeben. Aus Tabelle 4 ist anhand der Einzelgewichte der Variablen die Konstruktion des ECB-Analyser`s zu entnehmen. Da die EZB bis auf den stark dehnbaren Begriff der „herausragenden Rolle" der Geldmenge M3 keinerlei Angaben über die Gewichtung der einzelnen Variablen innerhalb der beiden Säulen trifft, werden die Variablen beim ECB-Analyser in ihrer entsprechenden

[163] Die Konstruktion des ECB-Analyser`s orientiert sich dabei an dem Ansatz von Junius, Karsten/Kater, Ulrich/Meier, Carsten-Patrick/Müller, Henrik (2002), wobei vom Autor Veränderungen hinsichtlich der im Indikator enthaltenen Variablen und deren Gewichtungen im Rahmen der Bewertungsfunktionen vorgenommen wurden.

Säule gleichgewichtet. Dies minimiert die Gefahr, über die subjektive Gewichtung der Variablen seitens des „Konstrukteurs" des Indikators Einfluss auf die vom ECB-Analyser gelieferten Ergebnisse zu nehmen.

Als Resultat der Aggregation der den einzelnen Variablen über ihre Bewertungsfunktionen zugewiesenen Punktwerte liefert jede der beiden Säulen als Summe einen Punktwert zwischen Null und 100. Auf die Bewertungsfunktionen der einzelnen Variablen wird weiter unten im Rahmen der Erläuterungen zu den Bestandteilen der beiden Säulen eingegangen.

Die Aggregation zum Wert des Indikators erfolgt anschließend durch Addition der Punktwerte der einzelnen Säulen, gefolgt von einer Division des zuvor erhaltenen Wertes durch zwei. Wie aus der folgenden Gleichung zu entnehmen ist, fließen die Werte der einzelnen Säulen mit identischen Anteilen in die Berechnung des ECB-Analyser`s ein, was eine Gleichgewichtung der ersten und zweiten Säule bedeutet.

$$\text{ECB-Analyser} = \frac{1.\,\textit{Säule} + 2.\,\textit{Säule}}{2}$$

Diese die beiden Säulen gleichgewichtende Berechnung des Indikators ist darauf zurückzuführen, dass es die Europäische Zentralbank bisher unterlassen hat, den beiden Säulen ihrer geldpolitischen Strategie bestimmte Gewichte in ihrem geldpolitischen Entscheidungsprozess zuzuweisen.

Als Ergebnis liegt somit auch der ECB-Analyser, wie die einzelnen Säulen auch, mit seinen Punktwerten zwischen Null und 100. Dabei befindet sich das neutrale Niveau des Indikators bei einem Punktwert von 50, wobei Werte zwischen 50 und 100 die Notwendigkeit restriktiver Geldpolitik, und Werte zwischen Null und 50 die Notwendigkeit expansiver Geldpolitik signalisieren. Steigende Werte des Indikators implizieren ebenfalls den Bedarf einer Zinserhöhung, sowie sinkende den einer Zinssenkung. Je länger der Wert des Indikators steigt, und je höher sein Niveau liegt, desto wahrscheinlicher wird eine Leitzinserhöhung. Umgekehrt gilt, dass je länger der Wert des Indikators fällt, und je niedriger sein Niveau ist, mit zunehmender Wahrscheinlichkeit mit einer Leitzinssenkung gerechnet werden kann. Es bestimmt also nicht nur das Niveau von über oder unter 50 Punkten über eine restriktive oder expansive Geldpolitik, sondern auch die Zu- oder Abnahme des Wertes des Indikators sind von Bedeutung. So kann ein Steigen des Indikators von bspw. 35 auf 40 Punkte die Notwendigkeit einer Leitzinserhöhung anzeigen, wenn der aktuelle Leitzinssatz (Satz des Hauptrefinanzierungsgeschäfts) der Europäischen Zentralbank besonders niedrig ist, und vice versa.

Jeder Wert für die in den beiden Säulen aufgeführten Variablen wird anhand einer individuellen Bewertungsfunktion bestimmt. Ausgangswert ist jeweils das neutrale Niveau von 50. Dazu werden die anhand der individuellen Bewertungsfunktionen gewichteten Abweichungen des tatsächlichen Werts (TW) der entsprechenden Variablen von ihrem Referenzwert (RW), einem jeweiligen Gleichgewichtswert, hinzugerechnet. Die Gewichte bzw. Multiplikatoren innerhalb der individuellen Bewertungsfunktionen sind so gewählt, dass die den Variablen zur Verfügung stehende Bandbreite an Punktwerten zwischen Null und 100 bis zu ihrem Maximal- und Minimalwert in Anspruch genommen wird. Daraus resultieren bspw. die Multiplikatoren von 10 im Falle der Kreditvergabe an den privaten Sektor oder der 25 im Falle des Harmonisierten Verbraucherpreisindex. Die in den Bewertungsfunktionen zur Berechnung der Punktwerte für die einzelnen Variablen verwendeten Referenzwerte entsprechen dabei denen der Europäischen Zentralbank. Sofern sie aus dieser Quelle nicht erhältlich sind, wurden sie anhand eigener Berechnungen ermittelt. Wie dies im einzelnen erfolgt, wird im folgenden bei der Beschreibung der jeweiligen Variablen erläutert.

Da die Bewertungsfunktionen im Zeitablauf dieselben bleiben, gewährleistet dies Konsistenz des Modells und verringert den subjektiven Einfluss des „Modellbauers“.

IV. 2. 1 Die erste Säule des Indikators

Wie oben angesprochen, werden im Rahmen der ersten Säule in Anlehnung an das Vorgehen der Europäischen Zentralbank nur monetäre Größen berücksichtigt. Aufgrund der in den Monatsberichten der EZB immer wieder hervorgehobenen Bedeutung des Wachstums des Geldmengenaggregats M3 und der Kreditvergabe an den privaten Sektor, bilden diese beiden Größen die erste Säule des ECB-Analyser`s, wobei sie zu gleichen Teilen in die Berechnung des Wertes der ersten Säule einfließen.

1. Der gleitende zentrierte Dreimonatsdurchschnitt des Wachstums des Geldmengenaggregats M3:

Gewichtung: 50 %

Referenzwert: 4,5 %

Bewertungsfunktion: Score = $50+([(TW-RW)*5]^{1,5})/K$, wenn TW > RW
mit K = 1 bei Industrieproduktion (y.o.y) > 2,2 %
Score = $50-([(RW-TW)*5]^{1,5})/K$, wenn TW < RW
mit K = 2 bei Industrieproduktion (y.o.y) < 2,2 %

Auch in der geldpolitischen Strategie der Europäischen Zentralbank ist der gleitende zentrierte Dreimonatsdurchschnitt des Wachstums des Geldmengenaggregats M3 die wichtigste Größe bei den von monetärer Seite ausgehenden Gefahren für die Preisstabilität.[164] Dies soll der theoretischen Vorstellung, nach der Inflation mittel- bis langfristig ein monetäres Phänomen darstellt, Rechnung tragen und begründet darüber die separierte Betrachtung im Rahmen der ersten Säule der geldpolitischen Strategie der EZB.

---

[164] Vgl. bspw. die Argumentation zu den Zinsentscheidungen im Editorial der Monatsberichte der Europäischen Zentralbank oder die Kommentare des Präsidenten der Europäischen Zentralbank im Rahmen der im Anschluss an die EZB-Ratssitzungen stattfindenden Pressekonferenzen.

Die Bewertungsfunktion wurde so gestaltet, dass kleinere Abweichungen des Wachstums von M3 zum Referenzwert geringer bewertet werden als größere Differenzen. Dies wird durch den Exponenten größer eins gewährleistet, da dadurch bei steigenden Werten ein exponentielles Wachstum erreicht wird. Auf diese Weise wird den Schwierigkeiten der genauen Steuerung des Geldmengenwachstums über das geldpolitische Instrumentarium Rechnung getragen, und die in der Veröffentlichung ihrer geldpolitischen Strategie besonders betonte Aussage berücksichtigt, dass Abweichungen des Geldmengenwachstums nicht mechanistisch zu geldpolitischen Maßnahmen führen.[165]

Zusätzlich dazu wurde in der Bewertungsfunktion die wirtschaftliche Lage in dem Sinne mit einbezogen, dass ein wirtschaftliches System, welches eine geringere tatsächliche Wachstumsrate des Output als die des Potentialwachstums aufweist, mehr Liquidität inflationsneutral absorbieren kann, als eine stark wachsende Wirtschaft, in der es aufgrund hoher Auslastung des Produktionspotentials und dadurch bedingter produktionstechnischer Engpässen (sog. „bottle necks") bei steigender Nachfrage zu Preissteigerungen kommen kann. Dies erfolgt durch die Größe K, die im Falle eines geringeren wirtschaftlichen Wachstums als das des Referenzwertes (Industrieproduktion < 2,2 Prozent) den Einfluss der Geldmenge auf das Preisniveau mindert. Der hier angegebene Referenzwert für die Industrieproduktion von 2,2 Prozent ergibt sich dabei als Mittelwert der bei der Berechnung des Referenzwertes für das Geldmengenwachstum von M3 ermittelten Spanne (2 bis 2,5 Prozent) für das zu erwartende wirtschaftliche Wachstum für die Währungsunion.[166]

165 Vgl. Europäische Zentralbank (1999a), Seite 53.

166 Vgl. Europäische Zentralbank (1999a), Seite 54; Europäische Zentralbank (1999d), Seite 10-11; Europäische Zentralbank (2000b), Seite 10-11 und Europäische Zentralbank (2001b), Seite 11-13.

2. Kreditvergabe an den privaten Sektor:

Gewichtung: 50 %

Referenzwert: 7 %

Bewertungsfunktion: Score = 50+(TW-RW)*10

Neben der Betrachtung der rein monetären Expansion anhand der Geldmenge M3 ist im Rahmen der Geldpolitik von besonderem Interesse, wie die Liquidität im Markt aufgenommen wird. Aufschluss darüber liefert die Analyse der sogenannten in der konsolidierten Bilanz der Monetären Finanzinstitute (MFI) des Euro-Währungsgebietes ausgewiesenen Gegenposten von M3.[167] Hier wird besonders die Rolle der Kreditvergabe an den privaten Sektor hervorgehoben, zum einen, da sie quantitativ den wichtigsten Gegenposten von M3 darstellt, zum anderen, da anhand empirischer Untersuchungen der Entwicklung der Kreditvergabe an den privaten Sektor gute Vorlaufeigenschaften in Bezug auf die Verbraucherpreisinflation nachgewiesen werden konnten.[168] Der EZB zufolge betrug das langfristige Wachstum der realen Kreditvergabe während der letzten 20 Jahre ca. 4 Prozent p.a..[169] Dies bedeutet bei einem durchschnittlichen realen Wachstum des Bruttoinlandprodukts von um die zwei Prozent nominal einen langfristig inflationsneutralen Wert von ca. 6 Prozent. Da auch die EZB zukünftig mit einer weiterhin starken Kreditvergabe aufgrund diverser Sonderfaktoren, wie bspw. Direktinvestitionen oder Fusions- und Übernahmeaktivitäten, rechnet,[170] wird in der Bewertungsfunktion von einem darüber liegenden Referenzwert in Höhe von 7 Prozent ausgegangen.

---

[167] Zum Aufbau der Bilanzen der Monetären Finanzinstitute des Euro-Währungsgebietes vgl. Europäische Zentralbank (1999f). Für eine Analyse der Gegenposten von M3 vgl. bspw. Europäische Zentralbank (2001c), Seite 55ff.

[168] Vgl. bspw. die Argumentation zu den Zinsentscheidungen im Editorial der Monatsberichte der Europäischen Zentralbank oder die Kommentare des Präsidenten der Europäischen Zentralbank im Rahmen der im Anschluss an die EZB-Ratssitzungen stattfindenden Pressekonferenzen und siehe Europäische Zentralbank (2001c), Seite 58.

[169] Vgl. Europäische Zentralbank (2001g), Seite 15.

[170] Vgl. Europäische Zentralbank (2001g), Seite 16.

IV. 2. 2 Die zweite Säule des Indikators

Die zweite Säule versucht anhand der Berücksichtigung unterschiedlicher, das Preisniveau kurz- bis mittelfristig beeinflussender Variablen ein möglichst genaues Bild der zukünftigen Inflationsentwicklung zu liefern. Dabei wurde bei der Konstruktion des ECB-Analyser`s Wert darauf gelegt, dass sowohl aktuelle Daten, in Form unterschiedlicher Inflationsabgrenzungen und Kostenkomponenten, als auch Erwartungen über die zukünftige wirtschaftliche und preisliche Entwicklung in Form von Umfragen und Erhebungen über die Industrieproduktion in die Berechnung des Scores der zweiten Säule einfließen. Dies bietet den Vorteil, dass auf der einen Seite die direkte Entwicklung der Inflation in die Berechnung des Indikators einfließt, und auf der anderen Seite die aufgrund der zukünftig zu erwartenden wirtschaftlichen Entwicklung ableitbaren Einflüsse auf die Inflationsrate in gleichem Maße Berücksichtigung finden. Da es sich bei den die Erwartungen über die zukünftige wirtschaftliche Entwicklung abbildenden Variablen um sogenannte Frühindikatoren handelt, die die aus ihnen auf die Entwicklung der Inflationsrate ableitbaren Informationen mit zeitlichem Vorlauf bereitstellen, verleiht dies dem ECB-Analyser die Fähigkeit des Einsatzes als Prognoseinstrument.

Bei den Variablen, die direkt die Inflationsentwicklung anzeigen, handelt es sich um die beiden Definitionen des Harmonisierten Verbraucherpreisindexes und des Harmonisierter Verbraucherpreisindexes ohne Energie und Nahrungsmittel zur Messung der Inflation und um die Entwicklung der Erzeugerpreise. Die beiden Variablen Löhne und Gehälter je Produktionseinheit und die Industrieproduktion ohne Baugewerbe liefern Informationen über indirekt ableitbaren Druck auf das Preisniveau, der aus ihrer jeweiligen Entwicklung entstehen kann. Die die Erwartungen über die zukünftige wirtschaftliche Entwicklung widerspiegelnden Variablen sind die Zinsstrukturkurve, der Ifo-Geschäftsklimaindex und der EU-12-Economic Sentiment Index. Diese in der zweiten Säule aufgeführten Variablen und deren Einfluss auf die Inflation werden im folgenden erläutert.

Da seitens der EZB keinerlei Aussage über die Gewichtung der ihrerseits für die Analyse der Inflationsentwicklung verwendeten Daten erfolgt, werden bei der Berechnung des Wertes für die zweite Säule die einzelnen Variablen, wie aus Tabelle 4 zu entnehmen, zu gleichen Teilen gewichtet

1. Harmonisierter Verbraucherpreisindex:

Gewichtung: 12,5 %
Referenzwert: 1,5 %
Bewertungsfunktion: Score = 50+(TW-RW)*25

Beim Harmonisierten Verbraucherpreisindex (HVPI), der sogenannten „Headline Inflation", handelt es sich um die Größe, anhand der die EZB den Erfolg ihrer Geldpolitik misst. Er stellt für die Währungsunion die wichtigste Maßeinheit zur Ermittlung der Preisniveauveränderung dar, da er anhand eines gewogenen Durchschnitts von Preisen einer Vielzahl an Waren und Dienstleistungen, die im Euro-Raum von den Verbrauchern nachgefragt werden, berechnet wird, und somit einen entsprechenden Überblick über die Inflationsentwicklung in der gesamten Währungsunion liefert.[171] Der Referenzwert für die Preissteigerung ergibt sich daher, dass die EZB bei der Berechnung des Referenzwertes für das Wachstum des Geldmengenaggregats M3 eine Inflation von 1,5 Prozent zugrunde legt.[172]

[171] Vgl. Europäische Zentralbank (2000a), Seite 42.
[172] Vgl. Europäische Zentralbank (1999a), Seite 54; Europäische Zentralbank (1999d), Seite 10-11; Europäische Zentralbank (2000b), Seite 10-11 und Europäische Zentralbank (2001b), Seite 11-13.

2. Harmonisierter Verbraucherpreisindex ohne Energie und Nahrungsmittel:

Gewichtung: 12,5 %

Referenzwert: 1,5 %

Bewertungsfunktion: Score = 50+(TW-RW)*40

Der Harmonisierte Verbraucherpreisindex unterliegt kurzfristig zahlreichen, sektorspezifischen Störungen, wie derzeit (2001 bis Anfang 2002) denen durch den BSE-Skandal und den Anstieg der Rohstoffpreise. Um derartige Schwankungen der Inflationsrate, die sich aufgrund von volatileren Komponenten des Harmonisierten Verbraucherpreisindex ergeben, und je nach ihrem Umfang die Ermittlung des langfristigen, für die Geldpolitik relevanten Preistrends erschweren, herauszurechen, wird neben der breiten Abgrenzung des HVPIs auch eine Kerninflationsrate betrachtet. Die dabei gewählte Abgrenzung ohne die Preise für Energie und Nahrungsmittel entspricht dabei der von der EZB verwendeten Definition einer Kerninflationsrate.[173] Der Referenzwert entspricht dabei dem des Harmonisierten Verbraucherpreisindex, da diese Kerninflationsrate lediglich eine zusätzliche Maßzahl zur Identifizierung von Schwankungen des Preisniveaus aber keine im geldpolitischen Konzept der EZB eigenständige Größe darstellt.

3. Industrielle Erzeugerpreise:

Gewichtung: 12,5 %

Referenzwert: 1,5 %

Bewertungsfunktion: Score = 50+(TW-RW)*10

[173] Vgl. Europäische Zentralbank (2001e), Seite 55ff.

Als eine wichtige Komponente zukünftig zu erwartender Kostensteigerungen sind die Erzeugerpreise, hier des Industriesektors ohne Bausektor, zu nennen.[174] Da sie ein Zeichen für den auf Produzentenseite entstehenden Preisdruck sind, können hieraus mit zeitlicher Verzögerung die entsprechenden Wirkungen auf die Konsumentenpreise abgeleitet werden. Diese zeitliche Verzögerung ist nicht aus der Bewertungsfunktion ersichtlich, sondern ergibt sich aus der Tatsache, dass die Produzenten unter Berücksichtigung ihrer wettbewerblichen Stellung und der Elastizität der Güternachfrage versuchen werden, den für sie aufgrund gestiegener Erzeugerpreise entstandenen Preisdruck auf die Konsumenten abzuwälzen. Als Referenzwert wurde der des HVPI gewählt.

4. Löhne und Gehälter je Produktionseinheit (Deutschland):

Gewichtung: 12,5 %

Referenzwert: 89 Punkte

Bewertungsfunktion: Score = 50+(TW-RW)*15

Als besonders wichtige Größe, die im Rahmen der Analyse der Aussichten und Risiken der zukünftigen Preisentwicklung durch die EZB beobachtet wird, sind Arbeitskostenindikatoren, insbesondere in Form von Lohnstückkosten, zu nennen.[175] Der Gedanke hierbei ist, dass Nominallohnsteigerungen, die nicht in gleichem Maße von Produktivitätssteigerungen begleitet werden, über sogenannte „Zweitrundeneffekte" zu Preissteigerungen führen. Dies kann auf zwei Arten stattfinden, zum einen über die sogenannte Lohn-Preis-Spirale, während der von den Arbeitnehmern geforderte Lohnsteigerungen von den Arbeitgebern mit Preissteigerungen für die produzierten Produkte begleitet werden. Zum andern über eine aufgrund der gestiegenen Einkommen der Haushalte zunehmende

174 Vgl0. Europäische Zentralbank (2002), Seite 43*.

175 Vgl. Europäische Zentralbank (1999e), Seite 41 und Europäische Zentralbank (2000c), Seite 44-45.

Güternachfrage. Da für die Berechnung des ECB-Analyser`s Monatsdaten verwendet werden, und Daten über Lohnstückkosten aufgrund der Art ihrer Berechnung nur auf Quartalsbasis vorliegen, findet hier eine Größe in Form der Löhne und Gehälter je Produktionseinheit Anwendung.[176] Allerdings werden hier nur Daten für Deutschland verwendet, da für den Euro-Raum keine gemeinschaftlich einheitliche Statistik hierüber vorliegt. Da es sich allerdings bei Deutschland um das in der Währungsunion wirtschaftlich stärkste Land handelt, können hieraus in gewissem Maße Effekte für den Euro-Raum abgeleitet werden. Als Referenzwert dient dabei der aus den seit Beginn der Währungsunion am 1. Januar 1999 für Deutschland vorliegenden Daten errechnete Mittelwert.

5. Industrieproduktion ohne Baugewerbe:

Gewichtung: 12,5 %

Referenzwert: 2,2 %

Bewertungsfunktion: Score = 50+(TW-RW)*10

Eine weitere Größe zur Analyse der Preisentwicklung stellt die Differenz zwischen tatsächlicher und potentieller Produktion, das sog. Output-gap, dar. Dabei kann aus einem über dem potentiellen liegenden tatsächlichen Produktionswachstum Inflationsdruck resultieren. Problematisch hierbei ist allerdings die genaue Ermittlung des Produktionspotentials einer Volkswirtschaft und somit des Umfangs des Output-gaps. Aus diesem Grund werden andere, die Wirtschaftstätigkeit einer Volkswirtschaft anzeigende Variablen, wie bspw. die Industrieproduktion, verwendet. In Anlehnung an die EZB ist dies hier die Industrieproduktion als Prognosegröße für die konjunkturelle Entwicklung der Produktion.[177]

---

[176] Vgl. Deutsche Bundesbank (2002).

[177] Vgl. Europäische Zentralbank (1999e), Seite 37ff.

Eine fallende Industrieproduktion ist dabei Spiegelbild einer gesamtwirtschaftlich abnehmenden Produktion und somit geringerem Preisdruck, und vice versa. Als Referenzwert für die Industrieproduktion wird hier der Mittelwert der seit Januar 1986 auf Monatsbasis ermittelten Industrieproduktion auf Ebene der europäischen Währungsunion genommen. Die Daten hierfür sind ebenfalls den Monatsberichten der EZB entnommen.[178]

6. Zinsstrukturkurve:

Gewichtung: 12,5 %

Referenzwert: 1,56 %

Bewertungsfunktion: Score = 50+(TW-RW)*50

Als Frühindikator für die reale Wirtschaftstätigkeit oder die zukünftige Inflationsentwicklung hat die Zinsstrukturkurve besondere Beachtung gefunden.[179] Dabei ist unter der Zinsstrukturkurve das Verhältnis langfristiger zu kurzfristigen Zinsen zu verstehen. Eine mit zunehmendem zeitlichem Horizont ansteigende bzw. normale (positive) Zinsstrukturkurve ist dabei unter anderem als Zeichen für eine zukünftig zu erwartende Erholung der wirtschaftlichen Tätigkeit einer Volkswirtschaft und somit eventuell auftretendem Preisdruck zu interpretieren. Somit ist diese Größe, genau wie die obige Variable 5 und die beiden folgenden Variablen 7 und 8, ein Prognosemittel für zukünftig zu erwartenden Druck auf das Preisniveau. Ermittelt wird die Zinsstrukturkurve hier als Differenz zwischen dem Zinssatz für Dreimonatsgeld[180] und einer 10-Jahres-

[178] Vgl. Europäische Zentralbank (2002), Seite 46*.

[179] Vgl. bspw. Mishkin, Frederic S. (1990); Frankel, Jeffrey A./Lown, Cara S. (1991); Issing, Otmar (1994) oder Campbell, John Y. (1995).

[180] Bis Dezember 1998 anhand der London Interbank Offered Rate (LIBOR), ab Januar 1999 anhand der Euro Interbank Offered Rate (EURIBOR). Vgl. Europäische Zentralbank, Statistischer Anhang der Monatsberichte.

Staatsanleihe[181]. Der Referenzwert ergibt sich als Mittelwert der seit Januar 1994 auf Monatsbasis ermittelten Zinsstrukturkurve.

7. Geschäftsklimaindex des Instituts für Wirtschaftsforschung:

Gewichtung: 12,5 %

Referenzwert: 95,8 Punkte

Bewertungsfunktion: Score = 50+(TW-RW)*5

Bei der Quantifizierung der Erwartungen über die zukünftige wirtschaftliche Entwicklung kommen dem Geschäftsklimaindex des Instituts für Wirtschaftsforschung (Ifo-Index) aus München für Westdeutschland, sowie dem EU-12-Economic Sentiment für Europa große praktische Bedeutung bei. Da Inflationserwartungen direkten Einfluss auf die zukünftige Preisentwicklung haben können, sind derartige Variablen, die diese Erwartungen quantifizieren, von besonderer Bedeutung für die Geldpolitik. Der Ifo-Index misst dabei für Deutschland, getrennt nach West und Ost, die jeweiligen Konjunkturperspektiven, indem er unter anderem nach wirtschaftlichen Branchen aufgeschlüsselte Konjunkturprognosen erstellt.[182] Um dem Gewicht, welches Deutschland innerhalb der Währungsunion zukommt, gerecht zu werden, wurde der Ifo-Index zusätzlich zum EU-12-Economic Sentiment berücksichtigt. Um einen Wert für den Referenzwert zu erhalten, wurde der Mittelwert des verfügbaren Beobachtungszeitraums seit Januar 1960 errechnet.

---

[181] Bis Dezember 1998 wurden die Renditen im Euro-Währungsgebiet anhand harmonisierter, mit dem Bruttoinlandsprodukt gewichteter nationaler Staatsanleihenrenditen berechnet. Seitdem werden als Gewichte die nominalen Umlaufbeträge der Staatsanleihen im jeweiligen Laufzeitbereich verwendet. Vgl. Europäische Zentralbank, Statistischer Anhang der Monatsberichte.

[182] Vgl. dazu bspw. die Internetseite des Instituts für Wirtschaftsforschung unter www.ifo.de.

8. EU-12-Economic Sentiment:

Gewichtung: 12,5 %

Referenzwert: 99,2 Punkte

Bewertungsfunktion: Score = 50+(TW-RW)*10

Der EU-12-Economic Sentiment ist ein Index zur Analyse der wirtschaftlichen Stimmung im Euro-Raum, indem er das Vertrauen unterschiedlicher Wirtschaftsbereiche zum Ausdruck bringt.[183] Die Daten zu seiner Erstellung werden im Rahmen einer repräsentativen Unternehmens- und Konsumentenbefragung erhoben, wozu 50.000 Unternehmen und 25.000 Konsumenten des Euroraums hinsichtlich ihrer individuellen und der gesamtwirtschaftlichen Lage und deren zukünftiger Entwicklung befragt werden. Die Daten werden anschließend saisonbereinigt präsentiert und auf das Jahr 1985 = 100 basiert. Da der EU-12-Economic Sentiment zeitliche Vorlaufeigenschaften bezüglich der konjunkturellen Entwicklung im gesamten Raum der Währungsunion besitzt, ist er für die Geldpolitik der EZB als Frühindikator von besonderer Bedeutung.[184] Als Referenzwert wurde der sich seit Januar 1999 ergebende Mittelwert auf Monatsbasis genommen.

IV. 3 Ergebnisse des Indikators

Der große Vorteil der Wahl des Ansatzes eines Scoring-Modells für den ECB-Analyser besteht darin, dass er keine neue geldpolitische Regel für die Geldpolitik einer Zentralbank im Sinne einer Taylor- oder Geldmengenregel darstellt, sondern lediglich die für die Geldpolitik, in diesem Falle der EZB, sei-

---

[183] In seine Ermittlung fließen die folgenden Größen mit den entsprechenden Anteilen in Klammern ein: industrial confidence (0,3), consumer confidence (0,3), construction confidence (0,16), share-price Index (0,16) und retail, trade and service confidence (0,08). Vgl. Bloomberg Professional 2002.

[184] Für einen Überblick an aus Umfragen gewonnenen Messgrößen der erwarteten Preisentwicklung vgl. bspw. Europäische Zentralbank (2000c), Seite 49ff.

tens des Autors als wichtig erachteten Variablen im Rahmen eines systematischen Verfahrens analysiert, um daraus Aussagen über die zukünftig zu erwartenden geldpolitischen Entscheidungen zu treffen.. Dies trägt der Kritik an geldpolitischen Regeln, dass es sich bei geldpolitischen Entscheidungen um zu komplexe Vorgänge handelt, als dass man anhand einer einfachen Regel geldpolitische Entscheidungen treffen könnte, Rechnung.[185] Wie im folgenden zu sehen ist, lassen sich die seit dem 1. Januar 1999 getroffenen geldpolitischen Entscheidungen anhand des ECB-Analyser`s entsprechend nachvollziehen. Aufgrund der hohen Korrelation zwischen dem ECB-Analyser und dem Hauptrefinanzierungssatz, auf die weiter unten noch genauer eingegangen wird, wird von einer guten Prognosefähigkeit des Indikators ausgegangen. Die aus dem Forecast bis September/Oktober 2002 ersichtliche neutrale Entwicklung des ECB-Analyser`s deckt sich dabei mit den aktuellen Erwartungen der Märkte, die eine Leitzinserhöhung erst gegen Beginn des letzten Quartals 2002 erwarten.[186]

Nach der Bestimmung der individuellen Gewichtungen für die Bewertungsfunktionen auf die einleitend beschriebene Weise, wurde anhand der Messung der Korrelation zwischen den Werten des Indikators und denen des Hauptrefinanzierungssatzes die optimale Vorlaufzeit für den ECB-Analyser ermittelt. Wie aus Tabelle 3 im Anhang und der folgenden Abbildung 15 zu erkennen ist, weist der ECB-Analyser mit einer Verschiebung um neun Monate die höchste Korrelation von knapp 60 Prozent mit dem Hauptrefinanzierungssatz auf. Dabei handelst es sich um einen signifikanten Zusammenhang, da die Korrelation ihren eindeutigen Höchstwert bei einem „Lag“ von neun Monaten aufweist.

---

[185] Siehe zu Vor- und Nachteilen geldpolitischer Regeln Kapitel II. 3. 1. 2.

[186] Vgl. bspw. Börsen-Zeitung (2002) oder Frankfurter Neue Presse (2002).

Abbildung 15 Korrelation zwischen dem ECB-Analyser und dem Hauptrefinanzierungssatz

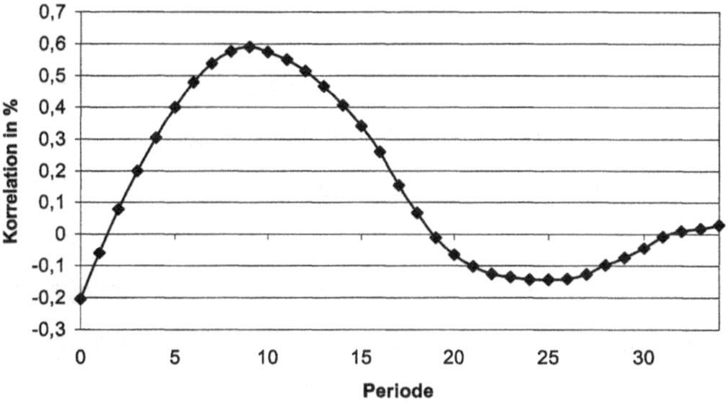

Quelle: Eigene Berechnungen und Darstellung.

Aus der folgenden Abbildung 16 werden die Ergebnisse des ECB-Analyser`s graphisch sichtbar. Numerisch sind die Ergebnisse in Tabelle 4 im Anhang aufgeführt.

Abbildung 16: ECB-Analyser und Hauptrefinanzierungssatz (HRG-Satz)

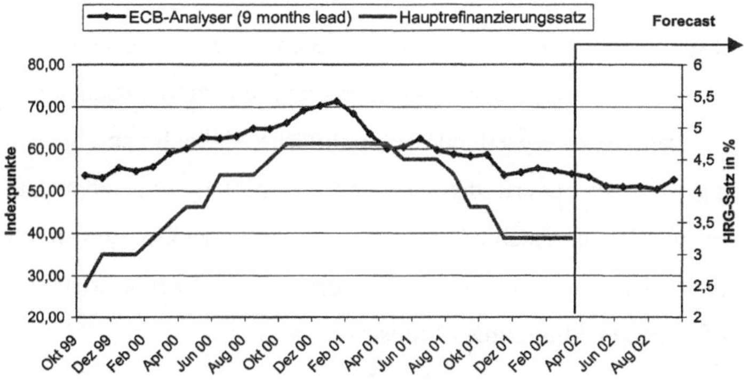

Quelle: Europäische Zentralbank; eigene Berechnungen und Darstellung.

Deutlich wird sichtbar, wie die Leitzinserhöhungen seit November 1999 bis Oktober 2000 von steigenden Werten des ECB-Analyser`s begleitet wurden. Da der ECB-Analyser einen Vorlauf von neun Monaten aufweist, handelt es sich allerdings nicht, wie aus der einfachen Betrachtung der Graphik geschlossen werden könnte, um ein gleichzeitiges Ansteigen beider Größen, sondern die Leitzinserhöhungen wurden anhand des ECB-Analyser`s neun Monate im voraus prognostiziert. Auch die Zinssenkungen ließen sich anhand des Indikators vorhersagen. Für den weiteren Verlauf des Jahres 2002 prognostiziert der ECB-Analyser zuerst ein gleichbleibendes Leitzinsniveau, wohingegen gegen Ende September, Anfang Oktober mit einer Leitzinserhöhung gerechnet werden kann. Eine verbindlichere Aussage dazu ließe sich in ein bis zwei Monaten treffen, wenn ersichtlich ist, inwieweit der ab September 2002 angezeigte Anstieg des Indikators sich weiter fortsetzt. Die dazu notwendigen Daten liegen allerdings noch nicht vor.

Der flache Verlauf des ECB-Analyser`s seit Beginn des Jahres 2002 und insbesondere in dem Bereich des Forecast`s ergibt sich durch die gegensätzliche Entwicklung der Daten innerhalb der beiden Säulen. Während die monetäre Seite in Säule 1. leicht steigend verläuft, fällt Säule 2. in diesem Zeitraum ab.

Von besonderem Interesse hinsichtlich der Güte des ECB-Analyser`s sind allerdings seine Aussagen vor dem Hintergrund sich unterschiedlich entwickelnder Datenlagen. Erst wenn er sich bei sich ändernden Daten entsprechend verhält, d.h. im Falle bspw. einer zunehmenden monetären Expansion steigt und dadurch kontraktive zu ergreifende geldpolitische Maßnahmen signalisiert (und vice versa), ist er als zuverlässiges Prognoseinstrument einsetzbar. Um dies zu überprüfen, wurden unterschiedlichste Szenarien entwickelt und durchgespielt, um die Reaktionsweise des Indikators zu überprüfen. Exemplarisch dafür steht das in der folgenden Abbildung 17 illustrierte Szenario.

Abbildung 17: Stilisierter Verlauf des ECB-Analyser`s

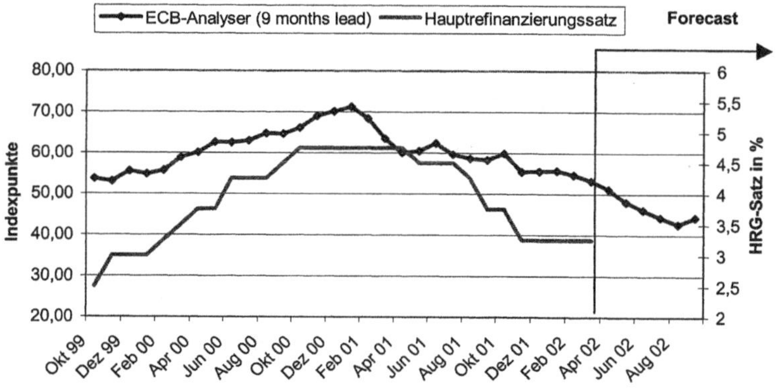

Quelle: Europäische Zentralbank; eigene Berechnungen und Darstellung.

In dem in der obigen Abbildung 17 dargestellten beispielhaften Szenario wurden die Daten der monetären Säule des ECB-Analyser`s dahingehend verändert, dass das Geldmengenwachstum des Geldmengenaggregats M3 seit Beginn des Jahres 2002 dem des durch den Referenzwert vorgegebenen Wert von 4,5 Prozent p.a. entspricht (ceteris paribus). Dadurch verringerte sich der für Säule 1 ermittelte Punktwert, was bei gleichbleibender Gewichtung der beiden Säulen innerhalb des ECB-Analyser`s zu einem Sinken des gesamten Indikators führt. Bei entsprechenden Variationen der Werte der übrigen Variablen wurden vergleichbare Ergebnisse erzielt. Dadurch, dass der ECB-Analyser sich ändernden Datenlagen Rechnung trägt, indem er die entsprechenden Signale liefert, ist er als Indikator zur Prognose zukünftiger Leitzinsentscheidungen der EZB einsetzbar. Der sich ergebende Verlauf des Indikators ist somit Ausdruck der *aktuellen* zugrundeliegenden Datenlage, d.h. es handelt sich nicht um eine Projektion in dem Sinne, dass sich ändernde Datenlagen keine Berücksichtigung finden, sondern sich ändernde Umweltbedingungen fließen entsprechend in die Berechnung des Indikators ein.

Betrachtet man die Ergebnisse der beiden Säulen getrennt voneinander, so ergibt sich ein unterschiedliches Bild. Wie aus Abbildung 18a und Abbildung

18b zu erkennen ist, werden die EZB-Leitzinsentscheidungen durch die zweite Säule weit besser dargestellt als durch die erste Säule. Daraus könnte geschlossen werden, dass bei den bisherigen Leitzinsentscheidungen die Bedeutung der zweiten Säule größer als die der ersten war. Dies würde die Argumentation von *Svensson* (2000) und *Gali* (2001) bestätigen, die behaupten, dass bei den bisherigen geldpolitischen Entscheidungen der Europäischen Zentralbank die Bedeutung der ersten Säule, wenn überhaupt, sehr gering ausgefallen ist.[187]

Abbildung 18a: 1. Säule und Hauptrefinanzierungssatz (HRG-Satz)

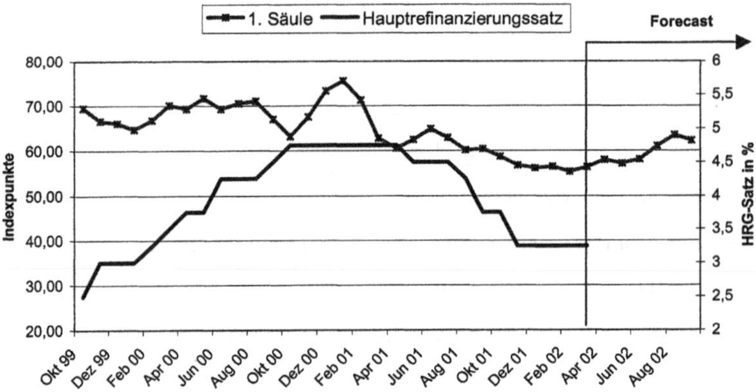

Quelle: Europäische Zentralbank; eigene Berechnungen und Darstellung.

[187] Svensson und Gali gehen sogar so weit zu behaupten, dass die erste Säule bei den bisherigen Zinsentscheidungen keine entscheidende Rolle gespielt hat und dementsprechend überflüssig ist. Vgl. Svensson, Lars E.O. (2000b), Seite 98 und Gali, Jordi (2001), Seite 14-15.

Abbildung 18b: 2. Säule und Hauptrefinanzierungssatz (HRG-Satz)

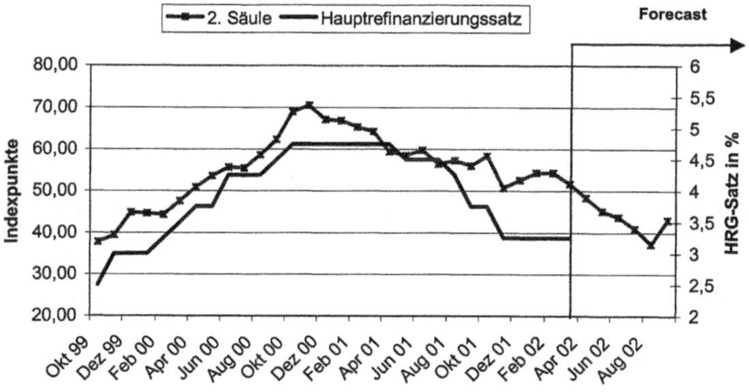

Quelle: Europäische Zentralbank; eigene Berechnungen und Darstellung.

Inwieweit aus den bisherigen Erkenntnissen abgeleitet werden kann, dass die erste Säule der geldpolitischen Strategie, und somit die darin enthaltenen monetären Größen, eine nur untergeordnete Rolle im geldpolitischen Konzept der Europäischen Zentralbank spielen, ist aufgrund dessen, dass die EZB diesbezüglich keinerlei verbindliche Aussage trifft, als externer Beobachter nur schwer zu beurteilen, und bleibt somit Gegenstand weitergehender Untersuchungen. Fakt hingegen ist, dass die im Rahmen der zweiten Säule, sowohl der der geldpolitischen Strategie der EZB als auch der des ECB-Analyser`s untersuchten Variablen die bisherigen Leitzinsentscheidungen weit besser erklären können. Dieses Ergebnis wird auch durch eine Analyse der geldpolitischen Entscheidungsproblematik der EZB gestützt. So wurde in Fällen, in denen die beiden Säulen der geldpolitischen Strategie der EZB gegenläufige Signale lieferten, bzw. mehrere Entscheidungsszenarien denkbar waren, bisher ***immer*** anhand der Datenlage der zweiten Säule entschieden. Auf diesen Aspekt wurde im Rahmen der Darstellung der geldpolitischen Entscheidungsfindung der EZB und der Analyse der bisherigen Performance in den Kapiteln III. 2 und III. 3 genauer eingegangen und er wird im später folgenden Kapitel V. 1. 3 noch ausführlich untersucht werden.

V. Diskussion der Zwei-Säulen-Strategie der Europäischen Zentralbank

In diesem Kapitel erfolgt eine abschließende Analyse der Probleme, die sich zum einen aufgrund des gewählten Typs einer geldpolitischen Strategie und der Art ihrer Präsentation gegenüber der Öffentlichkeit ergeben. Zum zweiten wird auf besondere Umstände eingegangen, die erst durch die Implementierung einer für den Euro-Währungsraum einheitlichen Geldpolitik, durchgeführt von einer supranationalen Institution, als kritisch erachtet werden, da sie auf nationaler Basis, zumindest für die Geldpolitik der größeren Industrienationen in Europa, nur geringere Relevanz besaßen.

V. 1 Theoretische Probleme der Strategie

Seit ihrer Veröffentlichung und praktischen Umsetzung ab dem 1. Januar 1999 steht die geldpolitische Strategie der Europäischen Zentralbank im Rampenlicht öffentlichen Interesses. Dies bringt es mit sich, dass sie kritischen Stellungnahmen ausgesetzt ist, die berechtigte und unberechtigte Kritik zur Folge haben. In diesem Kapitel werden die vom Autor als zurecht angebracht erachteten kritischen Argumente aufgenommen und diskutiert. Dabei handelt es sich um die Punkte, inwieweit sich die Definition des von der EZB zu verfolgenden Ziels ihrer Geldpolitik als problematisch erweist, inwieweit die der Öffentlichkeit präsentierte Form der geldpolitischen Strategie anhand des Konzepts der zwei Säulen zu Missverständnissen führen kann und in welchem Umfang dem Vorwurf des Mangels an Transparenz Rechnung zu tragen ist.

V. 1. 1 Problematische Definition des geldpolitischen Ziels

Gemäß Artikel 105 des Vertrages zur Europäischen Union besteht das vorrangige Ziel des Europäischen Systems der Zentralbanken in der Gewährung von Preisstabilität. Soweit es dieser Tatsache nicht widerspricht, soll sie die allgemeine Wirtschaftspolitik in der Gemeinschaft unterstützen.[188] Dieses Ziel quantifizierte die Europäische Zentralbank zu Beginn ihrer Tätigkeit am 1. Januar 1999, indem sie es als erreicht betrachtet, wenn der Anstieg des Harmonisierten Verbraucherpreisindex (HVPI) für das Euro-Währungsgebiet unter zwei Prozent gegenüber dem Vorjahr liegt. Im Einklang mit dieser Definition gilt es, Preisstabilität mittelfristig beizubehalten.[189] Hieran knüpfen sich diverse Kritiken bezüglich der Größe, anhand der Inflation gemessen wird, über die Quantifikation des Inflationsziels, inwieweit das proklamierte Ziel des Erhaltens von Preisstabilität im Zielkatalog der EZB wirklich vorrangig ist, und was Erreichen von Preisstabilität auf „mittlere Frist“ bedeutet.

Die Europäische Zentralbank entschied sich für den Harmonisierten Verbraucherpreisindex, da er weitgehend in allen Ländern des Euro-Raumes seit 1996 harmonisiert vorliegt und er der Tatsache Rechnung trägt, dass die Öffentlichkeit die Entwicklung des Preisniveaus anhand der Verbraucherpreise beurteilt. Da der Sinn des Wirtschaftens allgemein im Konsum liegt, scheint es sinnvoll, eine Größe als Ziel für Preisniveaustabilität im Auge zu behalten, die diesen Sachverhalt berücksichtigt. Allerdings unterliegt der HVPI aufgrund der in ihm enthaltenen volatilen Komponenten (Energie und unverarbeitete Nahrungsmittel) weit größeren Schwankungen als eine sogenannte Kerninflationsrate, die diese volatilen Größen nicht beachten würde. Dies wird aus der folgenden Abbildung 19 ersichtlich.

---

[188] Vgl. Presse- und Informationsamt der Bundesregierung (1997), Artikel 105, Absatz (1), Seite 182.

[189] Vgl. Europäische Zentralbank (1999a), Seite 51.

Abbildung 19: Harmonisierter Verbraucherpreisindex und Kerninflationsrate

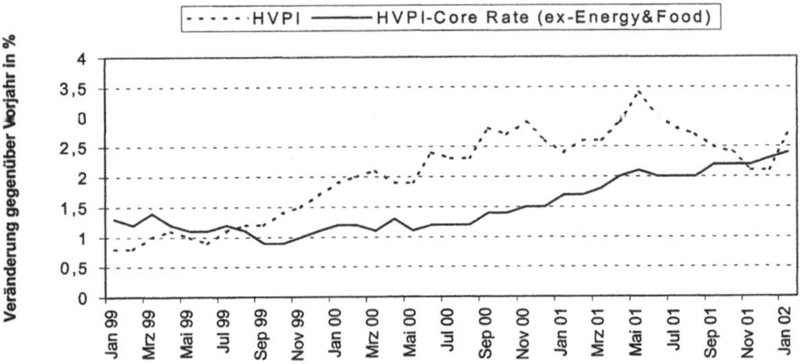

Quelle: Europäische Zentralbank, Monatsberichte; eigene Darstellung.

Um ein gleichmäßigeres Bild der Preisentwicklung zu erhalten, ist in Ländern, die eine geldpolitische Strategie des Inflation Targetings betreiben, das Konzept der Kerninflationsrate weit verbreitet (Tabelle 1 im Anhang). Auch die Europäische Zentralbank zog im Rahmen ihrer Analyse der wirtschaftlichen Entwicklung im Euro-Währungsgebiet dieses Konzept immer mehr in Betracht, nachdem wegen der hohen Volatilität der Ölpreise und der unverarbeiteten Nahrungsmittel, bspw. aufgrund des BSE-Skandals, die Inflationsrate, gemessen anhand des HVPI`s, zu Beginn des Jahres 2000 stark gestiegen war und den mit Preisstabilität in Einklang zu bringenden Wert von zwei Prozent überschritten hatte.[190] Da die Europäische Zentralbank allerdings im Rahmen der Veröffentlichung ihrer geldpolitischen Strategie betont hat, dass kurzfristige Schwankungen des Preisniveaus, wie sie bspw. durch Änderungen der indirekten Steuern oder der internationalen Rohstoffpreise auftreten können, keinen geldpolitischen Handlungsbedarf signalisieren, und sie die Verantwortung für derartige Schwankungen des von ihr verfolgten Ziels der Preisstabilität von sich weist,[191] ist es verwunderlich, dass sie ihre Geldpolitik an einer Größe orientiert, die sol-

[190] Vgl. bspw. Europäische Zentralbank (2000f), Seite 24-25.
[191] Vgl. Europäische Zentralbank (1999a), Seite 52.

chen Schocks unterliegt. Anstatt im Rahmen der Veröffentlichung der wirtschaftlichen Entwicklung im Euro-Währungsgebiet in den Monatsberichten auf diese Verzerrungen des HVPI`s aufmerksam zu machen und zur Argumentation für etwaige Zinsentscheidungen auf die Kerninflationsrate zu verweisen, wäre es sicherlich sinnvoller gewesen, eine Abgrenzung der Preisniveauentwicklung zu wählen, die diesen Aspekten Rechnung trägt, so dass man der Öffentlichkeit gegenüber nicht anhand unterschiedlicher definitorischer Abgrenzungen der Inflation in Argumentationsschwierigkeiten gerät.

Des weiteren wurde Kritik an der Quantifizierung des Inflationsziels geübt und hier auf dreierlei Weise. Zum ersten daran, dass die EZB ihr Inflationsziel in Form einer Bandbreite und nicht in Form eines Punktziels definiert hat. Dies könnte laut den Kritikern von den Märkten als eine „Zone der Indifferenz" aufgefasst werden.[192] Dies würde ihnen das Verständnis und vor allem die Prognose zukünftigen geldpolitischen Handelns erschweren, da nicht absehbar sei, wann innerhalb dieser Zone geldpolitischer Handlungsbedarf bestehe. Allerdings erscheint eine Bandbreite schon allein aufgrund der bei der Inflationsmessung auftretenden Ungenauigkeiten geeigneter als ein Punktziel, dessen genauer Wert nur sehr schwer zu erreichen wäre. Außerdem sei dahingestellt, inwieweit die Ausrichtung der Geldpolitik auf das Erreichen eines Punktwertes für die Preisniveaustabilität als ökonomisch sinnvoll erachtet werden kann. Betrachtet man die von Inflation Targeting praktizierenden Ländern publizierten Inflationsziele, so ist zu erkennen, dass in überwiegendem Maße Bandbreiten dafür angegeben wurden.[193] Zusätzlich dazu führen die Kritiker an, dass die Bandbreite asymmetrisch ausgestaltet sei. Im Gegensatz zu dem publizierten Wert des Ziels der Preisstabilität von zwei Prozent gegenüber dem Vorjahr, liegt der Berechnung des Referenzwertes eine Inflationsrate von 1,5 Prozent zugrunde. Würde man diese 1,5 Prozent als Punktziel für die Inflationsentwicklung betrachten, so wäre die das Punktziel umgebende Bandbreite asymmetrisch, da nach oben nur 0,5

[192] Vgl. Svensson, Lars E.O. (2001), Seite 1.
[193] Siehe Tabelle 1 im Anhang.

Prozentpunkte Abweichung möglich wären, und nach unten wesentlich mehr, vor allem auch, da die Definition der Preisstabilität keine Untergrenze enthält.[194] Ihrer Meinung nach sollte die EZB ein Punktziel mit einer symmetrischen Bandbreite von ± einem Prozentpunkt für die Inflation anstreben, wie dies bspw. die Bank of England verfolgt.

Zum zweiten wird die von der EZB gewählte Bandbreite als zu eng,[195] und die Höhe des Werts des Inflationsziels als schwer nachvollziehbar erachtet[196]. Dies zwinge die EZB bei auftretenden Schocks zu schnellen geldpolitischen Maßnahmen, auch wenn diese Störungen nur vorübergehender Natur seien. Hingegen hätte eine weitere Ausgestaltung der Bandbreite als Zeichen der Unsicherheit bzw. eines geringeren Willens des Erreichens von Preisniveaustabilität gewertet werden können.

Als drittes wird Anstoß an der Formulierung „...Anstieg des Harmonisierten Verbraucherpreisindex von *unter* zwei Prozent..." genommen. Dieser Ausdruck würde nicht deutlich genug zum Ausdruck bringen, erstens inwieweit auch ein Sinken der Inflationsrate im Sinne einer Deflation als Warnsignal für die Geldpolitik genommen werden würde, und zweitens wo die untere Grenze für das Sinken der Inflationsrate gelegen ist.[197] Auch dieses Problem ließe sich durch eine Formulierung des Inflationsziels in Anlehnung bspw. an die der Bank of England lösen. Durch eine symmetrische Bandbreite um ein Punktziel sind sowohl obere als auch untere maximale Abweichung vom Punktwert klar definiert, woraus ein zweifelsfreier geldpolitischer Handlungsrahmen abgeleitet werden kann.

Auch bezüglich des von der EZB tatsächlich verfolgten Ziels ihrer Geldpolitik wurden dahingehend Zweifel geäußert, inwieweit das laut dem Maastrichter

---

[194] Vgl. bspw. Gros, Daniel (2000), Seite 5; Svensson, Lars E.O. (2001), Seite 2 und Gali, Jordi (2001), Seite 9.

[195] Vgl. Wyplosz, Charles (2001a), Seite 6.

[196] Vgl. Wyplosz, Charles (2001b).

[197] Bedeutet „... Anstieg von unter zwei Prozent..." auch Werte unter Null, oder liegt die Untergrenze bei Null? Vgl. Svensson, Lars E.O. (2000b), Seite 95 und Gali, Jordi (2001), Seite 10.

Vertrag dem Ziel der Unterstützung der allgemeinen Wirtschaftspolitik der Gemeinschaft vorrangige Ziel des Erreichens von Preisstabilität auch seiner Stellung entsprechend in der Geldpolitik Berücksichtigung findet. Dieser Kritik zufolge ist ex post anhand der bisherigen Zinsentscheidungen im Rahmen der Geldpolitik der EZB zu erkennen, dass sie größeres Gewicht auf die wirtschaftliche Entwicklung, gemessen anhand des Qutput-gaps[198], legt als auf die Verfolgung des Ziels der Preisniveaustabilität.[199] Aufgrund des bisher relativ kurzen Beobachtungszeitraumes, innerhalb dessen die Zinsentscheidungen vor dem Hintergrund sowohl steigender Inflationsraten als auch bis Mitte 2001 zunehmendem bzw. starkem wirtschaftlichen Wachstums erfolgten, erscheint es schwierig, eine derartige Behauptung sinnvoll zu überprüfen, so dass dies herauszufinden weiteren Untersuchungen vorbehalten bleibt.

Als letzter Punkt der Kritik an der Formulierung des Inflationsziels ist der Ausdruck, dass Preisstabilität „mittelfristig" erreicht bzw. beibehalten werden soll, anzuführen. Dies würde den Kritikern zu Folge den Märkten keine klare Anweisung liefern, auf welchen Zeitraum gesehen die EZB ihr geldpolitisches Ziel zu verwirklichen sucht.[200] In der Tat hat die EZB bisher keinerlei Anstrengungen unternommen, diese Kritik zu entkräften, indem sie einen quantifizierten Wert für den Zeitraum, innerhalb dessen das Ziel der Preisstabilität erreicht werden soll, veröffentlichte. Allerdings scheint es auch fraglich zu sein, inwieweit dies ihrer Glaubwürdigkeit zuträglich sein dürfte. Schließlich befindet sie sich noch am Anfang ihrer Tätigkeit, und es können noch viele Probleme bezüglich einer für Europa einheitlichen Geldpolitik auftreten, die ein Erreichen des Ziels der Preisstabilität innerhalb eines bestimmten Zeitraumes schwierig gestalten könnten. Der Fall einer Zielverfehlung würde der Bildung von Glaubwürdigkeit aller Wahrscheinlichkeit nach noch weniger zuträglich sein als diese ungenaue Definition. Betrachtet man außerdem die Ausgestaltung der Zeiträume,

---

[198] Als Outpout-gap bezeichnet man die Differenz zwischen tatsächlichem Wachstum und langfristigem Niveau des Potentialwachstums des Outputs.
[199] Vgl. Faust, Jon/Rogers, John H./Wright, Jonathan H. (2001).
[200] Vgl. Gros, Daniel (2000), Seite 5-6 und Gali, Jordi (2001), Seite 8.

innerhalb derer andere Zentralbanken versuchen, das Ziel der Preisniveaustabilität zu erreichen, so sieht man, dass eine derart ungenaue Definition kein Einzelfall ist.[201] Dies sollte allerdings nicht als Vorwand genommen werden, in Zukunft keine Konkretisierung des Zeitrahmens anzustreben. Als sinnvoll kann man einen Zeitraum betrachten, den geldpolitische Maßnahmen benötigen, bis sie ihre Wirkung auf das Endziel entfalten. Dies wären laut Theorie des monetären Transmissionsprozesses ca. 2-3 Jahre.[202] Als zweite Möglichkeit kann auch die Dauer eines Konjunkturzyklus genommen werden, da innerhalb dessen temporäre Preissteigerungen in Zeiten der Hochkonjunktur durch Preissenkungen in der Rezession zumindest teilweise ausgeglichen werden. Hier stellt sich allerdings die Frage, welcher Konjunkturzyklus der Euro-Mitgliedsländer genommen werden sollte, da innerhalb des Euro-Raumes die nationalen Konjunkturzyklen sich zwar bis zu einem gewissen Maße, aber noch nicht entgültig aneinander angeglichen haben. Auf diesen Aspekt gilt es in Kapitel V. 2. 1 noch ausführlich einzugehen.

V. 1. 2 Unglückliche Darstellung der Strategie anhand des Konzepts der zwei Säulen

Der zweite Punkt der theoretischen Kritik an der geldpolitischen Strategie der EZB bezieht sich auf die Art und Weise, mit der sie der Öffentlichkeit präsentiert wurde bzw. wird. Die Art der Darstellung anhand zweier Säulen, ohne definitive Angaben über die Gewichtung der einzelnen Säule im geldpolitischen Entscheidungsprozess, ist für eine klare und seitens der Marktakteure zweifelsfrei nachvollziehbare Geldpolitik nicht geeignet. Bezug nehmend auf die beiden Aufgaben einer geldpolitischen Strategie, das Bereitstellen von Informationen für die geldpolitischen Entscheidungsträger (Innenverhältnis) und als Mittel der

---

[201] Siehe Tabelle 1 im Anhang.
[202] Siehe Abbildung 1.

Kommunikation mit der Öffentlichkeit (Außenverhältnis),[203] wird die Strategie der EZB der zweiten Aufgabe, dem Außenverhältnis, nicht in ausreichendem Maße gerecht. Auf diesen Punkt der Kommunikation mit der Öffentlichkeit wird im folgenden Kapitel V. 1. 3 im Rahmen der Problematik der Transparenz der geldpolitischen Entscheidungen der EZB eingegangen. In diesem Kapitel steht der Aspekt im Vordergrund, inwieweit es aus geldpolitisch-theoretischer Sicht Sinn macht, einen derartigen Ansatz, der, wenngleich die EZB dies bestreitet, vom Prinzip her zwei unterschiedliche Strategietypen miteinander verbindet, zu verfolgen.

Die EZB hat des öfteren in verschiedenen Publikationen darauf hingewiesen, dass sie die monetäre Analyse im Rahmen der ersten Säule nicht als ein Zwischenziel im klassischen Sinne versteht, da aus der Analyse der Abweichungen des tatsächlichen Wachstums von M3 gegenüber dem Referenzwert keine automatische Handlungsanweisung im Sinne einer Zwischenzielstrategie, sondern vielmehr Anlass zu einer umfassenden Analyse der Gefahren für die Preisstabilität im Zusammenspiel mit der zweiten Säule entsteht. Sie betrachtet also die monetäre Entwicklung lediglich als einen weiteren, wenn auch betont wichtigen, Indikator zur Beurteilung der zukünftigen Preisniveauentwicklung. [204] In diesem Zusammenhang stellt sich die Frage, aus welchen Gründen die EZB nicht, wie andere Zentralbanken auch, eine Inflationsprognose anhand eines mehrere Variablen umfassenden Inflationsmodells erstellt, und dieses Inflationsmodell aus Gründen der Kommunikation gegenüber der Öffentlichkeit letzterer zugänglich macht. Diese Vorgehensweise würde sich mit der erfolgreicher Zentralbanken decken und das Problem der Gewinnung von Glaubwürdigkeit verringern, ohne dabei den anscheinend gewollten diskretionären Spielraum der geldpolitischen Entscheidungsfindung wesentlich einzuschränken. So veröffentlichen bspw. die Bank of England, die Schweizerische Nationalbank und die Bank of Sweden in Form ihrer Inflation Reports sowohl die Ergebnisse als auch

[203] Siehe Kapitel II. 3.

[204] Vgl. bspw. Europäische Zentralbank (1999a), Seite 53 und Europäische Zentralbank (2000a), Seite 45 und siehe Kapitel III. 1. 2. 1.

die Variablen ihrer Inflationsprognosen, die ihrem Inflationsmodell zugrunde liegen.[205] Im Rahmen eines derartigen Inflation Reports wies bspw. die Schweizerische Nationalbank im Dezember 1999 bei Aufgabe ihres Konzepts der Geldmengensteuerung darauf hin, dass sie ihre Geldpolitik zukünftig an einer Inflationsprognose ausrichten werde, innerhalb derer alle relevanten Indikatoren Berücksichtigung finden.[206] Somit implementierte sie als Entscheidungsgrundlage ein Modell, welches sowohl monetäre als auch realwirtschaftliche und finanzmarktliche Größen berücksichtigt und bei Bedarf entsprechend hervorhebt, ohne von vorne herein einem bestimmten Typus an Variablen eine bestimmte Rolle zuzusprechen, die sie im Endeffekt nicht kontinuierlich begründen kann.

Ein derartiges Vorgehen, d.h. das Zusammenfassen aller für die zukünftige Entwicklung des Preisniveaus als relevant erachteten Variablen, zu *einem* konsistenten Inflationsmodell wäre auch der EZB aus Gründen der eindeutigen Kommunikation ihrer geldpolitischen Entscheidungen gegenüber der Öffentlichkeit anzuraten. Betrachtet man nämlich die bisher getroffenen Zinsentscheidungen und stellt sie dem Konzept der zwei Säulen gegenüber, so ist es nicht immer möglich, die Bedeutung der einzelnen Säulen klar zu diagnostizieren (siehe Tabelle 3). Besonders bei den vielkritisierten Entscheidungen vom 8. April 1999 und 10. Mai 2001 ist dies der Fall. Am 8. April 1999 senkte die EZB trotz eines starken Wachstums des Geldmengenaggregates M3, welches mit 5,5 Prozent einen Prozentpunkt oberhalb des Referenzwerts lag, den Leitzinssatz des Hauptrefinanzierungsgeschäfts um 0,5 Prozentpunkte. Bei der Leitzinssenkung am 10. Mai 2001 lag zwar das Geldmengenwachstum mit 4,6 Prozent in der Nähe des Referenzwertes, allerdings lediglich aufgrund der Tatsache, dass man sich in diesem Monat entschloss, das Geldmengenwachstum anhand einer um die von Ansässigen außerhalb des Euro-Währungsgebietes gehaltenen Geldmarktfondsanteile bereinigten Geldmengengröße M3 zu berechnen.[207] In

[205] Diese Inflation Reports sind der Öffentlichkeit auf den Homepages der entsprechenden Zentralbank zugänglich.
[206] Vgl. Swiss National Bank (1999).
[207] Siehe Tabelle 3 und Abbildung 6.

beiden Fällen wurde der monetären Entwicklung trotz der ihr zugesprochenen Relevanz im geldpolitischen Entscheidungsprozess nicht genügend Beachtung beigemessen;[208] am 8. April 1999 mit der Argumentation, dass das Geldmengenwachstum eventuell aufgrund von Sonderfaktoren zu Beginn der dritten Stufe der Währungsunion verzerrt worden sein könnte,[209] und am 10. Mai 2001 mit der Begründung, dass das Geldmengenwachstum aufgrund eines zu umfangreich abgegrenzten Geldmengenaggregats M3 zu hoch ausgewiesen worden sei.[210]

Zumindest diese beiden Zinsentscheidungen stehen in klarem Widerspruch zu der der Geldmenge zugesprochenen Rolle im geldpolitischen Konzept der EZB. Aber auch die Entscheidung vom 30. August 2001 scheint anhand der Kommunikation über die zwei Säulen nicht einwandfrei nachvollziehbar zu sein. Zu diesem Zeitpunkt wiesen beide Säulen kontraktive Tendenzen auf, da sowohl das Geldmengenwachstum als auch der Harmonisierte Verbraucherpreisindex über ihren Zielwerten lagen. Allerdings war die wirtschaftliche Entwicklung, gemessen am Bruttoinlandsprodukt, stark zurückgegangen, so dass daraus auf mittlere Sicht abnehmender Inflationsdruck abgeleitet werden konnte.[211]

Die Problematik des Nachvollziehens der Leitzinsentscheidungen resultiert, wie oben angesprochen, aus dem Fehlen des eindeutigen Zuweisens einer bestimmten Gewichtung der einzelnen Säulen in der geldpolitischen Strategie der EZB. Wie aus der folgenden Tabelle 5 zu entnehmen ist, liegen je nach Gewichtung der einzelnen Säulen diskretionäre Spielräume in der Durchführung der Geldpolitik vor, was durch den Zusatz „Tendenz" bei der jeweiligen Entscheidungssituation zum Ausdruck gebracht wird.

---

[208] Svensson und Gali gehen sogar so weit zu behaupten, dass die erste Säule bei den bisherigen Zinsentscheidungen keine entscheidende Rolle gespielt hat und dementsprechend überflüssig ist. Vgl. Svensson, Lars E.O. (2000b), Seite 98 und Gali, Jordi (2001), Seite 14-15.
[209] Vgl. Europäische Zentralbank (1999e), Seite 5.
[210] Vgl. Europäische Zentralbank (2001c), Seite 5.
[211] Vgl. Tabelle 3 und Tabelle 1.

Tabelle 5: Informationsgehalt der beiden Säulen und Entscheidungsproblematik

Geldpolitische Entscheidungsproblematik			
Mögliche Varianten	**Säule 1**	**Säule 2**	**Handlungsanweisung**
1. a.	Aktuelles Wachstum von M3 > Referenzwert	aktuelle Inflationsrate > 2 % und Inflationsprognose *steigend*	kontraktive Geldpolitik
1. b.	Aktuelles Wachstum von M3 > Referenzwert	aktuelle Inflationsrate > 2 % und Inflationsprognose *fallend*	kontraktive Geldpolitik
2. a.	Aktuelles Wachstum von M3 < Referenzwert	aktuelle Inflationsrate > 2 % und Inflationsprognose *steigend*	Tendenz kontraktive Geldpolitik
2. b.	Aktuelles Wachstum von M3 < Referenzwert	aktuelle Inflationsrate > 2 % und Inflationsprognose *fallend*	Tendenz expansive Geldpolitik
3. a.	Aktuelles Wachstum von M3 > Referenzwert	aktuelle Inflationsrate < 2 % und Inflationsprognose *steigend*	Tendenz kontraktive Geldpolitik
3. b.	Aktuelles Wachstum von M3 > Referenzwert	aktuelle Inflationsrate < 2 % und Inflationsprognose *fallend*	Tendenz expansive Geldpolitik
4. a.	Aktuelles Wachstum von M3 < Referenzwert	aktuelle Inflationsrate < 2 % und Inflationsprognose *steigend*	expansive Geldpolitik
4. b.	Aktuelles Wachstum von M3 < Referenzwert	aktuelle Inflationsrate < 2 % und Inflationsprognose *fallend*	expansive Geldpolitik

Quelle: In Anlehnung an Francke, Hans-Hermann (2001); eigene Erweiterungen.

Besonders sichtbar wird der Entscheidungskonflikt anhand des Szenarios 1.b. und 2.b., wie es zur Zeit der Leitzinsentscheidung am 10. Mai 2001 vorlag. Laut Szenario 1.b. wäre mit einer kontraktiven geldpolitischen Entscheidung zu rechnen, wohingegen Szenario 2.b. expansiven Spielraum signalisiert. Bei einem derartigen Aufeinandertreffen konträrer Entscheidungssituationen ist es dem Beobachter nicht möglich, eine Aussage bezüglich der zu erwartenden Entscheidung zu treffen, solange die EZB nicht klar Stellung bezüglich der Gewichtung der einzelnen Säulen bezieht. Aufgrund des bisher relativ kurzen Zeitraums der geldpolitischen Beschlussfindung sind derartig konträre Situationen nur in den drei besprochenen Fällen des 8. Aprils 1999, des 10. Mai 2001 und des 30. Augusts 2001 aufgetreten. Dies bewahrt die EZB aber nicht vor derartigen zukünftigen Entscheidungsproblematiken.

In diesem Zusammenhang vermag auch die Argumentation seitens der EZB, warum man sich für dieses zweisäulige Konzept der Geldpolitik entschieden hat, nicht zu überzeugen. Sie erachtet das von ihr gewählte zweisäulige Strategiekonzept, welches sie als einen „Ansatz der umfassenden Information" bezeichnet, aus dem folgenden Grund als sinnvoll:[212] Da zu Beginn der Währungsunion, zuzüglich zu den bekannten Problemen der Geldpolitik,[213] mit erheblichen Unsicherheiten, bspw. bezüglich der national divergierenden monetären Transmissionsprozesse oder Konjunkturlagen, gerechnet werden musste, und zusätzlich sich die Datenlage für das Euro-Währungsgebiet aufgrund nicht in allen Bereichen harmonisierter nationaler Statistiken als problematisch erwies, schien ein Ansatz, der möglichst viele der verfügbaren Informationen sowie die Konsequenzen des Handelns der EZB, berücksichtigt, als besonders wünschenswert.[214] Daraus möglicherweise resultierende Konflikte aufgrund der Datenlage zwischen den einzelnen Säulen, von der EZB als „Spannungsfelder" bezeichnet, wie sie in den Szenarien 2.a., 2.b., 3.a. und 3.b. in Tabelle 5 auftreten, wurden dabei nicht als problematisch erachtet, sondern im Gegenteil als „Kern einer robusten Strategie" bezeichnet.[215] Erst das Erkennen eines derartigen Spannungsfelds würde eine „robuste geldpolitische Reaktion" ermöglichen.

Diese Anforderungen, die die EZB an ihre geldpolitische Strategie stellt, erfüllt allerdings auch ein in dem Sinne allumfassendes Inflationsmodell, welches alle für die Geldpolitik relevanten Variablen monetärer, realwirtschaftlicher und finanzmarktlicher Seite zu einer Inflationsprognose zusammenfasst. Ein derartiger Ansatz ist dabei einer verständlicheren Kommunikation mit der Öf-

---

212 Vgl. Europäische Zentralbank (2000a), Seite 49-50.
213 Gemeint sind die Probleme der Gefahr der externen Einflussnahme, das Unsicherheits- und das Theorieproblem im Rahmen der monetären Transmission; siehe auch Kapitel II. 2 und Abbildung 1.
214 Vgl. Europäische Zentralbank (2000a), Seite 49.
215 Vgl. Europäische Zentralbank (2000a), Seite 50.

fentlichkeit und der Erlangung von Glaubwürdigkeit in stärkerem Maße zuträglich. Somit bezieht sich die oben geäußerte Kritik nicht auf die Strategie an sich, sondern im Kern auf die Art ihrer Darstellung gegenüber der Öffentlichkeit.

Der selbe Analyserahmen könnte bei gleichzeitig eindeutigerer Kommunikation mit den Marktakteuren beibehalten werden, wenn der Ansatz eines „einsäuligen" umfassenden Inflationsmodells gewählt wird, was dem besondere Hervorheben der Bedeutung einzelner Variablen bei den einzelnen Zinsentscheidungen nicht im Wege steht.

V. 1. 3 Problem der mangelnden Transparenz

Wie im vorherigen Kapitel angesprochen, besteht eine der beiden Aufgaben einer geldpolitischen Strategie in der Kommunikation erstens der Informationen aufgrund derer die geldpolitischen Entscheidungen getroffen werden und zweitens in der Veröffentlichung und Erklärung der Entscheidungen selbst. Dabei lassen sich vier Kategorien der Transparenz unterscheiden: [216]

1) Bezüglich der genauen Formulierung des Ziels der Geldpolitik.
2) In Bezug auf den Aufbau der verwendeten geldpolitischen Strategie, mit der das Ziel erreicht werden soll.
3) Hinsichtlich der verwendeten Daten und der erstellten Prognosen über das wirtschaftliche Umfeld und die daraus resultierenden Konsequenzen für die Zentralbank.
4) Bezüglich der Art und Weise und den Umfang, wie über die drei zuerst genannten Punkte mit der Öffentlichkeit kommuniziert wird.

In diesem Kapitel wird Punkt vier, die Kommunikation des geldpolitischen Ziels, der geldpolitischen Strategie und der in ihrem Rahmen getroffenen Entscheidungen und der diesen Entscheidungen zugrundeliegenden Daten gegen-

[216] Vgl. Gros, Daniel (2001), Seite 1.

über der Öffentlichkeit in Bezug auf die Europäische Zentralbank untersucht. Dabei gilt es herauszufinden, inwieweit die EZB ihre Geldpolitik gegenüber den Marktakteuren erfolgreich kommuniziert hat, welche Mittel ihr dazu zur Verfügung stehen, und wo Schwächen und Stärken ihrer Kommunikationspolitik liegen.

Laut Europäischer Zentralbank spielt eine erfolgreiche Kommunikation mit der Öffentlichkeit aus zwei Gründen eine entscheidende Rolle. Zum einen trägt eine solide Kommunikationspolitik zum Gelingen der geldpolitischen Maßnahmen und somit zur Zielerreichung bei. Zum anderen ist sie Teil der allgemeinen Rechenschaftspflicht einer Zentralbank gegenüber den Märkten.[217] Zu diesem Zweck stehen der EZB zahlreiche Instrumente der Kommunikation zur Verfügung, die sie je nach Bedarf und Zielgruppe unterschiedlich einsetzen kann. Die folgende Tabelle 6 liefert einen Überblick über die seitens der EZB gewählten Kommunikationswege.

Dabei betont die EZB, dass sie mit dieser Vielfalt an Veröffentlichungen, Stellungnahmen und Konferenzen ihre gesetzlich vorgeschriebenen Informationspflichten bei weitem übertrifft. Laut Satzung des Europäischen Systems der Zentralbanken (ESZB) und der der Europäischen Zentralbank ist sie lediglich zu einem mindestens vierteljährlich publizierten Bericht über die Tätigkeiten des ESZB, einem Jahresbericht über diese Tätigkeiten und der Geld- und Währungspolitik der EZB, sowie eines wöchentlichen konsolidierten Ausweis des Eurosystems verpflichtet.[218] Alles darüber hinaus stellt zusätzliche Mittel der Kommunikation zur Erhöhung der Transparenz der Geldpolitik der EZB auf freiwilliger Basis dar.

[217] Vgl. Europäische Zentralbank (2001g), Seite 67.
[218] Vgl. Presse- und Informationsamt der Bundesregierung (1997), Protokoll über die Satzung des Europäischen Systems der Zentralbanken und der Europäischen Zentralbank, Artikel 15, Seite 44.

Tabelle 6: Kommunikationsinstrumente der Europäischen Zentralbank

Art des Kommunikations-instruments	Beschreibung	Frequenz der Veröffentlichung
Pressekonferenz	Sie dienen der Erläuterung der vom EZB-Rat getroffenen geldpolitischen Entscheidungen.	Im Anschluss an die EZB-Ratssitzung; in der Regel einmal im Monat.
Pressemitteilung	Darstellung der geldpolitischen Beschlüsse, des konsolidierten Wochenausweises des Eurosystems, der Statistiken über Wertpapieremissionen und der Zahlungsbilanz im Euro-Währungsgebiet und der Geldmengenentwicklung im Euro-Raum.	Ihrem Inhalt entsprechend regelmäßige wöchentliche, vierzehntägige oder monatliche Veröffentlichung.
Monatsberichte	Darstellung der wirtschaftlichen Lage und Entwicklung und der Aussichten für die Preisstabilität im Euro-Raum. Zusätzlich Artikel zu besonderen Themen.	Monatlich, normalerweise eine Woche nach der EZB-Ratssitzung.
Jahresberichte	Darstellung der Geld- und Währungspolitik des vergangenen und laufenden Jahres.	Jährlich
Rede und Antwort beim Ausschuss für Wirtschaft und Währung	Teil der Berichterstattungspflicht laut EG-Vertrag. Befragung des Präsidenten der EZB zu unterschiedlichen Themenbereichen.	Vierteljährlich.
Öffentliche Vorträge	Vorträge der Mitglieder des Direktoriums zu unterschiedlichen Themen.	Nach Bedarf
Interviews	Interviews der Mitglieder des Direktoriums in Zeitungen, Zeitschriften und elektronischen Medien.	Nach Bedarf
Andere Publikationen	Veröffentlichungen zu unterschiedlichen Themen in Form von Diskussionspapieren, Occasional Papers, Amtsblatt der Europäischen Gemeinschaft und des Compendiums.	Nach Bedarf
Nachrichtenagenturen	Mittel zur Echtzeit-Kommunikation bezüglich Tendergeschäften, Zuteilungsentscheidungen, Devisen-Referenzkurse und anderer Finanzmarktnachrichten.	Nach Bedarf
Besuchergruppen	Besichtigung der Europäischen Zentralbank in Frankfurt am Main.	Nach Bedarf; möglich fast jeden Arbeitstag.
Wissenschaftliche Konferenzen	Konferenzen zu unterschiedlichen Themen mit externen und internen Referenten.	Nach Bedarf
Internetseite	Plattform für praktisch alle beschriebenen Kommunikationsinstrumente. Alle von der EZB veröffentlichten Dokumente können hier heruntergeladen werden.	Kontinuierlich

Quelle: Europäische Zentralbank (2001h); eigene Darstellung.

Inwieweit diese unterschiedlichen Kommunikationsinstrumente ihren hauptsächlichen Zweck, die Vorbereitung der Marktakteure auf zu treffende Leitzinsentscheidungen, bisher erfüllt haben, lässt sich bspw. anhand der Differenz zwischen dem Mindestbietungssatz des Hauptrefinanzierungsgeschäfts[219] und einem Terminsatz, hier dem Terminsatz für 1-Wochengeld (EURIBOR 1-week), ein paar Tage vor der zu treffenden Zinsentscheidung erkennen. Im Falle, dass die Märkte die Zinssteigerung oder –senkung aufgrund einer entsprechenden Kommunikationspolitik im voraus antizipieren, bedeutet dies, dass der Terminsatz bereits vor der Zinsentscheidung sich dem Mindestbietungssatz des Hauptrefinanzierungsgeschäfts nach der Entscheidung annähert, da in Terminsätzen die Erwartungen der Marktakteure über die Zukunft enthalten sind. Findet eine starke Annäherung statt, so ist der Zinsschritt in ausreichendem Maße im voraus dem Markt kommuniziert worden, und vice versa. Anhand der folgenden Abbildung 20 und der Tabelle 7 ist zu erkennen, inwieweit dies seit Beginn der Währungsunion am 1. Januar 1999 der Fall war.

Wie aus Abbildung 20 zu erkennen ist, lag der Terminsatz fast ausschließlich oberhalb des Mindestbietungssatzes für das Hauptrefinanzierungsgeschäft. Der Markt wurde also nie durch unvorhersehbare Leitzinserhöhungen überrascht. Im Gegenteil, die Zinssteigerungen wurden von den Märkten allesamt vorweggenommen, was sich daraus ablesen lässt, dass die Kurve des Mindestbietungssatzes des Hauptrefinanzierungsgeschäfts die des Terminsatzes nicht schneidet. Die beiden Zinssenkungen vom 8. April 1999 und 10. Mai 2001 hingegen kamen für die Finanzmärkte überraschend (gekennzeichnet durch Ein-

---

[219] Beim Hauptrefinanzierungsgeschäft handelt es sich um das wichtigste geldpolitische Instrumentarium der EZB, innerhalb dessen sich die Geschäftsbanken im Rahmen von Tendergeschäften um die Zuteilung von Zentralbankgeld bewerben. Vom 1. Januar 1999 bis zum 28. Juni 2000 wurde dieses Tenderverfahren in Form eines Mengentenders durchgeführt, d.h. die Geschäftsbanken gaben Gebote über die Höhe der erwünschten Zuteilung an Zentralbankgeld zu dem von der EZB im voraus festgelegten Bietungssatz (Festsatz). Ab dem 28. Juni 2000 wurde zu dem Verfahren des Zinstenders gewechselt, innerhalb dessen die Geschäftsbanken bei ihren Geboten sowohl die entsprechende Höhe als auch den dabei zu zahlenden Zinssatz angeben. Allerdings setzt die EZB auch hier einen Zinssatz, an dem sich die Gebote der Geschäftsbanken orientieren, den sogenannten Mindestbietungssatz. Vgl. Europäische Zentralbank (1998) und Europäische Zentralbank (2000g).

rahmungen in Abbildung 20). Aufgrund dessen schneidet der Terminsatz die Kurve des Mindestbietungssatzes. Dies darf nicht fälschlicherweise als eine Vorwegnahme der geldpolitischen Entscheidung gewertet werden, da bspw. am 8. April 1999 zwar die Leitzinssenkung um 0,5 Prozentpunkte beschlossen wurde, dies aber erst für die nächsten, ab dem 14. April 1999 abzuwickelnden Hauptrefinanzierungsgeschäfte galt.

Abbildung 20: Terminsatz (EURIBOR 1 week) und Mindestbietungssatz des Hauptrefinanzierungsgeschäfts

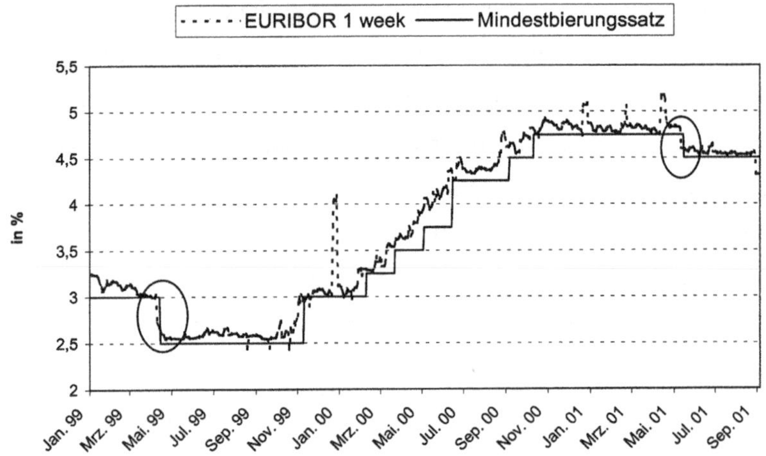

Quelle: Bloomberg, Europäische Zentralbank, Monatsberichte; eigene Darstellung.

Das bis dahin laufende Hauptrefinanzierungsgeschäft wurde weiterhin zu dem bis zur Leitzinssenkung gültigen Zinssatz von drei Prozent durchgeführt. Somit kommt es erst, da Abbildung 20 auf der Basis von Tagesdaten erstellt wurde, nach dem 14. April 1999 zu einem Rückgang des Mindestbietungssatzes für das Hauptrefinanzierungsgeschäft. Die am 8. April 1999 beschlossene Leitzinssenkung ist bis dahin allerdings schon in den Terminsatz „eingepreist", so dass dieser vor dem 14. April 1999 sinkt, und somit die Kurve des Mindestbietungssatzes schneidet. Analoges gilt für die Leitzinsentscheidung am 10. Mai 2001.

Auch anhand der Tabelle 7 ist zu erkennen, inwieweit die Märkte die einzelnen Zinsschritte richtig vorausgenommen haben und was daraus bezüglich der Effizienz der Kommunikation der EZB hinsichtlich ihrer geldpolitischen Entscheidungen abzuleiten ist.

Tabelle 7: Leitzinsentscheidung und Antizipation durch den Markt

Datum der EZB-Ratssitzungen (Donnerstags)	Mindestbietungssatz des Hauptrefinanzierungsgeschäfts	Terminsatz (EURIBOR 1 week) am Mittwoch vor der EZB-Ratssitzung	Absoluter Erwartungsfehler in Basispunkten*
8. April 1999	**2,5 %** (- 0,5 %-punkte)	3,01 %	+ 51
4. November 1999	**3 %** (+0,5 %-punkte)	3,00 %	0
3. Februar 2000	**3,25 %** (+ 0,25 %-punkte)	3,24 %	- 1
16. März 2000	**3,5 %** (+ 0,25 %-punkte)	3,55 %	+ 5
27. April 2000	**3,75 %** (+ 0,25 %-punkte)	3,92 %	+ 17
8. Juni 2000	**4,25 %** (+ 0,5 %-punkte)	4,11 %	- 14
31. August 2000	**4,5 %** (+ 0,25 %-punkte)	4,72 %	+22
5. Oktober 2000	**4,75 %** (+ 0,25 %-punkte)	4,71 %	- 4
10. Mai 2001	**4,5 %** (-0,25 %-punkte)	4,82 %	+ 32
30. August 2001	**4,25 %** (- 0,25 %-punkte)	4,45 %	+ 20

*: Ein + bedeutet Terminsatz > Mindestbietungssatz des Hauptrefinanzierungsgeschäfts
Ein – bedeutet Terminsatz < Mindestbietungssatz des Hauptrefinanzierungsgeschäfts

Quelle: Europäische Zentralbank, Bloomberg; eigene Berechnung und Darstellung.

Anhand Abbildung 20 und Tabelle 7 ist zu erkennen, dass in der Zeit gleichmäßiger Leitzinserhöhungen von der Entscheidung am 3. Februar 2000 bis zum 5. Oktober 2000 die Märkte die Zinserhöhungen sowohl vom Zeitpunkt als auch von der Höhe her relativ gut vorwegnehmen konnten. Größere Abweichungen treten hauptsächlich bei Richtungswechseln der Geldpolitik, so geschehen am 8. April 1999 und 10. Mai 2001, auf.[220]

Daraus lässt sich schließen, dass diese Richtungswechsel, jeweils hin zu einer expansiveren Geldpolitik, den Märkten im voraus nicht deutlich genug kommuniziert worden waren, was sich auch anhand der zahlreich geäußerten Kritik zu diesen beiden Leitzinsentscheidungen erkennen lässt.[221] Gerade aber bei stattfindenden Richtungswechseln in der Geldpolitik lässt sich besonders gut beobachten, inwieweit die Finanzmärkte adäquat darauf vorbereitet wurden, da derartige Richtungswechsel in der Regel schwerer zu prognostizieren sind als Zinsentscheidungen, die den bisherigen geldpolitischen Kurs fortsetzen.

Interessanter Weise handelt es sich bei den Leitzinsentscheidungen vom 8. April 1999 und 10. Mai 2001 um solche, die entweder anhand ihrer Datenlage unterschiedliche geldpolitische Entscheidungssituationen signalisierten, oder eine im Vergleich zu der getroffenen Leitzinsentscheidung gegensätzliche erwarten ließen. Dies lässt sich anhand Tabelle 3 (Kapitel III. 3), Tabelle 1 (Kapitel III. 2) und der obigen Tabelle 7 erkennen. Die größten Abweichungen zwischen dem Terminsatz für Einwochengeld (EURIBOR 1 week) und dem Mindestbietungssatz für das Hauptrefinanzierungsgeschäft traten bei diesen beiden umstrittenen Leitzinsentscheidungen (8. April 1999 und 10. Mai 2001) auf, wobei beide Male eine positive Differenz (Terminsatz > Mindestbietungssatz) vorlag, was darauf schließen lässt, das der Markt von der jeweiligen Zinssenkung überrascht wurde.

---

[220] Die Leitzinsentscheidung vom 4. November 1999 wird hier nicht als Richtungswechsel der Geldpolitik interpretiert, da sie in den Augen der Finanzmärkte lediglich eine notwendige Korrektur der zuvor am 8. April 1999 getroffenen Leitzinssenkung darstellt. Dies ist auch gut anhand der geringsten Differenz zwischen Terminsatz und Hauptrefinanzierungssatz zu erkennen, was bedeutet, dass die Märkte mit dieser Revision der geldpolitischen Entscheidung vom 8. April 1999 gerechnet hatten.

[221] Zu wissenschaftlicher Kritik an der Leitzinsentscheidung vom 8. April 1999 vgl. bspw. Svensson, Lars E.O. (2000b), Seite 98 oder Gros, Daniel (2000), Seite 1-2. Zu Kritik aus der Tagespresse vgl. bspw. Obertreis, Rolf (1999) oder Neubauer, Ralf (1999). Wissenschaftliche Kritik zu der Zinsentscheidung vom 10. Mai 2001 findet sich unter anderem bei Gros, Daniel (2001).

Warum er überrascht wurde, ist aus Tabelle 3 (Kapitel III. 3) zu entnehmen. Anhand der Datenlage konnte in beiden Fällen mit einer kontraktiven anstelle einer expansiven geldpolitischen Entscheidung gerechnet werden. Dass die EZB sich dennoch dagegen entschied, spricht dafür, dass sie es, zumindest bezüglich Leitzinsentscheidungen vor dem Hintergrund sich konträr entwickelnder Daten innerhalb der ersten und der zweiten Säule ihrer geldpolitischen Strategie, bisher nicht verstanden hat, ihr Verhalten in derartigen Entscheidungssituationen über die Darstellung ihrer Strategie gegenüber der Öffentlichkeit klar zu kommunizieren. Dies ist auf den in diesem von der EZB gewählten strategischen Konzept der Zwei-Säulen-Strategie enthaltenen, diskretionären Spielraum der Geldpolitik zurückzuführen, welcher sich aus Tabelle 1 (Kapitel III. 2) bzw. Tabelle 5 (Kapitel V. 1. 2) ableiten und anhand des Ausdrucks „Tendenz" bei den entsprechenden geldpolitischen Entscheidungssituationen erkennen lässt.

Eventueller Mangel an Transparenz ist, wie aus den obigen Ausführungen ersichtlich, also weniger auf ungeeignete Mittel und einen zu geringen Umfang der Kommunikation zurückzuführen, als vielmehr auf die im obigen Kapitel angesprochene, problematische Darstellung der geldpolitischen Strategie anhand des zweisäuligen Konzepts, welches sich aus den genannten Gründen nicht als die beste Variante der Kommunikation mit den Marktakteuren präsentiert. Somit ist es bezüglich einer Steigerung der Transparenz und einer damit einhergehenden Verbesserung der Verständigung gegenüber der Öffentlichkeit vielmehr angebracht, das zu kommunizierende Objekt, gemeint ist die geldpolitische Strategie der EZB und die daraus abgeleiteten geldpolitischen Entscheidungen, klar und unzweideutig zu formulieren, anstatt ein weiteres Mittel der Kommunikation, bspw. die Veröffentlichung der Protokolle der EZB-Ratssitzungen, einzuführen.[222] Schließlich entscheidet nicht die Summe aller Veröffentlichungen über

[222] Für eine Diskussion der Vor- und Nachteile der Veröffentlichung von Sitzungsprotokollen und Abstimmungsergebnissen der EZB-Ratssitzungen vgl. bspw. Goodfriend, Marvin (1986); Buiter, Willem H. (1999); Issing, Otmar (1999b); Svensson, Lars E.O. (2000b) und Issing, Otmar (2000).

Erfolg oder Misserfolg hinsichtlich des öffentlichen Verständnisses geldpolitischer Entscheidungen, sondern die Qualität der darin enthaltenen Informationen und die klare Art und Weise ihrer Darstellung.

V. 2 Sonderprobleme der Strategie

Neben den in Kapitel V.1 diskutierten Problemen, die sich aus theoretischer Sicht bezüglich der geldpolitischen Strategie der EZB ergeben, gibt es eine Reihe weiterer Punkte, die der Durchführung einer für Europa einheitlichen Geldpolitik im Wege stehen. Im folgenden seien die wichtigsten drei Problembereiche, erstens der unterschiedlicher Inflationsraten und konjunktureller Bedingungen in Europa, zweitens der der Wahl des adäquaten Geldmengenaggregats für die gemeinschaftliche Geldpolitik und drittens der der national divergierenden monetären Transmissionskanäle in Europa, Gegenstand ausführlicher Darstellung und Diskussion.

V. 2. 1 Inflations- und Konjunkturdifferenzen in Europa

Im Vorfeld der Europäischen Währungsunion wurde auf Grundlage der Artikel von *Mundell* (1961) und *McKinnon* (1963) ausgiebig darüber diskutiert, inwieweit Europa den Anforderungen an einen optimalen Währungsraum genügt.[223] Von besonderer Bedeutung waren dabei die Kriterien 1) des Ausmaßes der Handelsbeziehungen zwischen den einzelnen Ländern, 2) die Gleichartigkeit von Schocks und Konjunkturzyklen und 3) die Mobilität der Arbeitskräfte zwischen den Ländern. Je stärker diese Kriterien ausgeprägt sind, desto geeigneter ist ein Land als Mitglied eines optimalen Währungsraumes. In diesem Kapitel wird Punkt 2), der Gleichlauf zwischen den Konjunkturzyklen der Länder der Europäischen Währungsunion, untersucht, um daraus Schlüsse für die einheitliche Geldpolitik der Europäischen Zentralbank ziehen zu können.

---

[223] Vgl. bspw. Eichengreen, B. (1991); De Grauwe, P./Vanhaverbeke, W. (1993) oder Bofinger, Peter (1994).

Dieser Gleichlauf wird üblicherweise anhand der Korrelation nationaler Konjunkturzyklen zu einem als Benchmark definierten Konjunkturzyklus, bspw. dem aggregierten Zyklus der Europäischen Währungsunion, gemessen.[224]

Das Interesse hierbei besteht darin herauszufinden, inwieweit sich die nationalen Wirtschaftszyklen aneinander angeglichen haben, da eine einheitliche Geldpolitik geringere volkswirtschaftliche Kosten aufweist, je synchroner die nationalen Konjunkturverläufe sind. Dies liegt daran, dass geldpolitische Maßnahmen bei hohem Gleichlauf der nationalen Wirtschaftsentwicklungen in allen Ländern annähernd dieselben Effekte verursachen, als wenn eine einheitliche Geldpolitik für sich konjunkturell unterscheidende Wirtschaftsräume implementiert wird. Eng hiermit verbunden ist auch die Frage, wie sich die nationalen Preisniveaus entwickeln, da sie im Rahmen der geldpolitischen Strategie der EZB sowohl aggregiert in Form des Harmonisierten Verbraucherpreisindexes als geldpolitisches Ziel formuliert sind als auch in die Inflationsprognosen der EZB zur Ermittlung der zukünftigen Inflationsentwicklung im Euro-Währungsraum einfließen.

Bedingt durch die Maastrichter Kriterien des Vertrags zur Europäischen Union,[225] wurde bereits zu Beginn der 90'er Jahre eine erhöhte nominale, wirtschaftliche Konvergenz der potentiellen Mitgliedsländer der Europäischen Währungsunion erreicht. Das Schlüsselproblem stellt nun die zukünftige Entwicklung der Korrelation der Konjunkturverläufe der Mitgliedsländer der Europäischen Währungsunion dar. Diesbezüglich gibt es unterschiedliche Auffassungen, die sich anhand der Größen, die eine Synchronisierung nationaler Konjunkturzyklen verursachen sollen, unterscheiden.

Folgt man der Argumentation, dass eine hohe Korrelation der nationalen Wirtschaftszyklen über ein hohes Maß an internationalem Handel erreicht werden kann, so dürfte in Zukunft mit einem erhöhten Gleichlauf der konjunkturellen Entwicklungen in der EWU gerechnet werden, da über die Einführung einer

---

[224] Vgl. bspw. Vijselaar, Focco W./Albers, Ronald M. (2001), Seite 183.

[225] Vgl. Presse- und Informationsamt der Bundesregierung (1997), Artikel 109j, Seite 194-196 und das dazugehörige Protokoll über die Konvergenzkriterien, Seite 75ff.

einheitlichen Währung der Konkurrenzdruck auf die Unternehmen steigt, was zu stärkerem intraeuropäischen Handel führen wird. Zu diesem Ergebnis kommen bspw. *Bayoumi/Eichengreen* (1997), *Fatás* (1997), *Frankel/Rose* (1998) oder *Clark/Wincoop* (1999).

Des weiteren kann eine hohe wirtschaftliche Konvergenz auch dadurch erreicht werden, dass Wechselkursschwankungen zwischen den beteiligten Ländern wegfallen. Da es ex definitione in einem einheitlichen Währungsraum nur eine Währung gibt, werden auf diese Weise die Wechselkursschwankungen eliminiert, was zu zukünftiger Synchronität der Konjunkturverläufe führen wird.[226]

Im Folgenden wenden wir uns zuerst der Problematik der über den Euro-Raum divergierenden Preisniveaus zu, bevor wir uns wieder mit der Korrelation der Konjunkturzyklen befassen.

Wie in Kapitel III. 1. 2. 2 beschrieben, wird Inflation im Rahmen der geldpolitischen Strategie der Europäischen Zentralbank anhand des Harmonisierten Verbraucherpreisindexes (HVPI) gemessen. Der HVPI stellt dabei einen gewogenen Durchschnitt von Preisen einer Vielzahl von Waren und Dienstleistungen, die im Euro-Raum von den Verbrauchern nachgefragt werden, dar.[227] Er wurde zur Quantifizierung des vorrangigen Ziels der EZB gewählt, da es sich bei ihm um den einzigen zu Beginn der dritten Stufe der Europäischen Währungsunion ausreichend harmonisierten Preisindex für das gesamte Euro-Währungsgebiet handelt und er somit eine für Europa homogene Statistik bezüglich des Preises eines Korbes von Konsumgütern und Dienstleistungen darstellt. Aufgrund des Maastrichter Konvergenzkriteriums, des Erreichens eines hohen Grades an Preisstabilität,[228] wurde im Vorfeld der Währungsunion bereits ein gewisses Maß an Konvergenz der nationalen Inflationsraten erreicht.[229]

[226] Vgl. Artis, Michael J./Zhang, Wenda (1997) und (1999).

[227] Im einzelnen sind das verarbeitete und unverarbeitete Nahrungsmittel, Industrieerzeugnisse, Wohnungsmieten, Verkehr, Nachrichtenübermittlung, Freizeitdienstleistungen und sonstige Dienstleistungen. Vgl. Statistischen Anhang der Monatsberichte der Europäischen Zentralbank.

[228] Dies Kriterium besagt, dass ein Mitgliedstaat eine anhaltende Preisstabilität und eine während des letzten Jahres vor der Prüfung gemessene durchschnittliche Inflationsrate aufweisen muß, die um nicht mehr als 1,5 Prozentpunkte über der Inflationsrate jener, höchstens drei,

Um transitorische und idiosynkratische Störungen, die bei der Ermittlung der Inflation innerhalb Europas anhand des HVPI zu Verzerrungen führen können, identifizieren zu können, werden neben dem HVPI noch unterschiedlich abgegrenzte Indikatoren, sogenannte Kerninflationsraten, ermittelt. Bei dem Konzept der Kerninflationsrate werden volatile Komponenten aus dem Gesamtindex herausgenommen, um einen von kurzfristigen Schwankungen bereinigten Wert der Inflation zu erhalten.[230] Dennoch bietet sich der HVPI als Gesamtindex an, da für ihn für Europa harmonisierte Daten bis einschließlich 1996 vorliegen. Die folgende Abbildung 21 illustriert die Entwicklung der Inflationsraten der 12 Teilnehmerländer der Europäischen Währungsunion im Vergleich zum Gesamtindex für den Euroraum, dem HVPI. Dieser Gesamtindex wird dabei aus den nationalen Inflationsraten, gewichtet mit den länderspezifischen Anteilen am Gesamtindex, berechnet. Diese Anteile, mit denen die nationalen Inflationsraten bei der Berechnung des HVPIs gewichtet werden, sind der folgenden Tabelle 8 zu entnehmen.

Aus Abbildung 21 und der späteren Abbildung 25 ist zu erkennen, dass sich die inflationäre Entwicklung in den drei größten Volkswirtschaften Europas Deutschland, Frankreich und Italien auf einem mit im Durchschnitt ca. einem Prozent Differenz betragenden Niveau bewegten. Ausreißer stellten vor allem Irland mit bis zu 6 Prozent gegenüber dem Vorjahr in den Monaten Oktober und November 2000 und ab Beginn des Jahres 2001 Portugal und die Niederlande dar.

Mitgliedstaaten liegen darf, die auf dem Gebiet der Preisstabilität das beste Ergebnis erzielt haben. Vgl. Presse- und Informationsamt der Bundesregierung (1997), Artikel 109j, Absatz 1, Seite 194 und das dazugehörige Protokoll über die Konvergenzkriterien, Artikel 1, Seite 75.

229 Vgl. bspw. Vinals, José (2001).

230 Vgl. bspw. Deutsche Bundesbank (2000).

Abbildung 21: Nationale Inflationsraten in der Europäischen Währungsunion und der Harmonisierte Verbraucherpreisindex

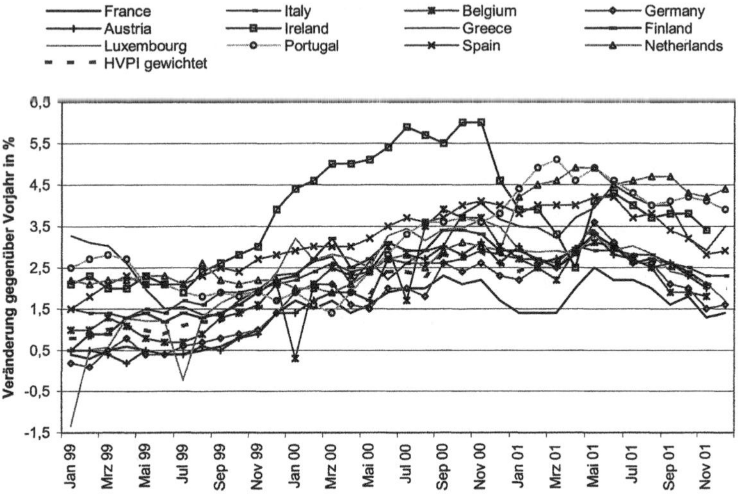

Quelle: Bloomberg und Europäische Zentralbank, Monatsberichte; eigene Darstellung.

Der Rest der Inflationsraten verlief in einem Korridor zwischen der minimalen und maximalen Inflationsrate der übrigen Länder von ca. 2 Prozentpunkte, wobei sich dieser seit Beginn 2001 auf 3 Prozentpunkte erweitert hat. Es bestehen somit nicht zu vernachlässigende Inflationsdifferenzen, die einigen Ländern das erneute Erfüllen des Maastrichter Konvergenzkriteriums des Erreichens von Preisstabilität erschweren würden. Die folgende Abbildung 22 illustriert die maximale Inflationsdifferenz zwischen den Ländern der Europäischen Währungsunion seit Beginn 1999. Dabei stellen die minimalen und maximalen Inflationswerte die jeweils niedrigsten oder höchsten in einem Land der EWU gemessenen Inflationsraten dar. Zu sehen ist, dass seit Januar 1999 diese Inflationsdifferenz im Schnitt über 2,5 Prozentpunkte betrug.

Abbildung 22: Inflationsdifferenz im Euro-Raum

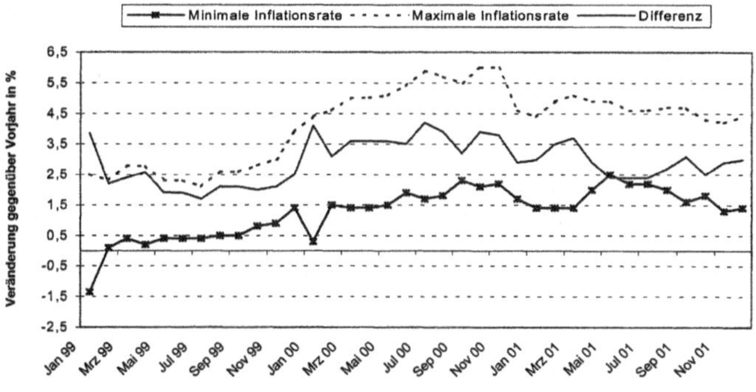

Quelle: Bloomberg; eigene Berechnung und Darstellung.

Die in Tabelle 8 aufgeführten Zahlen geben an, mit welchem Gewicht welches Land in die Berechnung des HVPI's für den gesamten Euro-Raum eingeht.

Tabelle 8: Nationale Gewichte im HVPI in Prozent am Gesamtindex

Country	2001	2000	1999	1998	1997	1996
France	205,46	209,07	210,53	218,72	219,35	219,55
Italy	187	183,08	188,15	181,71	181,19	180,45
Belgium	33,5	39,9	39,89	38,01	38,23	38,15
Germany	309,08	346,51	345,18	345,15	345,46	346,46
Austria	32,7	29,1	28,9	30,36	30,51	30,47
Ireland	11,72	9,8	9,61	9,03	9,08	9,02
Greece*	24,28	0	0	0	0	0
Finland	15,9	15,07	14,83	15,53	15,51	15,57
Luxembourg	2,46	1,99	1,98	2,17	2,17	2,17
Portugal	20,94	18,13	18,21	16,83	16,73	16,71
Spain	104,44	90,83	91,45	89,01	88,67	88,22
Netherlands	52,52	56,54	51,27	53,47	53,1	53,21
	1000	1000	1000	1000	1000	1000

* = seit seinem Beitritt zur Europäischen Währungsunion ab dem 01.01.2001
Die Ländergewichte werden jährlich neu berechnet und spiegeln den Anteil der Ausgaben für den privaten Inlandsverbrauch des jeweiligen Landes am Gesamtwert des Wirtschaftsgebietes der Währungsunion wider.

Quelle: Eurostat; eigene Darstellung.

Erwartungsgemäß werden dabei die großen Volkswirtschaften Europas, wie Deutschland, Frankreich, Italien und Spanien, mit zusammen um die 80 Prozent am HVPI am stärksten gewichtet. Aufgrund dessen, dass die Inflationswerte der kleineren Länder in der Berechnung des HVPI weniger gewichtet werden, ist ihr Einfluss auf dessen Höhe auch nur gering. So kann die Höhe des HVPI für das gesamte Euro-Währungsgebiet für die Jahre 1999, 2000 und 2001 von zwischen 74 und 81 Prozent durch die Inflationsraten der Volkswirtschaften Deutschlands, Frankreichs, Italiens und Spaniens erklärt werden, wie die folgende Tabelle 9 und Abbildung 23 verdeutlichen.

Tabelle 9 Anteile und durchschnittlicher Erklärungsgehalt der Inflationsraten der Länder Deutschlands, Frankreichs, Italiens und Spaniens am Harmonisierten Verbraucherpreisindex

Date	**Nationale Anteile am HVPI in %**				**Durchschnittlicher Erklärungsgehalt am HVPI in %**
	Frankreich	Italien	Deutschland	Spanien	
1999	21,53	18,8	34,5	9,14	74,70
2000	20,9	18,3	34,6	9,08	81,43
2001	20,5	18,7	30,9	10,4	74,84

Quelle: Eurostat, Europäische Zentralbank; eigene Berechnungen.

Bei geldpolitischen Entscheidungen dürften somit die Inflationsentwicklungen der in Europa vier größten Volkswirtschaften für die Europäische Zentralbank von besonderer Bedeutung sein. Allerdings hat der Erklärungsgehalt dieses Quartetts am HVPI seit Mitte 2000 abgenommen, sowie die Streuung der Inflationsraten in Europa zugenommen, was die kleineren Volkswirtschaften wieder mehr in den Blickpunkt des geldpolitischen Interesses rücken dürfte. Wie stark sich die unterschiedliche Gewichtung der einzelnen Länder bei der Ermittlung der Inflationsrate für Europa bemerkbar macht, illustriert folgende Abbildung 24. In Ihr wurde der HVPI, berechnet mit den Gewichten für die einzelnen Länder aus Tabelle 8, und ein HVPI, in dem alle Mitgliedsländer der Europäischen Währungsunion gleich gewichtet wurden, abgetragen. Deutlich ist die Differenz zu erkennen, die wegen der unterschiedlichen Gewichtung bei der Berechnung des HVPI auftritt. Aufgrund dessen, dass die vier größten Volkswirtschaften im Vergleich zu den übrigen Mitgliedsländern der EWU im Beobachtungszeitraum eine geringere Inflationsrate aufwiesen, fällt der HVPI bei gleicher Gewichtung aller Länder höher aus. Die unterschiedliche Gewichtung verringerte den HVPI seit Beginn 2000 im Durchschnitt um ca. 0,5 Prozentpunkte. Dies bedeutet, dass aufgrund der geringeren Gewichtung der Inflationsraten der restlichen acht Mitgliedstaaten im HVPI deren im Schnitt höheren Inflationsraten einen kleineren Einfluss auf die europaweite Preisniveausteigerungsrate aufwiesen.

Abbildung 23: Prozentualer Anteil der Harmonisierten Verbraucherpreisindizes der vier größten Volkswirtschaften der Europäischen Währungsunion (Deutschland, Frankreich, Italien, Spanien) am gesamten Harmonisierten Verbraucherpreisindex

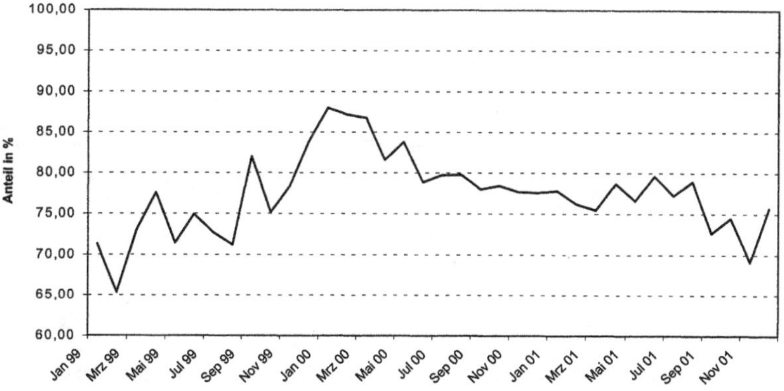

Quelle: Eurostat und Europäische Zentralbank; eigene Berechnung und Darstellung.

Als Ursachen für die in Europa auftretenden Inflationsdifferenzen nennt die Europäische Zentralbank unterschiedliche Gründe.[231] Zum einen bestehen Unterschiede in der Abgrenzung der nationalen Warenkörbe, so dass die bei der Konstruktion der nationalen HVPI-Komponenten verwendeten Gewichtungen variieren (sog. Kompositionseffekt). Dies kann zu rechnerischen Inflationsdifferenzen zwischen den einzelnen Ländern führen, selbst wenn die Preissteigerung für die einzelnen Waren und Dienstleistungen in den einzelnen Ländern gleich verlaufen würde. Zum anderen kann es aufgrund der nach wie vor national nicht koordinierten Wirtschaftspolitiken, wie bspw. Änderungen in der direkten Besteuerung oder von administrativen Preisen oder Liberalisierungsmaßnahmen, zu Inflationsunterschieden kommen.

Abbildung 24: Differenz zwischen tatsächlichem und gleichgewichtetem Harmonisierten Verbraucherpreisindex

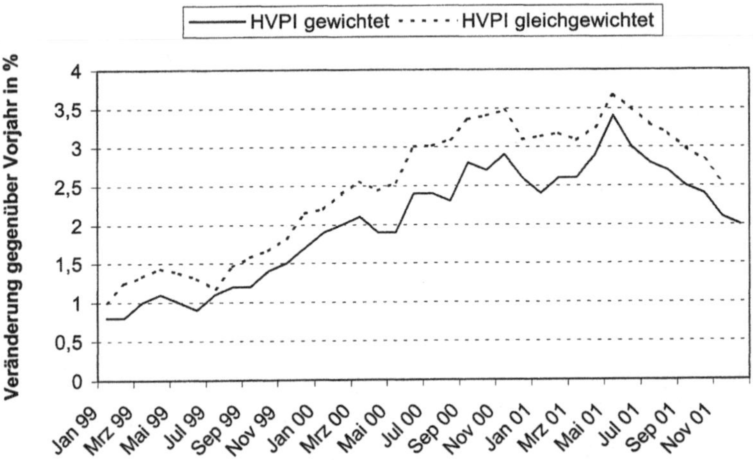

Quelle: Eurostat und Europäische Zentralbank; eigene Berechnung und Darstellung.

Zusätzlich dazu können auch länderspezifische Umstände, wie bspw. Witterungsbedingungen oder Unterschiede bei den Determinanten der gesamtwirt-

[231] Vgl. Europäische Zentralbank (1999g), Seite 42.

schaftlichen Nachfrage, insbesondere die konjunkturelle Lage, zu Differenzen der nationalen Inflationsraten führen. Von besonderer Bedeutung scheint allerdings der Umstand zu sein, dass die anfänglich in den Ländern der Europäischen Währungsunion differierenden Preise in der Phase preislicher Konvergenz zu Unterschieden bei den Inflationsraten führen. Dies ist darauf zurückzuführen, dass in Ländern mit im europäischen Durchschnitt bisher geringeren Preisen das Preisniveau steigen und in Ländern mit bisher höheren Preisen die Inflationsrate sinken wird. Zu einer derartigen Angleichung des Preisniveaus in Europa könnte es aus zwei Gründen kommen. Zum einen dürfte über die Vollendung des europäischen Binnenmarktes die intraeuropäische Preistransparenz zu einer teilweisen Angleichung der Preise für handelbare Güter führen. Zum anderen dürfte bei den Gütern und Dienstleistungen, die weniger leicht über nationale Grenzen hinweg handelbar sind, die Konvergenz der Produktivität und des Lebensstandards innerhalb der Währungsunion zu einer Angleichung der Preisniveaus führen.[232]

Diese Inflationsdifferenzen in Europa stellen die EZB vor das Problem, eine gemeinschaftlich einheitliche Geldpolitik auf national unterschiedliche Inflationsszenarien anwenden zu müssen. Dabei kommt der EZB allerdings bezüglich des Ziels des Erreichens von Preisniveaustabilität zu Gute, dass erstens die Länder, die in der Vergangenheit extrem hohe Preisniveausteigerungsraten aufwiesen, wie bspw. Irland, die Niederlande oder Portugal bei der Berechnung des HVPI relativ gering gewichtet werden. Zweitens, dass die Entwicklung der Inflationsraten in den vier größten und einflussreichsten Volkswirtschaften Europas, Deutschland, Frankreich, Italien und Spanien, zumindest vom Trend her einen sehr ähnlichen Verlauf aufweisen, wenngleich ihre Inflationsraten im Schnitt gut einen Prozentpunkt zwischen minimalem und maximalem Wert voneinander abweichen (siehe Abbildung 25).

[232] Dieser Effekt wird allgemein nach den Ökonomen B. Balassa und P.A. Samuelson als Balassa-Samuelson-Effekt bezeichnet. Zur Theorie dazu vgl. Balassa, B. (1964) und Samuelson, P. A. (1964).

Abbildung 25: Inflationsraten der vier größten Volkswirtschaften im Euro-Raum

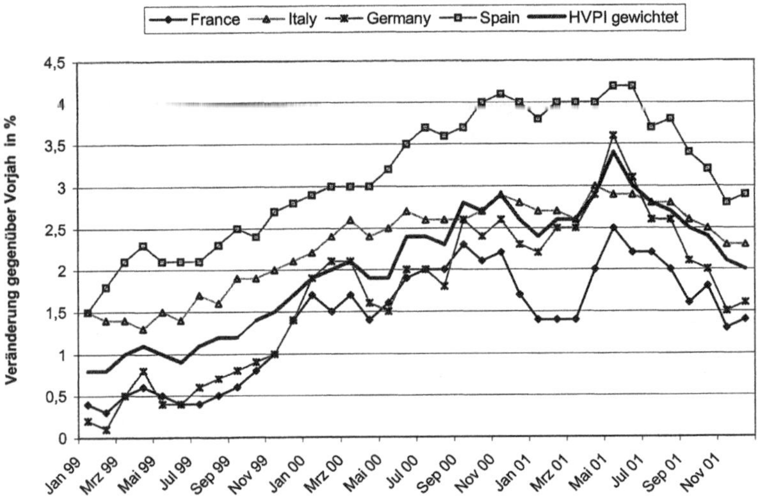

Quelle: Bloomberg; eigene Darstellung.

Inwieweit dieser Trend in der Entwicklung der Inflationsraten in den „Kernländern" der Europäischen Währungsunion eventuell auf gleichlaufende Konjunkturzyklen zurückgeführt werden kann, wie stark generell die Konvergenz der Konjunkturzyklen in Europa ausgeprägt ist, und welche Probleme für die Europäische Zentralbank daraus resultieren können, wird im folgenden untersucht.

Eine wichtige Voraussetzung für eine erfolgreiche Geldpolitik der Europäischen Zentralbank besteht in einem möglichst hohen Gleichlauf der konjunkturellen Entwicklungen zwischen den einzelnen Mitgliedstaaten der Europäischen Währungsunion. Für den Fall unterschiedlicher Konjunkturverläufe sähe sich die EZB vor das Problem gestellt, eine einheitliche Geldpolitik anwenden zu müssen, die trotz dieser konjunkturellen Differenz ein Erreichen ihres geldpolitischen Ziels ermöglicht. Dies bedeutet, dass sie zum einen diejenigen Länder, die den größten Einfluss auf das Endziel ihrer Geldpolitik haben, identifiziert und sie in besonderem Maße in ihren geldpolitischen Entscheidungen berücksichtigt. Zum anderen muss die EZB dazu bereit sein, die bei einem ökonomisch unterschiedlichen Umfeld aber einer für die Mitgliedstaaten einheitlichen Geldpolitik anfallenden gesamtwirtschaftlichen Kosten, bspw. in Form von Verringerungen des Outputs in Ländern, die sich in einer Rezession befinden, aber von einer kontraktiven Geldpolitik der EZB ebenfalls betroffen sind, zu akzeptieren. Anhand der Anteile des nationalen Bruttoinlandsprodukts (BIP) am gesamten BIP des Euro-Raums lassen sich die diejenigen Länder identifizieren, die aufgrund ihrer wirtschaftlichen Stärke eine besonders gewichtige Rolle in der Gemeinschaft einnehmen. Im Falle der Europäischen Währungsunion handelt es sich dabei um die Länder Deutschland, Frankreich, Italien und Spanien, wie aus Abbildung 26 zu entnehmen ist.

Diese wirtschaftliche Stärke und Bedeutung für die Gemeinschaft schlägt sich auch, wie oben gesehen, in der Gewichtung in unterschiedlichen Indizes, bspw. dem HVPI zur Messung der Inflation im Euro-Raum, nieder. Dies impliziert für die EZB, dass die konjunkturelle Entwicklung in diesen Ländern großen Einfluss auf ihre Geldpolitik und das Wirtschaftsgeschehen der Gemeinschaft hat. Somit würde konjunkturelle Konvergenz in diesen Ländern eine einheitliche Geldpolitik erleichtern. Ob es mit Beginn der Währungsunion zu zunehmender Konvergenz der konjunkturellen Entwicklung in deren Mitgliedsländern, insbesondere den vier „Kernländern" Deutschland, Frankreich, Italien und Spanien, gekommen ist, war und ist Untersuchungsgegenstand einer Vielzahl an Studien. Im Ergebnis kommt die Mehrzahl dieser Studien zu dem Ergebnis, dass in Europa konjunkturelle Konvergenz vorliegt, die mit Beginn der 90'er Jahre stetig zugenommen hat.

Abbildung 26: Prozentuale Anteile am Bruttoinlandsprodukt der EWU 2000

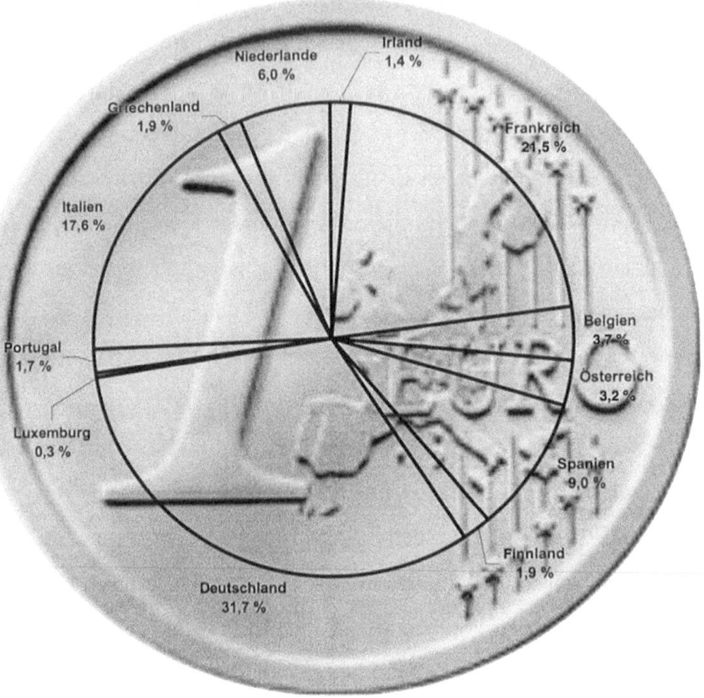

Quelle: Eurostat; eigene Darstellung.

Als Gründe hierfür werden verstärkter intraeuropäischer Handel, der Wegfall des Wechselkursrisikos und eine Synchronisation der Wirtschaftspolitiken im Hinblick auf die Erfüllung der Maastrichter Konvergenzkriterien genannt.[233] Abbildung 27 illustriert die Entwicklung der konjunkturellen Konvergenz in den 80'er und 90'er Jahren für die vier größten Volkswirtschaften der Europäischen Währungsunion.

---

[233] Vgl. bspw. Artis, Michael J./Zhang, Wenda (1999); Vijselaar, Focco W./Albers, Ronald M. (2001); Mihov, Ilian (2001); Ormerod, Paul/Mounfield, Craig (2001) oder Dueker, Michael/Wesche, Katrin (2001). Kritischer stehen dem Dickerson, A. P./Gibson, H./Tsakalotos, E. (1998) oder Clark, Todd E./van Wincoop, Eric (1999) gegenüber.

Abbildung 27: Business Cycle Convergence of Germany, France, Italy, and Spain

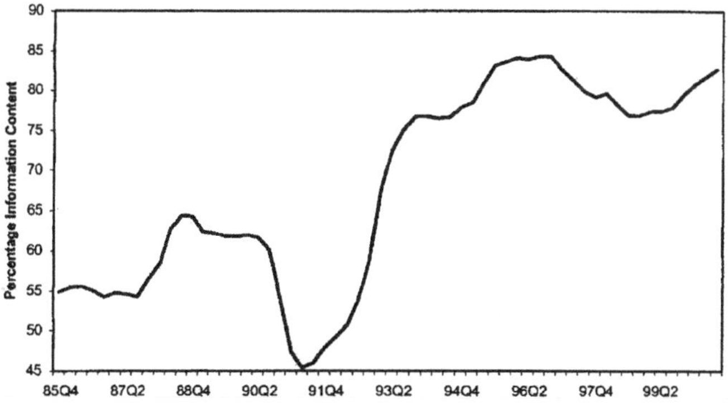

Quelle: Ormerod, Paul/Mounfield, Craig (2001).

Betrachtet man die absoluten Wachstumsraten des Bruttoinlandprodukts der Mitgliedstaaten, so sind immense Unterschiede in der Höhe der Wachstumsraten festzustellen. Daraus darf allerdings nicht darauf geschlossen werden, dass dies auf unterschiedliche Konjunkturzyklen in Europa zurückzuführen ist. Die Differenzen in den nationalen BIP-Wachstumsraten können auch Ausdruck eines unterschiedlichen Trendwachstums in den einzelnen Ländern sein. So sind absolute Abweichungen in den Wachstumsraten nicht unbedingt auf Unterschiede in den Konjunkturzyklen zurückzuführen. Von Bedeutung sind die absoluten Wachstumsraten des BIP allerdings dahingehend, um ein Bild davon zu gewinnen, in welchen Ländern es aufgrund der konjunkturellen, wirtschaftlichen Lage zu Preisniveaustabilität gefährdenden Entwicklungen kommen kann. So ist aus Abbildung 28 im Vergleich mit Abbildung 21 zu erkennen, wie die hohen BIP-Wachstumsraten bspw. in Irland im November und Dezember 1999 nach Berücksichtigung zeitlicher Verzögerungen im Herbst 2000 zu einem starken Anstieg der Inflationsrate bspw. in Irland führten. Da das wirtschaftliche Gewicht Irlands an der Europäischen Währungsunion allerdings nur ca. 1 Prozent und am

HVPI im Durchschnitt über die Jahre nur knapp 10 Prozent beträgt, resultierte daraus kein unmittelbarer Handlungsbedarf für die Europäische Zentralbank.

Abbildung 28: Nationale Bruttoinlandprodukts-Wachstumsraten der Mitgliedsländer der Europäischen Währungsunion

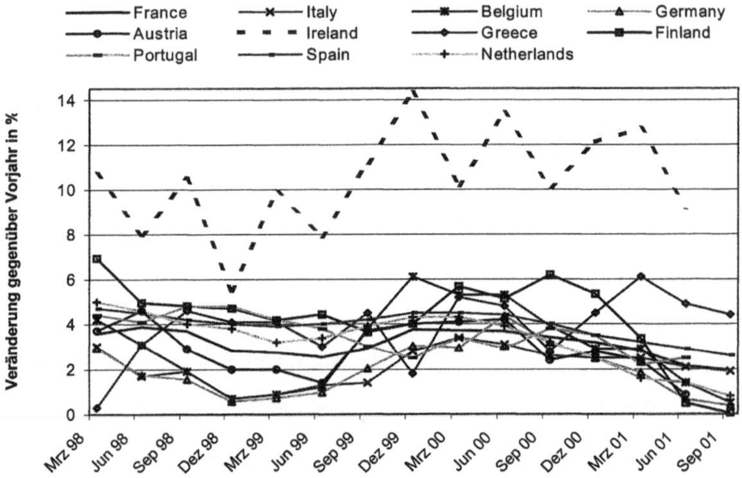

Quelle: Bloomberg; eigene Darstellung.

Aufgrund des hohen Gleichlaufs der konjunkturellen Entwicklung in den Ländern Deutschland, Frankreich, Italien und Spanien und der Tatsache, dass diese Länder zusammen ca. 70 Prozent des BIP des Euro-Währungsgebietes erzeugen, bietet es sich für die EZB an, ihre Geldpolitik in besonderem Maße auf diese Länder auszurichten. Dies löst allerdings noch nicht das Problem, inwieweit einheitliche geldpolitische Maßnahmen in den einzelnen Ländern aufgrund unterschiedlicher Transmissionsprozesse zu den gewünschten Ergebnissen führen. Dies wird in Kapitel IV. 2. 3 untersucht. Immerhin verringert diese Tatsache die Problematik zumindest in den „Kernländern" der Währungsunion, dass die einheitliche Geldpolitik nur mit hohen gesamtwirtschaftlichen Kosten durchzuführen ist. Für die übrigen Länder bleibt zu hoffen, dass sie sich aufgrund zunehmenden intraeuropäischen Handels durch die Währungsunion und verstärkter Harmonisierung der nationalen Politiken wirtschaftlich an die „Kernländer“ annähern, was für die Zukunft die einheitliche Geldpolitik erleichtern und im Sinne von gesamtwirtschaftlichen Kosten „verbilligen“ würde.

V. 2. 2 Die Problematik des richtigen Geldmengenaggregates

Die Wahl eines Geldmengenaggregates im Rahmen der geldpolitischen Strategie der Europäischen Zentralbank für den gesamten Raum der Europäischen Währungsunion stellte im Vorfeld der Währungsunion ein besonderes Problem dar. Dabei galt es zu berücksichtigen, welche Anforderungen an dieses monetäre Aggregat gestellt werden würden. Zur Auswahl standen die Alternativen weit oder eng gefasster Geldmengengrößen, die jeweils ihre Vor- und Nachteile aufweisen. Diese unterschiedlichen Abgrenzungen von Geldmengen unterscheiden sich dabei hinsichtlich des Geldgrades der darin einbezogenen Aktiva.

Breite Geldmengenaggregate, wobei breit bedeutet, dass neben sehr geldnahen Komponenten, wie Bargeld oder täglich fälligen Einlagen, auch illiquidere Größen, wie Einlagen mit einer vereinbarten Laufzeit von bis zu zwei Jahren oder Geldmarktfondsanteile, enthalten sind, bieten den Vorteil, dass sie aufgrund ihrer Umfassenheit bessere Ergebnisse bezüglich ihres Prognosegehalts hinsichtlich der Preisentwicklung liefern. Sie sind somit als Indikatoren in Bezug auf inflationäre Tendenzen monetärerseits besser geeignet als eng abgegrenzte Geldmengengrößen. Dies ist darauf zurückzuführen, dass sie aufgrund ihrer Breite durch Substitution zwischen unterschiedlichen Geldmengenabgrenzungen weniger stark beeinflusst werden. Ihr Nachteil besteht allerdings in einer geringeren Kontrollierbarkeit durch die Notenbank mittels ihres geldpolitischen Instrumentariums.

Nachdem die Rolle des Aggregates eindeutig definiert wurde, fiel auch die Ausgestaltung desselbigen leichter. Der Geldmenge M3 wurde im Rahmen der geldpolitischen Strategie eine eigene Säule zugewiesen, um ihre Bedeutung auf die Entwicklung der Inflationsrate auf mittlere bis lange Frist zu unterstreichen. Es wurde dabei allerdings ausdrücklich betont, dass es sich hierbei nicht um eine Zwischenzielvariable im klassischen Verständnis handele, sondern lediglich um einen hinsichtlich der Analyse der Inflationsgefahren im Euro-Währungsgebiet besonders wichtigen Indikator, der im Zusammenspiel mit den Indikatoren der zweiten Säule die für die entsprechenden geldpolitischen Entscheidungen relevanten Informationen bereitstellt.[234] Aufgrund dieser Eigenschaft als Indikator entschied man sich für ein weit gefasstes monetäres Aggregat, da weniger Wert auf seine Steuerbarkeit seitens der EZB, als vielmehr auf seinen Informationsgehalt hinsichtlich der mittelfristigen Preisentwicklung gelegt wurde.

Bei der Wahl des Geldmengenaggregates stand also dessen Informationsgehalt für die zukünftige Preisentwicklung im Euro-Währungsgebiet im Vordergrund. Da von einer langfristig stabilen Nachfrage nach breiten Geldmengenaggregaten in der EWU ausgegangen werden konnte,[235] bot eine solche Größe bezüglich ihrer Indikatoreigenschaften und Aussagekraft hinsichtlich des monetären Einflusses auf die Inflation entscheidende Vorteile. Wie aus vielfachen Untersuchungen ersichtlich ist, liefert das breite Geldmengenaggregat M3 guten Erklärungsgehalt bezüglich der zukünftigen Entwicklung der Inflationsrate im Euro-Währungsraum.[236] Besonders gemessen anhand der „realen Geldlücke", dies ist die Differenz zwischen der gegenwärtigen und der langfristig gleichgewichtigen Geldmenge, hat sie in Bezug auf die zukünftige Inflation hohen Erklärungsgehalt.[237] Folgende Abbildung 29 illustriert den Zusammenhang zwischen langfristiger Entwicklung der Geldmenge M3 und der Preisentwicklung im Euro-Raum.

---

[234] Vgl. Europäische Zentralbank (1999a), Seite 53 und Europäische Zentralbank (1999b), Seite 29 und 33.

[235] Zu dieser Aussage kommen Browne, F.X./Fagan, G./Henry, J. (1997), wobei sie einen Überblick über Studien liefern, die diese Aussage bestätigen. Des weiteren siehe Coenen, Günter/Vega, Juan-Luis (1999).

[236] Vgl. bspw. Trecroci, Carmine/Vega, Juan Luis (2000) oder Gerlach, Stefan/Svensson, Lars E.O. (2001).

[237] Vgl. Gerlach, Stefan/Svensson, Lars E.O. (2001).

Abbildung 29: Trendverlauf des M3-Wachstums und der Inflation

1) Gleitender 24-Monatsdurchschnitt der jährlichen Veränderungsrate der Verbraucherpreise (bis Januar 1996 VPI, danach HVPI. Gemessen in Veränderung gegenüber Vorjahr in %).
2) Gleitender 24-Monatsdurchschnitt der jährlichen Veränderungsrate von M3 (um ein Jahr vorgezogen. Gemessen in Veränderungen gegenüber Vorjahr in %).

Quelle: Europäische Zentralbank (2001b).

Die EZB wird aber weiterhin nicht umhin kommen, ihre monetäre Analyse nicht nur auf die Geldmenge M3 zu beschränken. Da die Reaktion unterschiedlicher monetärer Aggregate auf spezifische Schocks aufgrund der Zusammensetzung der in ihnen enthaltenen Aktiva differieren kann, ist die Analyse verschiedener Geldmengenaggregate Voraussetzung für ein besseres Verständnis der Entwicklung im Bankensektor, der Finanzmärkte und der Wirtschaft im allgemeinen. Durch die Beobachtung der monetären Entwicklung anhand unterschiedlicher Größen kann die Art der Schocks leichter identifiziert und die gesamtwirtschaftliche Entwicklung besser beurteilt werden. Derartige Schocks, die die Geldnachfrage beeinflussen, können bspw. durch institutionelle Änderungen im Bankensystem, Finanzinnovationen, Änderungen im Bereich der nationalen Steuersysteme oder der Mindestreservepflicht oder bei der Verwendung des Euro als Währung in anderen Ländern verursacht werden. Besonders im Bereich der Finanzinnovationen, der Aktivitäten von Banken und der Struktur nationaler Bankensysteme werden bedingt durch die Währungsunion einige Veränderungen erwartet. Zum Beispiel wird mit einem starken Anstieg der Emission von

Wertpapieren privater juristischer Personen gerechnet, da die Staatsverschuldung, bspw. über die Ausgabe von Staatsanleihen, durch die Maastrichter Kriterien beschränkt wurde. Des weiteren wird aufgrund des entstandenen großen Währungsraumes, was für neue Investoren und Emittenten von Interesse sein dürfte, mit einem starken Wachstum der Aktien- und Anleihemärkte gerechnet.[238]

Eine andere Ursache für mögliche Fehlanzeigen von M3 sind vorübergehende Portfolioumschichtungen, die für Anleger lediglich einen Aktivtausch darstellen und keine Erhöhung der Liquidität für Transaktionszwecke zur Folge haben. Sind die Finanzmärkte sehr volatil, so kann es durch Portfolioumschichtungen der Anleger von langfristigen in kurzfristige Anlagen zu einer Zunahme von M3 kommen. Dies wird das Geldmengenaggregat allerdings nur vorübergehend beeinflussen, da diese Umschichtungen bei sich beruhigender Finanzmarktlage zumindest teilweise rückgängig gemacht werden. Um einen solchen Schock als die Preisstabilität nicht gefährdend einstufen zu können, hilft ein Blick auf die Komponenten des monetären Aggregates. Ist die Erhöhung lediglich auf Portfolioumschichtungen zurückzuführen, so müsste im gleichen Zeitraum ein Anstieg der Aktiva und ein Rückgang der langfristigen Verbindlichkeiten der Finanzinstitute zu verzeichnen sein. Ein inflationsfördernder Anstieg von M3 würde hingegen von einer Zunahme von Bankaktiva, Bargeld und Sichteinlagen begleitet.

Eine erste Reaktion der Europäischen Zentralbank auf derartige Schocks bestand darin, dass sie sich im Mai 2001 dazu entschloss, das bisherige Geldmengenaggregat M3 um die von Ansässigen außerhalb des Euro-Währungsgebietes gehaltenen Geldmarktfondsanteile zu bereinigen, da sich deren Entwicklung auf die Jahreswachstumsrate von M3 seit dem Spätsommer 2000 stark verzerrend auswirkte. Grundlage dieser Entscheidung war, dass anhand des Geldmengenaggregates M3 die Geldhaltung der Ansässigen im Euro-

[238] Vgl. European Central Bank (1999).

Währungsgebiet gemessen werden soll, da lediglich diese Bestände Auswirkungen auf die Preisstabilität innerhalb des Eurogebietes haben.[239]

Des weitern besteht aufgrund des „regime-shift's" auf dem Weg zu einem einheitlichen Währungsraum die Möglichkeit, dass bisher bestehende Zusammenhänge, sei es bspw. die Stabilität der europaweiten Geldnachfrage oder die Beziehung zwischen Geldmenge und Preisniveau, außer Kraft gesetzt werden. Ob und inwieweit dies eintreten wird, wird sich allerdings erst in Zukunft zeigen.

Für die EZB stellt sich aus diesen Gründen die Aufgabe, für ihre monetäre Analyse mehrere unterschiedlich abgegrenzte Geldmengenaggregate und deren Gegenposten in der Bilanz, hier ist von besonderer Bedeutung die Entwicklung der Kreditvergabe an den privaten Sektor, zu beobachten, inwieweit sich daraus Gefahren für die Preisniveaustabilität im Euro-Währungsraum ableiten lassen. Zusätzlich dazu spielt die Stabilität der Geldnachfrage in Europa eine entscheidende Rolle. Diese Stabilität ist für die monetäre Analyse von Bedeutung, da nur dann, wenn ein fester Zusammenhang zwischen Geldmenge und ihren Determinanten besteht, eine Wachstumsrate für die Geldmenge definiert werden kann, die auf mittlere Sicht im Einklang mit dem Ziel der Preisniveaustabilität steht.

V. 2. 3 Unterschiedliche Transmissionskanäle in Europa

In Kapitel II wurden einleitend die wichtigsten Übertragungskanäle geldpolitischer Impulse auf die Inflationsrate und den realen Bereich eines Wirtschaftssystems, hier insbesondere auf die Produktion, im Rahmen der Diskussion des monetären Transmissionsmechanismus dargestellt. Die dortige Abhandlung erfolgte auf rein theoretisches Basis; d.h. ohne Berücksichtigung nationaler Besonderheiten bezüglich gesetzlicher Rahmenbedingungen, Aufbau und Struktur des Bankensystems, konjunkturellen Umfelds, außenwirtschaftlicher Verflechtungen, etc., wurde der theoretische Musterablauf der entsprechenden Wir-

[239] Vgl. Europäische Zentralbank (2001c), Seite 9-11.

kungskanäle beschrieben. Dies stellt lediglich die Grundlage für die Diskussion der Effektivität der geldpolitischen Strategie der EZB und möglicher Probleme bezüglich einer einheitlichen Geldpolitik innerhalb der Europäischen Währungsunion dar. Um ein umfassendes Bild zu erhalten, werden in diesem Kapitel die die Transmissionsprozesse in den 12 Mitgliedsländer der Europäischen Währungsunion beeinflussenden Größen herausgearbeitet und deren unterschiedliche Ausprägung in den Mitgliedsländern untersucht, um daraus Rückschlüsse für die Durchführung der für Europa einheitlichen Geldpolitik der Europäischen Zentralbank ziehen zu können. Die Wirkungsweise der einheitlichen Geldpolitik für Europa wird somit nicht nur durch das Vorhandensein mehrerer Transmissionskanäle, über die geldpolitische Maßnahmen ihre Wirkung entfalten, sondern zusätzlich noch durch nationale Gegebenheiten verschiedenster Art in den Mitgliedsländern beeinflusst. Diese nationalen Unterschiede sind dabei für die einzelnen Wirkungskanäle der Geldpolitik von unterschiedlicher Bedeutung. Dies stellt für die Europäische Zentralbank zum einen die Notwendigkeit der Analyse der Funktionsweise der einzelnen Transmissionskanäle und die ordinale Bewertung ihrer Relevanz innerhalb Europas in den Vordergrund. Zum anderen gilt es, die nationalen Besonderheiten, die die Funktionsweise der Geldpolitik im Rahmen der Transmission beeinflussen können, zu erkennen und entsprechend zu berücksichtigen.

In einer Vielzahl an Studien wurde sowohl für einzelne Länder als auch für Ländergruppen, sei es G-7 oder die Mitgliedsländer der Europäischen Währungsunion, der Einfluss der Geldpolitik auf die jeweilige(n) Volkswirtschaft(ten) untersucht. Ziel war es herauszufinden, in welcher Weise und mit welcher zeitlichen Verzögerung sich geldpolitische Impulse auf das untersuchte wirtschaftliche System eines Landes bzw. einer Ländergruppe auswirken. Die Ergebnisse bestätigen die Tatsache der unterschiedlichen monetären Transmission in den einzelnen Ländern.[240] Wenngleich die verschiedenen Untersuchun-

---

[240] Eine der grundlegenden Untersuchungen dazu stellt die Studie der Bank for International Settlements (1995) dar. Daneben sind besonders die Arbeiten von Gerlach, Stefan/Smets,

gen aufgrund der jeweils verwendeten Meßmethoden zu quantitativ unterschiedlichen Ergebnissen kommen, so stimmen sie dennoch bezüglich der Richtung des durch einen monetären Eingriff verursachten Schock, bspw. auf den realen Output, überein. Tabelle 10 liefert einen Überblick der Reaktionen des realen Bruttoinlandprodukts von zehn Ländern der Europäischen Währungsunion auf einen Anstieg des Leitzinssatzes der Europäischen Zentralbank um einen Prozentpunkt.

Tabelle 10: Effect on Real GDP* (Percent Deviation from Baseline) of a Unit Change in Interest Rate Under EMU

Country	6 quarters	8 quarters	12 quarters	Maximal effect over 20 periods (% deviation from baseline)	Time of maximal effect (quarters)
Austria	-1,0	-0,9	-0,2	-1,0	7
Belgium	-1,2	-1,4	-0,6	-1,4	8
Finland	-1,5	-1,7	-0,9	-1,7	7
France	-1,9	-2,2	-1,6	-2,2	8
Germany	-0,8	-0,6	-0,3	-0,8	6
Ireland	-0,4	-0,9	-0,3	-1,2	11
Italy	-1,1	-1,1	-1,1	-1,1	6
The Netherlands	-0,2	-0,3	-0,7	-1,1	20
Portugal	0,3	0,1	-0,3	-0,3	15
Spain	-0,8	-1,2	-1,0	-1,3	20
Euro Area**	**-1,1**	**-1,1**	**-0,8**	**-1,3**	**8,9**

* GDP = gross domestic product
**Weighted average based on 1999 GDP

Quelle: Clements, Benedict/Kontolemis, Zenon G./Levy, Joaquim (2001), Seite 17.

Frank (1995); Barran, Fernando/Coudert, Virginie/Mojon, Benoît (1996); Britton, Erik/Whitley, John (1997); Dornbusch, Rüdiger/Favero, Carlo A./Giavazzi, Francesco (1998) oder Clements, Benedict/Kontolemis, Zenon G./Levy, Joaquim (2001) zu nennen. Neuere Studien finden sich unter anderem bei Peersman, Gert/Smets, Frank (2001); Van Els, Peter/Locarno, Alberto/Morgan, Julian/Villetelle, Jean-Pierre (2001); McAdam, Peter/Morgan, Julian (2001) oder Angeloni, Ignazio/Kashyap, Anil/Mojon, Benoît/Terlizzese, Daniele (2002), wobei auch auf Vor- und Nachteile unterschiedlicher Methoden zur Messung der Transmissionsintensität eingegangen wird.

Der Tabelle 10 lassen sich zweierlei Informationen entnehmen. Zum einen liefert sie Aufschluss darüber, mit welcher zeitlichen Verzögerung, begrenzt auf einen Zeitraum von 20 Quartalen, die jeweilige Wachstumsrate des Bruttoinlandprodukts eines der zehn Länder auf eine Zinsanhebung um einen Prozentpunkt reagiert. Auffallend hierbei ist die Länge des gesamten time-lags der Geldpolitik in den Niederlanden, Portugal und Spanien von vier bzw. fünf Jahren, bis sie ihren maximalen Einfluß erreicht hat. Der gewichtete Durchschnitt der Länge des time-lags der Geldpolitik für das Euro-Währungsgebiet liegt hingegen bei knapp über zwei Jahren.

Zum anderen ist zu erkennen, dass die einzelnen Länder mit unterschiedlicher Intensität auf die Zinsänderung reagieren. So verursacht der Zinsanstieg einen Rückgang des Wachstums des Bruttoinlandprodukts bspw. in Frankreich von maximal 2,2 Prozent, wohingegen die monetäre Restriktion in Portugal mit einem Rückgang um 0,3 Prozent wesentlich gemäßigter ausfällt. Wichtig in diesem Zusammenhang ist primär, dass die einzelnen Länder mit voneinander abweichender Intensität von einer europaweit einheitlichen Geldpolitik betroffen sind. Diese als Reaktion auf den monetären Impuls auftretenden, individuell ausfallenden Abweichungen sowohl zeitlicher Art als auch quantitativer bezüglich des realen Outputs bestätigen die Annahme, dass in den Mitgliedsländern der Europäischen Währungsunion ungleiche Transmissionsprozesse vorliegen, die bei einer für Europa „one-size-fits-all"-Geldpolitik seitens der Europäischen Zentralbank unbedingt Berücksichtigung finden müssen. Um dies in ausreichendem Maße gewährleisten zu können, gilt es für die EZB, die Besonderheiten, die Einfluss auf die jeweilige nationale Transmission nehmen, zu erkennen und in ihrer Geldpolitik entsprechend zu berücksichtigen. Welches sind nun die Besonderheiten, die sowohl für die zeitlichen als auch mengenmäßigen Abweichungen geldpolitischer Impulse auf das Bruttoinlandsprodukt der Länder untereinander sorgen?

Je nach Übertragungsmechanismus bzw. Transmissionskanal sind unterschiedliche nationale Gegebenheiten von Bedeutung. Im Falle des Zinskanals sind dies insbesondere die Ausgestaltung von Krediten bezüglich ihrer Laufzeit und Verzinsung, d.h. fest oder variabel, mit welcher Geschwindigkeit Geschäftsbanken ihre Zinsen an eine Änderung der Leitzinsen anpassen und nationale Gewohnheiten der Kreditaufnahme bzw. Finanzierung seitens privater Haushalte und Unternehmen, insbesondere deren Verschuldungsgrad. Wie in Kapitel II. 2. 1 beschrieben, beeinflusst eine Änderung der Zinssätze und die damit verbundene Auswirkung auf die Kapitalkosten und die Darlehenskonditionen mögliche neue Grenzausgaben, sei es investiver oder konsumptiver Art. Ein Anstieg der Leitzinsen führt zu steigenden Zinsen auf der Geschäftsbankenebene gegenüber Kunden, wodurch zunehmend mehr Investitionen unrentabler und Konsumausgaben hinsichtlich des Opportunitätskostenkalküls kostspieliger werden. Die Auswirkungen der Geldpolitik auf Konsumausgaben vollzieht sich hierbei über Substitutions- und Einkommenseffekte.

Im Falle des Substitutionseffektes, der sich auf die Möglichkeiten des Konsumierens und des Sparens bezieht, ist die Folge einer Zinserhöhung eindeutig. Durch steigende Realzinsen steigt die Rendite von Ersparnissen, wodurch Konsum zu Gunsten von Geld- und Kapitalanlagen substituiert wird.

Beim Einkommenseffekt hingegen ist die Wirkung nicht so klar abzusehen. Im Falle eines Nettoschuldners, dessen Kredite mit variabler Verzinsung ausgestattet sind, wird sich das Einkommen aufgrund steigender Zinszahlungen verringern, wodurch sein Konsum abnehmen wird. Bei Nettogläubigern hingegen steigt der Wert ihres Vermögens durch steigende Zinsen, was zu erhöhten Konsumausgaben führen kann. Die Auswirkungen einer Leitzinsänderung über die Zinsen der Geschäftsbanken an deren Kunden vollzieht sich somit um so schneller, je variabler die Zinsgestaltung ist. Hinsichtlich des Anteils von Verbraucherdarlehen mit variabler Verzinsung bestehen allerdings erhebliche länderspezifische Unterschiede, die zu einem Großteil auf unterschiedliche Inflationsentwicklungen bzw. –akzeptanzen in den jeweiligen Ländern zurückzuführen sind. Tabelle 11 zeigt den Anteil an Krediten mit variabler Verzinsung am gesamten Kreditvolumen. Auffallend sind hier die hohen Anteile variabel verzinster Kredite in den beiden Ländern Italien und dem Vereinigten Königreich. Dies ist entweder mit der kurzen Laufzeit der Kredite, wie im Falle Italiens, oder mit der Indexierung der Kreditverzinsung an kurzfristige Zinsen, wie im Falle des Vereinigten Königreichs, zu erklären.[241] Somit werden dort diesem Kriterium der variablen Verzinsung folgend monetäre Impulse schneller an den Nichtbankensektor weitergegeben als in anderen Ländern.

Tabelle 11: Credit at adjustable interest rates; (percent of total credit)

Country	By sector			By instrument (bank loans)
	All sectors	households	firms	
Germany	39	36	40	45
Austria	74	n.a.	n.a.	76
The Netherlands	25	8	37	35
Belgium	44	18	67	51
France	44	13	56	n.a.
Spain	43/64*	n.a.	n.a.	47/70
Italy	73	59/69	77	79
Sweden	35	n.a.	n.a.	70
United Kingdom	73	90	48	85
United States	34	31	35	35

*: 43 percent indexed to short-term rates, 64 percent adjustable within a year.

Quelle: Bank for International Settlement (1995).

Des weiteren ist das Ausmaß und die Geschwindigkeit, mit der Geschäftsbanken auf eine Leitzinsänderung der Zentralbank reagieren, für die monetäre Transmission innerhalb des Zinskanals von Bedeutung. Dies hängt stark von der Bindung zwischen Banken auf der einen und Kunden auf der anderen Seite ab. Liegt ein deregulierter und kompetitiver Kapitalmarkt vor, so besteht für Banken nur ein geringes Interesse, monetäre Impulse als Folge von geldpolitischen

241 Vgl. Dornbusch, Rüdiger/Favero, Carlo A./Giavazzi, Francesco (1998), Seite 34.

Maßnahmen der Notenbank gegenüber den Kunden abzumildern. In Ländern hingegen, in denen Banken auf eine langfristige Kundenbindung bedacht sind, werden sie nach Möglichkeit versuchen, zumindest teilweise die Folgen einer Zinserhöhung für den Kunden zu absorbieren.[242] Empirische Evidenz dazu liefert die folgende Tabelle 12. Aus ihr ist zu entnehmen, dass in Deutschland, in dem eine ausgeprägte Beziehung zwischen Unternehmen und Banken vorherrscht (Prinzip der Hausbank), der geldpolitische Impuls weitaus schwächer und mit bedeutend größerer zeitlicher Verzögerung an den Kunden weitergegeben wird als bspw. im Vereinigten Königreich.[243]

Tabelle 12: Response of bank lending rates in basis points to a 100 basis points increase in policy rates

Country	1 month	1 quarter	2 quarters	1 year	2 years
Austria	83	74	79	85	87
Belgium	63	95	93	93	93
France	51	53	55	58	59
Germany	0	36	53	74	91
Italy	19	72	97	106	107
The Netherlands	71	95	102	103	103
Spain	0	100	104	105	105
United Kingdom	100	100	100	100	100
United States	70	77	83	85	86

Quelle: Bank for International Settlement (1995), International Monetary Fund (1996).

Auf der anderen Seite sind nationale Gewohnheiten der Kreditaufnahme bzw. Finanzierung seitens privater Haushalte und Unternehmen, insbesondere deren Verschuldungsgrad von Bedeutung. Innerhalb Europas liegen bezüglich

---

242 Theoretische Argumente dafür finden sich in: Allen, Franklin/Gale, Douglas (1997), Seite 540ff.

243 Für die Beziehung zwischen Unternehmen und Banken in Europa vgl. Ehrmann, Michael/Gambacorta, Leonardo/Martinez-Pagés, Jorge/Sevestre, Patrick/Worms, Andreas (2001), Seite 14 oder siehe Tabelle 5 im Anhang.

der Verschuldung privater Haushalte nicht unerhebliche Unterschiede vor, wie Tabelle 13 verdeutlicht. Im Vereinigten Königreich und in Schweden sind Konsumentenkredite weit verbreitet. In südeuropäischen Ländern hingegen ist dieses Segment weit weniger entwickelt, ebenso wie in Ländern mit hoher Staatsverschuldung, wie bspw. Belgien, den Niederlanden oder Italien, wo die Notwendigkeit der Finanzierung des Staatsdefizits ein Grund für die weniger ausgeprägte Entwicklung eines Marktes für private Kredite darstellt. In Ländern mit einem hohen Anteil privater Verschuldung werden einem restriktiven geldpolitischen Eingriff der Notenbank folgend somit negative Einkommenseffekte ausgelöst, wohingegen derselbe monetäre Effekt in Ländern, in denen die privaten Haushalte eine Gläubigerposition gegenüber dem Staat einnehmen, expansiv wirkt.

Tabelle 13: The balance sheet position of households (percent of annual disposal income, 1993)

Country	Households financial liabilities (% of disp. income)	Composition of households debt		Borrowing at adjustable interest rate (% of total)
		Bank loans	Long term credits	
Germany	77,9	100	72,4	36
The Netherlands	64,9	75,8	59	8
Belgium	41,5	n.a.	23,5	18
France	51	82,2	43,9	13
Spain	58	88,3	n.a.	n.a.
Italy	31,4	94,6	14,7	59/69
Sweden	100,3	90,2	57,3	n.a.
United Kingdom	102	97,5	77,6	90
United States	92	39,2	67,9	34

Quelle: Bank for International Settlement (1995).

Als weiterer Transmissionskanal wurde in Kapitel II. 2. 2 der Kreditkanal vorgestellt, der sich in den bank-lending channel (Kreditvergabe der Banken) und den balance-sheet channel (Liquidität der Kreditnehmer) einteilen lässt. Die Bedeutung des Kreditkanals hängt dabei in besonderem Maße von der Ausgestaltung der nationalen Finanzmärkte ab, da die Finanzierung über Banken in Form von Krediten oder über den Kapitalmarkt bspw. in Form von Anleihen oder Aktien substitutiven Charakter haben kann. Die Bedeutung des Bankensektors für die Finanzierung von Unternehmen spielt historisch gesehen in Kontinentaleuropa eine weit wichtigere Rolle als im angelsächsischen Raum, hier insbesondere den USA. Dies unterstreicht die Stellung des Kreditkanals als einen der wichtigsten Transmissionskanäle der Europäischen Währungsunion.[244] Verglichen mit dem Anteil an Bankaktiva am Bruttoinlandsprodukt der vier größten Länder der Europäischen Währungsunion und den USA wird die Rolle des Bankensektors in Europa deutlich (siehe folgende Tabelle 14).

Tabelle 14: Financial structures in the euro area and the US (% of GDP), 1999

	Euro Area	France	Germany	Italy	Spain	USA
Bank total assets	181	180	195	122	144	99
Bank loans to corporate sector	45,2	37,2	39,8	49,8	43,1	12,6
Debt securities issued by corporate sector	3,6	7,6	0,7	1,0	4,4	25,7
Stock market capitalisation	90	111	72	66	77	193

Quelle: Ehrmann, Michael/Gambacorta, Leonardo/Martinez-Pagés, Jorge/Sevestre, Patrick/Worms, Andreas (2001).

[244] Zu diesem Ergebnis kommen auch die Studien von Dornbusch, Rüdiger/Favero, Carlo/Giavazzi, Francesco (1998); Fountas, Stilianos/Papagapitos, Agapitos (1999) oder Favero, Carlo A./Giavazzi, Francesco (2001).

Tabelle 15 gibt ebenfalls die Bedeutung der Banken in 12 Ländern der Europäischen Währungsunion wieder. Sie enthält Indikatoren über den Zugang von Unternehmen zu ausserbanklichen Finanzierungsquellen, Maßzahlen zur Bestimmung der Konzentration, der Performance und des Einfluss des Staates auf den Bankensektor. Sie Unterstreicht die Abhängigkeit des Unternehmens- vom Bankensektor in Ermangelung eines Substituts zur Finanzierung über Kreditinstitute.

Diese Heterogenität der Bedeutung und des Aufbaus der Banken- und Finanzmärkte innerhalb Europas und deren Einfluss auf die monetäre Transmission in Europa sind *Cecchetti* zufolge, Bezug nehmend auf zwei Studien von *La Porta/Lopez-de-Silanes/Shleifer/Vishny* (1997 und 1998), auf die unterschiedlichen Rechtssysteme der einzelnen Länder zurückzuführen.[245] Um dies zu untersuchen, ordneten sie die Länder den Kategorien englisch-bürgerliches Recht, französisches Zivilrecht, skandinavisches Zivilrecht und deutsches Zivilrecht zu und analysierten sie hinsichtlich ihren Ausprägungen bezüglich der Rechte von Aktionären und Gläubigern und deren Durchsetzung. Dabei stellte sich heraus, dass Länder mit einem englisch-bürgerlichen Rechtsrahmen Investoren weitaus größere Rechtssicherheit bieten als Länder mit den übrigen drei Rechtsformen (siehe Tabelle 6 im Anhang). Dies bedingte dort das Entstehen eines größeren Kapitalmarktes und somit einer stärkeren nicht-bank orientierten Finanzierung der Unternehmen.

[245] Vgl. La Porta, Rafael/Lopez-de-Silanes, Florencio/Shleifer, Andrei/Vishny, Robert W. (1997) und (1998) und Cecchetti, Stephen G. (1999).

Tabelle 15: Banking structure of the euro area countries pre EMU, 1997

	AT	BE	FI	FR	DE	GR	IE	IT	LU	NL	PT	ES
Availability of non-bank finance												
Domestic debt securities issued by corporates												
As % of GDP	1,9	6,5	4,6	5,1	0,4	...	4,8	0,5	...	3,8	8,8	2,8
As % of bank loans to corporate sector	3	15,7	7,2	13,8	1	...	...	1,1	...	6,7	22,4	7,4
Stock market capitalisation (% of GDP)	18,5	58,2	63,5	49,5	39,9	29,6	59,1	30,6	186,2	132,1	40,9	56,2
Market concentration												
Market share of large banks (total assets ≥ 6 billions euros)	60,5	91	66	...	71,7	68,7	49,9	75	61,7	...	83,9	73
Market share of five largest banks	45,3	57	78,8	32,6	31,5	57,3	35,9	30,1	22,4	24,7	48,6	38
Bank Performance												
ROE: profit after tax/capital and reserves	7	7,9	-15,1	2,9	5,8	16,5	14,2	2,8	11,8	11,1	6,6	6,9
Provisions/gross income	18,3	13,9	-0,6	22,2	15,4	10,7	3,7	19,1	16,7	7,9	17,1	17,3
State influence												
% of assets of top 10 banks owned or controlled by the government, 1995	50,4	27,6	30,7	17,3	36,4	70	4,5	36	5,1	9,2	25,7	2

Quelle: Ehrmann, Michael/Gambacorta, Leonardo/Martinez-Pagés, Jorge/Sevestre, Patrick/Worms, Andreas (2001).

Im Rahmen des Kreditkanals sind für die monetäre Transmission geldpolitischer Impulse besonders nationale Ausprägungen bezüglich der Möglichkeit der alternativen Finanzierung über den Kapitalmarkt für Untenehmen, die Bedeutung kleiner Banken und die wirtschaftliche Lage der Banken von Bedeutung.[246] Wie die obigen Ausführungen dargestellt haben, sind Banken in Europa als hauptsächliche Finanzierungsquelle für Unternehmen zu nennen. Dies gewährleistet, dass geldpolitische Impulse der Notenbank über den Geschäftsbankensektor an die Nichtbanken und in letzter Konsequenz an das von ihr verfolgte Endziel weitergegeben werden. Somit hat der zugrunde liegende Transmissionsprozess den klassischen Ablauf über Notenbank, Bankensektor, Nichtbankensektor hin zum Endziel, wie er bereits in Abbildung 1 in Kapitel II. 2 dargestellt wurde. Daneben spielt die Größe der in einem Land vorhandenen Banken eine für die monetäre Transmission wichtige Rolle. Da kleine Banken in stärkerem Maße die Höhe ihres Aktivgeschäfts an die geldpolitische Rahmensetzung der Notenbank anpassen, sind sie besser geeignet, geldpolitische Impulse an den Nichtbankensektor weiterzugeben.[247] Einfluss auf den Kreditkanal hat ebenfalls die wirtschaftliche Lage der Kreditinstitute, da sich ausreichend kapitalisierte Banken im Falle einer kontraktiven Geldpolitik auf Formen der Finanzierung verlegen werden, die keinen oder geringeren Reservebestimmungen unterliegen. Diese drei Punkte und deren Bedeutung für die einzelnen Länder sind in der folgenden Tabelle 16 zusammengefasst.

Anhand dieser Ausführungen über die unterschiedlichen Transmissionskanäle in Europa und die einzelnen Faktoren, die sie beeinflussen, wird ersichtlich, dass es sich hier um einen sehr komplexen Sachverhalt handelt, den es von Seiten der EZB sorgfältig zu betrachten gilt. Die nationalen Asymmetrien sowohl in Höhe als auch in Art der Reaktion auf geldpolitische Impulse der EZB sind nicht von der Hand zu weisen. Die Heterogenität der nationalen Bankensysteme und Finanzmärkte wird weiterhin großen Einfluss auf die monetäre Transmission in

[246] Vgl. Kashyap, Anil K./Stein, Jeremy C. (1997).
[247] Vgl. Kashyap, Anil K./Stein, Jeremy C. (1994) oder Cecchetti, Stephen G. (1999).

Europa und somit die Durchführung der Geldpolitik der EZB haben. Zu erkennen ist auch, dass die Banken ihre Rolle als wichtigste Finanzintermediäre in Europa vorerst behalten werden, obwohl durch die Europäische Währungsunion ein Wachstumsschub für bspw. Anleihe- und Aktienmärkte erwartet wird.[248] Dies wird auf lange Sicht die Art der monetären Transmission in Europa weiter beeinflussen.

Tabelle 16: Summary of factors affecting the lending channel

Country	Availability of nonbank finance	Importance of small banks	Bank health
Belgium	A	A	B
Denmark	A	B	B
France	B	B	C
Germany	B	C	B
Greece	C	B	B
Ireland	B	B	B
Italy	C	B	C
Luxembourg	B	C	A
The Netherlands	B	A	A
Portugal	C	B	C
Spain	B	B	B
United Kingdom	A	A	A

Note: A indicates low effect of lending channel sensitivity to monetary policy; C indicates high sensitivity.

Quelle: Kashyap, Anil K/Stein, Jeremy C. (1997).

Geht man wie *Cecchetti* davon aus, dass die nationalen Unterschiede in den Finanzmärkten Ausdruck unterschiedlicher Rechtssysteme der einzelnen Länder sind, so ist mit einer Harmonisierung der Finanzmärkte und dadurch bedingt auch den monetären Transmissionsprozessen in Europa erst dann zu rechnen,

248 Vgl. European Central Bank (1999).

wenn auf politischer Ebene eine Angleichung der nationalen Rechtssysteme erfolgt.

VI. Fazit

Am Ende dieser ausführlichen, theoretischen Darstellung geldpolitischer Strategien im allgemeinen und der Zwei-Säulen-Strategie der Europäischen Zentralbank im speziellen und deren empirischer Analyse gilt es, die gewonnenen Ergebnisse zusammenzufassen. Welche Erkenntnisse wurden gewonnen und welche Schlüsse sind daraus zu ziehen?

Dem Aufbau der Arbeit folgend wird zuerst auf die theoretischen Ergebnisse eingegangen. Wie in der Einleitung angesprochen sollte untersucht werden, inwieweit die geldpolitische Strategie der Europäischen Zentralbank eine Mischform aus den beiden Strategietypen Zwischen- und Endzielstrategie darstellt. Basierend auf der Beschreibung dieser beiden Strategietypen in Kapitel II. 4 und der Illustration der Zwei-Säulen-Strategie der EZB in Kapitel III. 1 ist zu erkennen, dass es sich bei der geldpolitischen Strategie der EZB *nicht* um eine Mischung aus einer Zwischen- und Endzielstrategie in dem Sinne handelt, dass die erste Säule einer Zwischenziel- und die zweite Säule einer Endzielstrategie entspricht. Dies ist darauf zurückzuführen, dass die beiden Säulen nicht getrennt voneinander betrachtet, und geldpolitische Entscheidungen nur basierend aus einer umfassenden Analyse der innerhalb beider Säulen gesammelten Informationen getroffen werden. Die Analyse der monetären Variablen im Rahmen der ersten Säule stellen keine Zwischenzielgröße im klassischen Sinne dar, da aus den Abweichung des Wachstums des Geldmengenaggregats M3 gegenüber dem Referenzwert alleine kein geldpolitischer Handlungsbedarf abgeleitet werden kann. Somit scheint die geldpolitische Strategie der Europäischen Zentralbank dem Ansatz einer Endzielstrategie zu entsprechen, bei dem man, in der Hoffnung Glaubwürdigkeit auf diese neue Institution übertragen zu können, die monetäre Seite in Anlehnung an das erfolgreiche Konzept der Geldmengensteuerung der Deutschen Bundesbank[249] besonders betont hat. Dieses Herauslösen der monetären Variablen aus dem Gesamtkonzept der Informationsgewinnung im Rahmen der Zwei-Säulen-Strategie führt zu den in Kapitel III. 2 erläuterten Problemen der Diskretionarität geldpolitischer Entscheidungen, da es der Öffentlichkeit anhand des von der EZB kommunizierten geldpolitischen Strategiekonzepts nicht möglich ist, die zu erwartenden geldpolitischen Entscheidungen vorwegzunehmen, falls die beiden Säulen gegensätzliche Informationen liefern oder mehrere geldpolitische Entscheidungsszenarien vorliegen. Gerade eine derartige vorzeitige Antizipation geldpolitischer Entscheidungen seitens der Öffentlichkeit würde aber stark zu einer Verstetigung bspw. konjunktureller Entwicklungen innerhalb der Währungsunion und sogar der Geldpolitik selbst führen und somit auf Seiten der EZB das Einhalten ihres geldpolitischen Ziels, des Erreichens und Gewährleistens von Preisstabilität im Euro-Raum, erleichtern.

Somit wird die Zwei-Säulen-Strategie der EZB den in Kapitel II. 3. 2 genannten Anforderungen an eine geldpolitischen Strategie, der Effektivität in Bezug auf den Zielerreichungsgrad, der Transparenz hinsichtlich der geldpolitischen Entscheidungsfindung, der Verantwortlichkeit der Zentralbank bei Zielverfehlungen und der Kontinuität des gewählten Konzepts nur teilweise gerecht. Dabei trifft der Punkt der Verantwortlichkeit der EZB bei Zielverfehlungen zu. Hingegen kann ihr der Mangel an Kontinuität aufgrund der Tatsache, dass es sich bei der EZB um eine neue Institution mit der Aufgabe der Durchführung einer einheitlichen Geldpolitik innerhalb der Währungsunion vor national unterschiedlichen Gegebenheiten handelt, nicht unbedingt als Minuspunkt angerechnet werden. Allerdings bestehen Schwächen hinsichtlich der Effektivität und insbesondere der Transparenz ihrer geldpolitischen Entscheidungen. Wie gezeigt wurde, ist die geldpolitische Entscheidungsfindung aufgrund der gewählten Darstellung anhand zweier Säulen schwer gegenüber der Öffentlichkeit zu kommu-

[249] Zumindest kommunizierte die Deutsche Bundesbank ihre geldpolitische Strategie gegenüber der Öffentlichkeit als Geldmengensteuerung. Hieran wurde allerdings des öfteren Zweifel geäußert. Vgl. bspw. Svensson, Lars E:O. (1999a) und Bernanke, Ben S./Mihov, Illian (1996).

nizieren, was als das Hauptmanko der Zwei-Säulen-Strategie gesehen werden muss. Mit dem Umfang ihrer zweifellos zahlreichen Kommunikationsinstrumente alleine kann dieser Mangel nicht behoben werden. Was bleibt also zu tun?

Besonders vor dem Hintergrund der zusätzlich zu den „normalen" Problemen innerhalb des monetären Transmissionsprozesses[250] auftretenden Sonderprobleme für eine einheitliche Geldpolitik innerhalb der Europäischen Währungsunion[251] ist es unumgänglich, die analysierten Schwierigkeiten der problematischen Darstellung der Zwei-Säulen-Strategie und die daraus resultierende unklare geldpolitische Entscheidungsfindung zu beseitigen. Dies ließe sich auf zwei Wegen versuchen zu erreichen.

Der erste Weg geht, falls der Zwei-Säulen-Ansatz der geldpolitischen Strategie beibehalten werden soll, über eine Umgestaltung der ersten Säule dahingehend, dass sie für die Geldpolitik wichtige Informationen enthält, transparent ist und einer geringeren Revisionsanfälligkeit unterliegt. Dies lässt sich dadurch erreichen, dass an dem nun gewählten Geldmengenaggregat für die Zukunft festgehalten wird, und nicht in geldpolitischen Zwangslagen Definitionsfehler zur Begründung von Abweichungen des Wachstums von M3 gegenüber seinem Referenzwert herangezogen werden. Zweitens wäre es sinnvoller, den Referenzwert in Form eines Korridors von bspw. ± 1 Prozent auszugestalten als weiterhin an dem Punktziel festzuhalten. Dadurch signalisieren Abweichungen vom Referenzwert, jedoch innerhalb des Korridors, nicht die sofortige Notwendigkeit geldpolitischer Maßnahmen, wodurch die in der Vergangenheit diesbezüglich aufgetretenen Missverständnisse beseitigt werden. Bezüglich der zweiten Säule gilt es, das darin enthaltene Bündel an Variablen klarer zu strukturieren und die von der Europäischen Zentralbank erstellten Inflationsprognosen mehr in die geldpolitische Entscheidungsfindung zu integrieren. Vor allem darf die Inflationsprognose nicht als ein weiterer Indikator zur Messung der Gefahren für das

---

[250] Gemeint sind das Unsicherheits-, das Theorieproblem und die Gefahr der politischen Einflussnahme auf die geldpolitische Entscheidungsfindung, siehe Kapitel II. 2.

[251] Dies sind das Problem der Inflations- und Konjunkturdifferenzen in Europa, die Problematik des richtigen Geldmengeaggregats und die unterschiedlichen monetären Transmissionskanäle in Europa, siehe Kapitel V. 2.

Ziel der Preisstabilität gesehen werden, sondern muss vielmehr das Ergebnis der in Säule Zwei aggregierten Informationen sein. Dies verlangt jedoch eine häufigere als halbjährliche Frequenz der Veröffentlichung. Allerdings sollte das bei der bisherigen Flut an Kommunikationsinstrumenten der EZB kein größeres Problem darstellen, vor allem da dadurch einige dieser Instrumente substituiert werden könnten.

Der seitens des Autors präferierte Lösungsansatz zur Beseitigung der genannten Probleme des geldpolitischen Konzepts der Zwei-Säulen-Strategie der Europäischen Zentralbank zielt allerdings ab auf einen Umbau der Strategie hin zu einem „einsäuligen" Konzept. Dies endet in der Aufstellung eines Inflationsmodells, welches alle für die Geldpolitik der EZB relevanten Informationen zu einer Inflationsprognose zusammenfasst und über eine entsprechende Art der Veröffentlichung Externen zugänglich ist. Um den entscheidenden Vorteil einer Zwischenzielstrategie, das Anzeigen eventuellen geldpolitischen Handlungsbedarfs anhand der Entwicklung der Zwischenzielgröße nach relativ kurzer Zeit im monetären Transmissionsprozess, beizubehalten, wird diese Rolle von der Inflationsprognose eingenommen. Dadurch wird zum einen die Effektivität der Geldpolitik hinsichtlich des Erreichens des Endziels Preisniveaustabilität stark erhöht. Zum anderen wird das Verständnis für die geldpolitischen Entscheidungen der EZB gefördert, und somit das Hauptproblem der Strategie der EZB, die Möglichkeit sich widersprechender Informationslagen innerhalb der beiden Säulen und der damit verbundenen geldpolitischen Entscheidungsproblematik, beseitigt. Tabelle 17 liefert einen Vergleich, inwieweit die bisherige geldpolitische Strategie der EZB und der seitens des Autors präferierte Strategieansatz die unterschiedlichen Kriterien einer geldpolitischen Strategie erfüllen.

Tabelle 17: Vergleich des Staus Quo mit dem Alternativkonzept

Kriterien einer geldpolitischen Strategie	Zwei-Säulen-Strategie der EZB	Umfassendes Inflationsmodell
Effektivität	+*	+
Transparenz	-	+
Verantwortlichkeit	+	+
Kontinuität	-	+**
*= Bisher ist es aufgrund des kurzen Beobachtungszeitraums schwer, Mängel in der Effektivität zu bestimmen. Sie können allerdings zukünftig aufgrund von Defiziten in der Transparenz der geldpolitischen Strategie auftreten. **= Hier kann von Kontinuität des geldpolitischen Konzepts gesprochen werden, da es sich hierbei um die Form der geldpolitischen Strategie des Inflation Targetings handelt, die seit Beginn der 90`er Jahre von diversen Notenbanken verwendet wird.		

Quelle: Eigene Interpretation und Darstellung.

Dieses Alternativkonzept eines umfassenden Inflationsmodells entspricht dabei dem Ansatz des Inflation Targetings, wobei im Unterschied zu den bisherigen Inflationsmodellen der diese geldpolitische Strategie anwendenden Zentralbanken der monetäre Sektor stärkere Berücksichtigung findet. Wie aus Tabelle 17 zu entnehmen ist, ist ein derartiger Ansatz bezüglich der Erfüllung der an eine geldpolitische Strategie gestellten Kriterien im Vergleich zur Zwei-Säulen-Strategie der EZB überlegen. Insbesondere hinsichtlich der Schwächen des Mangels an Transparenz und Kontinuität beim strategischen Konzept der EZB bietet dieser Alternativansatz weitaus bessere Eigenschaften. Vor allem in Bezug auf das Hauptproblem der geldpolitischen Strategie der EZB, den unklaren Prozess der geldpolitischen Entscheidungsfindung vor dem Hintergrund der Informationen der beiden Säulen, bietet dieser Ansatz einen entscheidenden Vorteil. Durch die Veröffentlichung *eines* Inflationsmodells seitens der EZB wird der diskretionäre Spielraum ihrer Geldpolitik zumindest in dem Sinne verringert, als dass er auf dieses Modell beschränkt wird, wohingegen er bei dem bisherigen Ansatz, dem bis dato (März 2002) keine klar erkennbare Struktur zugrunde liegt, erheblich größer ist. Durch die Konzentration geldpolitischer Entscheidungen auf ein umfassendes Inflationsmodell wird ein gewisses Maß an Regelgebundenheit der Geldpolitik im Sinne einer in Kapitel II. 3. 1. 2 vorgestellten „closed-loop policy“ erreicht, was die gesamtwirtschaftlichen Kosten der Geldpolitik verringert.

Allerdings muss zugestanden werden, dass ein derartiger Umbau der geldpolitischen Strategie der EZB, insbesondere vor dem Hintergrund ihrer Bedeutung auf den internationalen Finanzmärkten, nicht unproblematisch ist. Besonders hinsichtlich des Erlangens von Glaubwürdigkeit könnte es zumindest kurzfristig abträglich sein. Da die Geldpolitik aber stark von den Erwartungen der Märkte und der Zeit lebt, sollte dieses Problem eines kurzzeitigen Erklärungsnotstandes bezüglich der Gründe des Strategiewechsels einer langfristigen und effizienteren Umgestaltung der Zwei-Säulen-Strategie der Europäischen Zentralbank nicht im Wege stehen.

Anhang

Tabelle 1: Operational Aspects of Inflation Targeting

Country	Date of Adoption	Index Targeted	Target Level	Target Horizon	Who sets Target?	Publishes Inflation Report?
Australia	01. 01. 1993	CPI (excluding fruit and vegetables, petrol, interest costs, public sector prices and other volatile prices)	2%-3%	One business cycle	Government Central Bank	Yes
Brazil	01. 06. 1999	Headline CPI	1999: 8% (± 2%) 2000: 6% (± 2%) 2001: 4% (±2%)	1 year	Government Central Bank	Yes
Canada	26. 02. 1991	CPI (excluding food, energy and the effect of indirect taxes)	1995-2001: 1%-3%	Since 1992: multi-year	Government Central Bank	No
Chile	01. 01. 1999	Headline CPI	1991: 15-20% 1992: 13-16% 1993: 10-12% 1994: 9-11% 1995: ± 8% 1996: ± 6.5% 1997: ± 5.5% 1998: ± 4.5% 1999: ± 4.3% 2000: ±3.5% since 2001: 2-4%	1991-2000: 1 year 2001 onwards: indefinite	Central Bank Government	Yes
Colombia	01. 09. 1999	Headline CPI	1999: 15% 2000: 10% 2001: 8% 2002: 6%	1 year	Government Central Bank	Yes
Czech Republic	01. 01. 1998	CPI (excluding regulated prices and indirect taxes)	1998: 5.5-6.5% 1999: 4-5% 2000: 3.5-5.5% 2001: 2-4%	1 year	Central bank	Yes

Finland	02. 02. 1993	CPI (excluding governmental subsidies, indirect taxes, housing prices, mortgage interest payments)	About 2%	Since 1996: indefinite	Central Bank	No
Israel	01. 01. 1992	Headline CPI	1992: 14-15% 1993: 10% 1994: 8% 1995: 8%-11% 1996: 8-11% 1997: 7-10% 1998: 7-10% 1999: 4% 2000: 3-4% 2001: 3-4%	1 year	Government Central Bank	Yes
Korea Republic	01. 01. 1998	Headline CPI	1998: 9% (± 1%) 1999: 3% (± 1%) 2000: 2.5% (± 1%) since 2001: 2.5%	1998-2000: 1 year 2001 onwards: indefi-nite	Government Central Bank	Yes
Mexico	01. 01. 1999	Headline CPI	1999: 13% 2000: <10% 2001: 6.5% 2002: 4.5%	1 year	Central Bank	Yes
New Zealand	02. 03. 1990	CPI (excluding changes in indirect taxes or governmental changes, significant changes in import or export prices, interest costs, natural disasters)	1990: 3-5% 1991: 2.5-4.5% 1992: 1.5-3.5% 1993-1996: 0-2% since 1997: 0%-3%	1990-1992: 1 year 1993-1996: multi-year since 1997: indefinite	Government Central Bank	Ys

Peru	01. 01. 1994	Headline CPI	1994: 15-20% 1995: 9-11% 1996: 9.5-11.5% 1997: 8-10% 1998: 7.5-9% 1999: 5-6% 2000: 3.5-4% 2001: 2.5-3.5% 2002: 1.5-2.5%	1 year	Central Bank Government	No
Poland	01. 10. 1998	Headline CPI	1998: < 9.5% 1999: 6.6-7.8% 2000: 5.4-6.8%	1998-2000: 1 year since 2000: multi-year	Central Bank	Yes
South Africa	01. 02. 2000	CPI (excluding interest costs)	2003: 3-6%	multi-year	Central Bank	Yes
Spain	01. 01. 1995	CPI (excluding first round effects of indirect tax changes)	Below 3%	1 year	Central Bank	No
Sweden	15. 01. 1993	Headline CPI	2% (± 1%)	1993-1995: multi-year since 1996: indefinite	Central Bank	Yes
Switzerland	01. 01. 2000	Headline CPI	< 2%	3 years	Central Bank	Yes
Thailand	01. 04. 2000	CPI (excluding raw food and energy prices)	2000: 0-3.5%	indefinite	Government Central Bank	Yes
United Kingdom	08. 10. 1992	RPI (excluding mortgage interest)	2,5% or less	Until 1995: multi-year Since 1996: indefinite	Government	Yes

Quelle: Bernanke, Ben S./Mishkin, Frederic S. (1997); Siklos, Pierre L. (1999) und Mishkin, Frederic S./Schmidt-Hebbel, Klaus (2001).

Tabelle 2. Leitzinsänderungen des EZB-Rats seit dem 1. Januar 1999 bis 30. August 2001

Geldpolitische Entscheidungen	**Einlage-fazilität**	**Hauptrefinan-zierungs-instrument**	**Spitzenre-finanzierungs-fazilität**
1. Januar 1999: Der EZB-Rat legt folgende Zinsen für die Fazilitäten und das Hauptrefinanzierungsgeschäft fest. Für die Zeit vom 4. bis zum 21. Januar werden die Zinsen für die Fazilitäten neu festgelegt.	**2%** **2,75%**	**3%**	**4,5%** **3,25%**
7. Januar 1999: Der EZB-Rat beschließt, die Zinsätze für die weiteren HRG*-Operationen und die ständigen Fazilitäten beizubehalten.	2,75%	3%	3,25%
21. Januar 1999: Der EZB-Rat beschließt, für die ständigen Fazilitäten wieder auf das Niveau zurückzukehren, das sie für den Beginn der Dritten Stufe festgelegt hatte.	**2%**	**3%**	**4,5%**
4. Februar 1999: Der EZB-Rat beschließt, die Zinsätze für die weiteren HRG-Operationen und die ständigen Fazilitäten beizubehalten.	2%	3%	4,5%
18. Februar 1999: Der EZB-Rat beschließt, die Zinsätze für die weiteren HRG*-Operationen und die ständigen Fazilitäten beizubehalten.	2%	3%	4,5%
4. März 1999: Der EZB-Rat beschließt, die Zinsätze für die weiteren HRG-Operationen und die ständigen Fazilitäten beizubehalten.	2%	3%	4,5%
18. März 1999: Der EZB-Rat beschließt, die Zinsätze für die weiteren HRG-Operationen und die ständigen Fazilitäten beizubehalten.	2%	3%	4,5%
8. April 1999: Der EZB-Rat beschließt, die Zinsen für das HRG und die ständigen Fazilitäten zu senken.	**1,5%**	**2,5%**	**3,5%**
22. April 1999: Der EZB-Rat beschließt, die Zinsätze für die weiteren HRG-Operationen und die ständigen Fazilitäten beizubehalten.	1,5%	2,5%	3,5%
6. Mai 1999: Der EZB-Rat beschließt, die Zinsätze für die weiteren HRG-Operationen und die ständigen Fazilitäten beizubehalten.	1,5%	2,5%	3,5%

20. Mai 1999: Der EZB-Rat beschließt, die Zinsätze für die weiteren HRG-Operationen und die ständigen Fazilitäten beizubehalten.	1,5%	2,5%	3,5%
2. Juni 1999: Der EZB-Rat beschließt, die Zinsätze für die weiteren HRG-Operationen und die ständigen Fazilitäten beizubehalten.	1,5%	2,5%	3,5%
17. Juni 1999: Der EZB-Rat beschließt, die Zinsätze für die weiteren HRG-Operationen und die ständigen Fazilitäten beizubehalten.	1,5%	2,5%	3,5%
1. Juli 1999: Der EZB-Rat beschließt, die Zinsätze für die weiteren HRG-Operationen und die ständigen Fazilitäten beizubehalten.	1,5%	2,5%	3,5%
15. Juli 1999: Der EZB-Rat beschließt, die Zinsätze für die weiteren HRG-Operationen und die ständigen Fazilitäten beizubehalten.	1,5%	2,5%	3,5%
29. Juli 1999: Der EZB-Rat beschließt, die Zinsätze für die weiteren HRG-Operationen und die ständigen Fazilitäten beizubehalten.	1,5%	2,5%	3,5%
26. August 1999: Der EZB-Rat beschließt, die Zinsätze für die weiteren HRG-Operationen und die ständigen Fazilitäten beizubehalten.	1,5%	2,5%	3,5%
9. September 1999: Der EZB-Rat beschließt, die Zinsätze für die weiteren HRG-Operationen und die ständigen Fazilitäten beizubehalten.	1,5%	2,5%	3,5%
23. September 1999: Der EZB-Rat beschließt, die Zinsätze für die weiteren HRG-Operationen und die ständigen Fazilitäten beizubehalten.	1,5%	2,5%	3,5%
7. Oktober 1999: Der EZB-Rat beschließt, die Zinsätze für die weiteren HRG-Operationen und die ständigen Fazilitäten beizubehalten.	1,5%	2,5%	3,5%
21. Oktober 1999: Der EZB-Rat beschließt, die Zinsätze für die weiteren HRG-Operationen und die ständigen Fazilitäten beizubehalten.	1,5%	2,5%	3,5%
4. November 1999: Der EZB-Rat beschließt, die Zinsen für das HRG und die ständigen Fazilitäten zu erhöhen.	**2%**	**3%**	**4%**
18. November 1999: Der EZB-Rat beschließt, die Zinsätze für die weiteren HRG-Operationen und die ständigen Fazilitäten beizubehalten.	2%	3%	4%

2. Dezember 1999: Der EZB-Rat beschließt, die Zinsätze für die weiteren HRG-Operationen und die ständigen Fazilitäten beizubehalten.	2%	3%	4%
15. Dezember 1999: Der EZB-Rat beschließt, die Zinsätze für die weiteren HRG-Operationen und die ständigen Fazilitäten beizubehalten.	2%	3%	4%
5. Januar 2000: Der EZB-Rat beschließt, die Zinsätze für die weiteren HRG-Operationen und die ständigen Fazilitäten beizubehalten.	2%	3%	4%
20. Januar 2000: Der EZB-Rat beschließt, die Zinsätze für die weiteren HRG-Operationen und die ständigen Fazilitäten beizubehalten.	2%	3%	4%
3. Februar 2000: Der EZB-Rat beschließt, die Zinsen für das HRG und die ständigen Fazilitäten zu erhöhen.	**2,25%**	**3,25%**	**4,25%**
17. Februar 2000: Der EZB-Rat beschließt, die Zinsätze für die weiteren HRG-Operationen und die ständigen Fazilitäten beizubehalten.	2,25%	3,25%	4,25%
2. März 2000: Der EZB-Rat beschließt, die Zinsätze für die weiteren HRG-Operationen und die ständigen Fazilitäten beizubehalten.	2,25%	3,25%	4,25%
16. März 2000: Der EZB-Rat beschließt, die Zinsen für das HRG und die ständigen Fazilitäten zu erhöhen.	**2,5%**	**3,5%**	**4,5%**
30. März 2000: Der EZB-Rat beschließt, die Zinsätze für die weiteren HRG-Operationen und die ständigen Fazilitäten beizubehalten.	2,5%	3,5%	4,5%
13. April 2000: Der EZB-Rat beschließt, die Zinsätze für die weiteren HRG-Operationen und die ständigen Fazilitäten beizubehalten.	2,5%	3,5%	4,5%
27. April 2000: Der EZB-Rat beschließt, die Zinsen für das HRG und die ständigen Fazilitäten zu erhöhen.	**2,75%**	**3,75%**	**4,75%**
11. Mai 2000: Der EZB-Rat beschließt, die Zinsätze für die weiteren HRG-Operationen und die ständigen Fazilitäten beizubehalten.	2,75%	3,75%	4,75%
25. Mai 2000: Der EZB-Rat beschließt, die Zinsätze für die weiteren HRG-Operationen und die ständigen Fazilitäten beizubehalten.	2,75%	3,75%	4,75%
8. Juni 2000: Der EZB-Rat beschließt, die Zinsen für das HRG und die ständigen Fazilitäten zu erhöhen.	**3,25%**	**4,25%**	**5,25%**

21. Juni 2000: Der EZB-Rat beschließt, die Zinsätze für die weiteren HRG-Operationen und die ständigen Fazilitäten beizubehalten.	3,25%	4,25%	5,25%
6. Juli 2000: Der EZB-Rat beschließt, die Zinsätze für die weiteren HRG-Operationen und die ständigen Fazilitäten beizubehalten	3,25%	4,25%	5,25%
20. Juli 2000: Der EZB-Rat beschließt, die Zinsätze für die weiteren HRG-Operationen und die ständigen Fazilitäten beizubehalten.	3,25%	4,25%	5,25%
3. August 2000: Der EZB-Rat beschließt, die Zinsätze für die weiteren HRG-Operationen und die ständigen Fazilitäten beizubehalten.	3,25%	4,25%	5,25%
31. August 2000: Der EZB-Rat beschließt, die Zinsen für das HRG und die ständigen Fazilitäten zu erhöhen.	**3,5%**	**4,5%**	**5,5%**
14. September 2000: Der EZB-Rat beschließt, die Zinsätze für die weiteren HRG-Operationen und die ständigen Fazilitäten beizubehalten.	3,5%	4,5%	5,5%
5. Oktober 2000: Der EZB-Rat beschließt, die Zinsen für das HRG und die ständigen Fazilitäten zu erhöhen.	**3,75%**	**4,75%**	**5,75%**
19. Oktober 2000: Der EZB-Rat beschließt, die Zinsätze für die weiteren HRG-Operationen und die ständigen Fazilitäten beizubehalten.	3,75%	4,75%	5,75%
2. November 2000: Der EZB-Rat beschließt, die Zinsätze für die weiteren HRG-Operationen und die ständigen Fazilitäten beizubehalten.	3,75%	4,75%	5,75%
16. November 2000: Der EZB-Rat beschließt, die Zinsätze für die weiteren HRG-Operationen und die ständigen Fazilitäten beizubehalten.	3,75%	4,75%	5,75%
30. November 2000: Der EZB-Rat beschließt, die Zinsätze für die weiteren HRG-Operationen und die ständigen Fazilitäten beizubehalten.	3,75%	4,75%	5,75%
14. Dezember 2000: Der EZB-Rat beschließt, die Zinsätze für die weiteren HRG-Operationen und die ständigen Fazilitäten beizubehalten.	3,75%	4,75%	5,75%
4. Januar 2001: Der EZB-Rat beschließt, die Zinsätze für die weiteren HRG-Operationen und die ständigen Fazilitäten beizubehalten.	3,75%	4,75%	5,75%

18. Januar 2001: Der EZB-Rat beschließt, die Zinsätze für die weiteren HRG-Operationen und die ständigen Fazilitäten beizubehalten.	3,75%	4,75%	5,75%
1. Februar 2001: Der EZB-Rat beschließt, die Zinsätze für die weiteren HRG-Operationen und die ständigen Fazilitäten beizubehalten.	3,75%	4,75%	5,75%
15. Februar 2001: Der EZB-Rat beschließt, die Zinsätze für die weiteren HRG-Operationen und die ständigen Fazilitäten beizubehalten.	3,75%	4,75%	5,75%
1. März 2001: Der EZB-Rat beschließt, die Zinsätze für die weiteren HRG-Operationen und die ständigen Fazilitäten beizubehalten.	3,75%	4,75%	5,75%
15. März 2001: Der EZB-Rat beschließt, die Zinsätze für die weiteren HRG-Operationen und die ständigen Fazilitäten beizubehalten.	3,75%	4,75%	5,75%
29. März 2001: Der EZB-Rat beschließt, die Zinsätze für die weiteren HRG-Operationen und die ständigen Fazilitäten beizubehalten.	3,75%	4,75%	5,75%
11. April 2001: Der EZB-Rat beschließt, die Zinsätze für die weiteren HRG-Operationen und die ständigen Fazilitäten beizubehalten.	3,75%	4,75%	5,75%
26. April 2001: Der EZB-Rat beschließt, die Zinsätze für die weiteren HRG-Operationen und die ständigen Fazilitäten beizubehalten.	3,75%	4,75%	5,75%
10. Mai 2001: Der EZB-Rat beschließt, die Zinsen für das HRG und die ständigen Fazilitäten zu senken.	**3,5%**	**4,5%**	**5,5%**
23. Mai 2001: Der EZB-Rat beschließt, die Zinsätze für die weiteren HRG-Operationen und die ständigen Fazilitäten beizubehalten.	3,5%	4,5%	5,5%
7. Juni 2001: Der EZB-Rat beschließt, die Zinsätze für die weiteren HRG-Operationen und die ständigen Fazilitäten beizubehalten.	3,5%	4,5%	5,5%
21. Juni 2001: Der EZB-Rat beschließt, die Zinsätze für die weiteren HRG-Operationen und die ständigen Fazilitäten beizubehalten.	3,5%	4,5%	5,5%
5. Juli 2001: Der EZB-Rat beschließt, die Zinsätze für die weiteren HRG-Operationen und die ständigen Fazilitäten beizubehalten.	3,5%	4,5%	5,5%

19. Juli 2001: Der EZB-Rat beschließt, die Zinsätze für die weiteren HRG-Operationen und die ständigen Fazilitäten beizubehalten.	3,5%	4,5%	5,5%
2. August 2001: Der EZB-Rat beschließt, die Zinsätze für die weiteren HRG-Operationen und die ständigen Fazilitäten beizubehalten.	3,5%	4,5%	5,5%
30. August 2001: Der EZB-Rat beschließt, die Zinsen für das HRG und die ständigen Fazilitäten zu senken.	**3,25%**	**4,25%**	**5,25%**
* HRG = Hauptrefinanzierungsgeschäft Leitzinsänderungen sind fett hervorgehoben.			

Quelle: Europäische Zentralbank, Monatsberichte; eigene Darstellung.

Tabelle 3: Korrelation zwischen dem ECB-Analyser und dem Hauptrefinanzierungssatz

<table>
<tr><th>INDIKATOR, REFISATZ(+i)</th><th>i</th><th>Lead</th></tr>
<tr><td colspan="3">Sample: 1999:01 to 2001:12
Included observations: 36
Cross Correlation</td></tr>
<tr><td>.**| . |</td><td>0</td><td>-0.2039</td></tr>
<tr><td>. *| . |</td><td>1</td><td>-0.0592</td></tr>
<tr><td>. |* . |</td><td>2</td><td>0.0784</td></tr>
<tr><td>. |**. |</td><td>3</td><td>0.1986</td></tr>
<tr><td>. |*** |</td><td>4</td><td>0.3040</td></tr>
<tr><td>. |**** |</td><td>5</td><td>0.4000</td></tr>
<tr><td>. |***** |</td><td>6</td><td>0.4787</td></tr>
<tr><td>. |***** |</td><td>7</td><td>0.5384</td></tr>
<tr><td>. |****** |</td><td>8</td><td>0.5754</td></tr>
<tr><td>. |****** |</td><td>9</td><td>0.5910</td></tr>
<tr><td>. |****** |</td><td>10</td><td>0.5743</td></tr>
<tr><td>. |****** |</td><td>11</td><td>0.5504</td></tr>
<tr><td>. |***** |</td><td>12</td><td>0.5143</td></tr>
<tr><td>. |***** |</td><td>13</td><td>0.4658</td></tr>
<tr><td>. |**** |</td><td>14</td><td>0.4061</td></tr>
<tr><td>. |*** |</td><td>15</td><td>0.3403</td></tr>
<tr><td>. |*** |</td><td>16</td><td>0.2589</td></tr>
<tr><td>. |* . |</td><td>17</td><td>0.1550</td></tr>
<tr><td>. |* . |</td><td>18</td><td>0.0672</td></tr>
<tr><td>. | . |</td><td>19</td><td>-0.0103</td></tr>
<tr><td>.*| . |</td><td>20</td><td>-0.0640</td></tr>
<tr><td>.*| . |</td><td>21</td><td>-0.1016</td></tr>
<tr><td>.*| . |</td><td>22</td><td>-0.1246</td></tr>
<tr><td>.*| . |</td><td>23</td><td>-0.1339</td></tr>
<tr><td>.*| . |</td><td>24</td><td>-0.1424</td></tr>
<tr><td>.*| . |</td><td>25</td><td>-0.1424</td></tr>
<tr><td>.*| . |</td><td>26</td><td>-0.1415</td></tr>
<tr><td>.*| . |</td><td>27</td><td>-0.1267</td></tr>
<tr><td>.*| . |</td><td>28</td><td>-0.0977</td></tr>
<tr><td>.*| . |</td><td>29</td><td>-0.0741</td></tr>
<tr><td>.*| . |</td><td>30</td><td>-0.0446</td></tr>
<tr><td>. | . |</td><td>31</td><td>-0.0068</td></tr>
<tr><td>. | . |</td><td>32</td><td>0.0097</td></tr>
<tr><td>. | . |</td><td>33</td><td>0.0175</td></tr>
<tr><td>. | . |</td><td>34</td><td>0.0297</td></tr>
</table>

Quelle: Eigene Berechnungen.

Tabelle 4: ECB-Analyser

Monat	1. Säule	2. Säule	ECB-Analyser (9 months lead)	Hauptrefinanzierungssatz
Okt. 99	69,50	37,75	53,63	2,50
Nov. 99	66,66	39,38	53,02	3,00
Dez. 99	66,14	44,81	55,47	3,00
Jan. 00	64,76	44,63	54,69	3,00
Feb. 00	66,88	44,31	55,59	3,25
Mrz. 00	70,16	47,63	58,89	3,50
Apr. 00	69,30	50,84	60,07	3,75
Mai. 00	71,66	53,56	62,61	3,75
Jun. 00	69,27	55,63	62,45	4,25
Jul. 00	70,54	55,44	62,99	4,25
Aug. 00	71,04	58,56	64,80	4,25
Sep. 00	67,00	62,38	64,69	4,50
Okt. 00	63,25	68,94	66,10	4,75
Nov. 00	67,54	70,50	69,02	4,75
Dez. 00	73,26	67,06	70,16	4,75
Jan. 01	75,61	66,88	71,24	4,75
Feb. 01	71,27	65,38	68,32	4,75
Mrz. 01	62,77	64,25	63,51	4,75
Apr. 01	60,53	59,38	59,95	4,75
Mai. 01	62,47	58,50	60,48	4,50
Jun. 01	64,90	59,81	62,36	4,50
Jul. 01	62,92	56,38	59,65	4,50
Aug. 01	60,09	57,25	58,67	4,25
Sep. 01	60,40	56,00	58,20	3,75
Okt. 01	58,68	58,38	58,53	3,75
Nov. 01	56,73	50,69	53,71	3,25
Dez. 01	56,12	52,56	54,34	3,25
Jan. 02	56,46	54,25	55,36	3,25
Feb. 02	55,25	54,31	54,78	3,25
Mrz. 02	56,38	51,69	54,03	3,25
Apr. 02	57,98	48,38	53,18	Forecast
Mai. 02	57,20	45,13	51,16	
Jun. 02	58,04	43,75	50,89	
Jul. 02	61,07	41,00	51,03	
Aug. 02	63,50	37,19	50,35	
Sep. 02	62,26	43,06	52,66	

Quelle: Europäische Zentralbank; eigene Berechnungen.

Tabelle 5: The structure of national financial systems

	Austria	Belgium	Finland	France	Germany	UK	Ireland	Italy	Luxemburg	Netherlands	Portugal	Spain
Importance of banks for firms' financing	Very important	Important	Important	Important	Very important	Very important	Important	Very important	Important	Important	Important	Very important
Fraction of short-term loans	Average	Average	Low	Low	Low	High	Low	High	n.a.	Low	Low	High
Fraction of loans at variable interest rates	Low	High	High	Average	Low	High	High	High	n.a.	Low	High	High
Relationship lending	Very important (house banks)	Not very important	Important but declining	Not important except for small firms	Very important (house banks)	Not impor-tant	Very Impor-tant for commercial lending	Very impor-tant	n.a.	Important	Not important	Not important
Market con-centration	Medium	High	High	Medium	Low	High	High	Low	Low	High	High	Medium
State influ-ence	Strong (public guarantees Averagefor most savings banks)	Medium	Strong (blanket public guarantee in the aftermath of the banking crisis)	Medium	Strong (public guarantees in the savings banks' sector)	Strong	Weak	Strong but declining	Weak	Weak	Medium	Weak (no public guaran-tees of saving banks)
Deposit insurance	Average		High	High	Practically com-plete	Average	Average	High	Modest	Average	Average	Modest

Quelle : Ehrmann, Michael/Gambacorta, Leonardo/Martinez-Pagés, Jorge/Sevestre, Patrick/Worms, Andreas (2001).

Tabelle 6: Shareholder rights, creditor rights, and enforcement, by country

Country	Shareholder rights	Creditor rights	Enforcement	Legal Family
Austria	2	3	10	German
Belgium	0	2	10	French
Finland	2	1	10	Scandinavian
France	2	0	8,98	French
Germany	1	3	9,23	German
Ireland	3	1	7,8	English
Italy	0	2	8,33	French
Netherlands	2	2	10	French
Portugal	2	1	8,68	French
Spain	2	2	7,8	French
Greece	1	1	6,18	French
UK	4	4	8,57	English
USA	5	1	10	English
Shareholder rights: High index = high rights Creditor rights: Low index = high rights Enforcement: High score = aggressive enforcement.				

Quelle: La Porta, Rafael/Lopez-de-Silanes, Florencio/Shleifer, Andrei/Vishny, Robert W. (1997).

Literaturverzeichnis

Alchian, A.A./Klein, B. (1973): „On a Correct Measure of Inflation", Journal of Money, Credit, and Banking, Vol. 5, Seite 173-191.

Allen, Franklin/Gale, Douglas (1997): „Financial Markets, Intermediaries, and Intertemporal Smoothing", Journal of Political Economy, Vol. 105, Nr. 3, Seite 523-546.

Almeida, Alvaro/Goodhart, Charles A.E. (1996): „Does the Adoption of Inflation Targets affect Central Bank Behaviour?", Working Paper, London School of Economics.

Angeloni, Ignazio/Kashyap, Anil/Mojon, Benoît/Terlizzese, Daniele (2002): „Monetary Transmission in the Euro Area: Where do We stand?", European Central Bank, Working Paper Nr. 114, January 2002.

Argy, Victor (1990): „Monetary Targeting: The International Experience" The Economic Record, Vol. 66, Nr. 192, Seite 37-62.

Arnold, Ivo J.M. (1994): „The Myth of a Stable European Money Demand", Open Economic Review, Vol. 5, Nr. 3, Seite 249-259.

Artis, Michael J./Zhang, Wenda (1999) : „Further Evidence on the International Business Cycle and the ERM: Is there a European Business Cycle?", Oxford Economic Paper, Vol. 51, Seite 120-132.

Artis, Michael J./Zhang, Wenda (1997) : „International Business Cycle and the ERM: Is there a European Business Cycle?", International Journal of Finance and Economics, Nr. 2, Seite 1-16.

Balassa, B. (1964): „The purchasing power parity doctrine: a reappraisal", Journal of Political Economy, Vol. 72, Seite 584-596.

Bank for International Settlements (1995): „Financial Structure and the Monetary Policy Transmission Mechanism", Basel.

Bank of Canada (1991): „Targets for Reducing Inflation", Bank of Canada Review, March 1991, Seite 3-15.

Bank of England (1999): „The Transmission Mechanism of Monetary Policy", Paper for the Monetary Policy Committee of the Bank of England, April 1999.

Barnett, William A./Offenbacher, Edward K./Spindt, Paul A. (1984): „The New Divisia Monetary Aggregates", Journal of Political Economy, Vol. 92, Nr. 6, Seite 1049-1085.

Barran, Fernando/Coudert, Virginie/Mojon, Benoît (1996): „The Transmission of Monetary policy in European Countries", Centre D'Études Prospectives et D'Informations Internationales, Document de travail, Nr. 3, February 1996.

Barro, Robert J. (1996): „Inflation and Growth", Federal Reserve Bank of St. Louis, Review May/June 1996, Vol. 78, Nr. 3.

Barro, Robert J. (1985): „Recent Developments in the Theory of Rules versus Discretion", Conference Papers of the Royal Economic Society, Vol. 96, Seite 23-37.

Barro, Robert J./Gordon, David B. (1983): „A Positive Theory of Monetary Policy in a Natural Rate Model", Journal of Political Economy, Vol. 91, Nr. 4, Seite 589-610.

Bayoumi, Tamim/Eichengreen, Barry (1997): „Ever closer to Heaven? An Optimum-Currency-Area Index for European Countries", European Economic Review, Vol. 41, Seite 761-770.

Bekx, P./Tullio, G. (1989): „A Note on the European Monetary System and the Determination of the DM-Dollar Exchange Rate", Cahiers Economique de Bruxelles, 123.

Bernanke, Ben S./Mishkin, Frederic S. (1997): „Inflation Targeting: A New Framework for Monetary Policy?", National Bureau of Economic Research, Working Paper 5893, January 1997.

Bernanke, Ben S./Gertler, Markus/Gilchrist, Simon (1996): „The financial accelerator and the flight to quality", Review of Economics and Statistics, Vol. 78, Seite 1-15.

Bernanke, Ben S./Mihov, Illian (1996): „What does the Bundesbank target?", National Bureau of Economic Research, Working Paper Nr. 5764, September 1996.

Bernanke, Ben S./Gertler, Mark (1995): „Inside the Black Box: The Credit Channel of Monetary Policy", National Bureau of Economic Research, Working Paper 5146, June 1995.

Bernanke, Ben S./Mishkin, Frederic S. (1992): „Central Bank Behavior and the Strategy of Monetary Policy: Observations from Six Industrialized Countries", National Bureau of Economic Research, Working Paper 4082, May 1992.

Bloomberg Professional 2002.

Bofinger, Peter/Reischle, Julian/Schächter, Andrea (1996): „Geldpolitik: Ziele, Institutionen, Strategien und Instrumente", Verlag Vahlen.

Bofinger, Peter (1994): „Is Europe an Optimum Currency Area?", Centre for Economic Policy Research, Discussion Paper Nr. 915, February 1994.

Börsen-Zeitung (2002): „EZB am Ende des Zinssenkungszyklus", Deutsche Bundesbank, Auszüge aus Presseartikeln, Nr. 13, 13. März 2002, Seite 2-3.

Britton, Erik/Whitley, John (1997): „Comparing the Monetary Transmission Mechanism in France, Germany, and the United Kingdom: Some Issues and Results", Bank of England Quarterly Bulletin, Vol. 37, Seite 152-162.

Browne, F.X./Fagan, G./Henry, J. (1997): „Money Demand in EU Countries: A Survey", European Monetary Institute, Staff Paper Nr. 7, March 1997.

Brunner, Karl (1981): „Geldtheorie und Geldpolitik IV. Aus der Sicht des Monetarismus“, in: Albers, Willi u. a. (Hrsg.): „Handwörterbuch der Wirtschaftswissenschaften“, (HdWW), Band 3, Stuttgart, New York, Tübingen, 1981, Seite 391-412.

Brunner, Karl/Meltzer, Allan H. (1969): „The Nature of the Policy Problem“, in Brunner, Karl (Hrsg.): „Targets and Indicators of Monetary Policy”, Chandler Publishing Company, San Francisco, 1969, Seite 1-26.

Brunner, Karl/Meltzer, Allan H. (1967): „The Meaning of Monetary Indicators“, in: Horwich, George (Hrsg.): „Monetary Process and Policy; A Symposium“, Homewood, 1967, Seite 187-217.

Bruno, Michael/Easterly, William (1996): „Inflation and Growth: In Search of a Stable Relationship”, Federal Reserve Bank of St. Louis, Review May/June 1996, Vol. 78, Nr. 3.

Buiter, Willem H. (1999): „Alice in Euroland”, Journal of Common Market Studies, Nr. 37 (2), Seite 181-209.

Cagan, Phillip (1982): „The Choice among Monetary Aggregates as Targets and Guides for Monetary Policy”, Journal of Money, Credit, and Banking, Vol. XIV, Nr. 4, Part 2, Nov. 1982, Seite 661-686.

Calvo, Guillermo A./Reinhart, Carmen M./Végh, Carlos A. (1994): „Targeting the real exchange rate: theory and evidence”, International Monetary Fund, Working Paper Nr. 22.

Campbell, John Y. (1995): „Some Lessons from the Yield Curve", National Bureau of Economic Research, Working Paper Nr. 5031, February 1995.

Cecchetti, Stephen G./Chu, Rita S./Steindel, Charles (2000): „The Unreliability of Inflation Indicators", Federal Reserve Bank of New York, Current Issues in Economics and Finance, Vol. 6, Nr. 4, Seite 1-6.

Cecchetti, Stephen G. (1999): „Legal Structure, Financial Structure, and the Monetary Policy Transmission Mechanism", Federal Reserve Bank of New York, Economic Policy Review, July 1999, Seite 9-28.

Cecchetti, Stephen G. (1995): „Distinguishing Theories of the Monetary Transmission Mechanism", Federal Reserve Bank of St. Louis Review 77, Seite 83-97.

Chadha, Jagjit S./Schellekens, Philip (1999): „Monetary Policy Loss Functions: Two Cheers for the Quadratic“, Bank of England, Working Paper Nr. 101, London, November 1999.

Clark, Todd E./van Wincoop, Eric (1999): „Borders and Business Cycles", Federal Reserve Bank of Kansas City, Research Working Paper 99-07, September 1999.

Clements, Benedict/Kontolemis, Zenon G./Levy, Joaquim (2001): „Monetary Policy under EMU: Differences in the Transmission Mechanism?", International Monetary Fund, Working Paper 01/102.

Coenen, Günter/Vega, Juan-Luis (1999): „The Demand for M3 in the Euro Area“, European Central Bank, Working Paper Nr. 6, September 1999.

Debelle, Guy/Masson, Paul (1998): „Inflation Targeting as a Framework for Monetary Policy", International Monetary Fund, Economic Issues, Nr. 15, September 1998.

Dedola, L./Gaiotti, E./Silipo, L. (2000): „Money Demand in the Euro Area: Do National Differences matter?", Preliminary Draft, Bank of Italy, Research Department, June 2000.

De Grauwe, P./Vanhaverbeke, W. (1993) : „Is Europe an Optimum Currency Area? Evidence from Regional Data", in: Masson, P.R./Taylor, M.P. (Hrsg.): „Policy Issues in the Operation of Currency Unions", Cambridge, Seite 111-129.

Deutsche Bundesbank (2002): „Saisonbereinigte Wirtschaftszahlen März 2002", Statistisches Beiheft zum Monatsbericht 4.

Deutsche Bundesbank (2000): „Kerninflationsraten als Hilfsmittel der Preisanalyse", Monatsbericht April 2000, Seite 49-63.

Deutsche Bundesbank (1999): „Taylor-Zins und Monetary Conditions Index", Monatsbericht April 1999, Seite 47-63.

Deutsche Bundesbank (1998a): „Geldpolitische Strategien in den Ländern der Europäischen Union", Monatsbericht Januar 1998, Seite 33-47.

Deutsche Bundesbank(1998b): „Probleme der Inflationsmessung", Monatsbericht Mai 1998, Seite 53-66.

Deutsche Bundesbank (1995): „Die Geldpolitik der Bundesbank“, Deutsche Bundesbank, Oktober 1995, Frankfurt am Main.

Dickerson, A. P./Gibson, H./Tsakalotos, E. (1998): „Business Cycle Correspondence in the European Union”, Empirica, Vol. 25, Seite 51-77.

Dornbusch, Rüdiger/Favero, Carlo, A./Gavazzi, Francesco (1998): „The Immediate Challenges for the European Central Bank“, National Bureau of Economic Research, Working Paper 6369, January 1998.

Dueker, Michael/Wesche, Katrin (2001): „European Business Cycles: New Indices and Analysis of their Synchronicity”, Federal Reserve Bank of St. Louis, Working Paper 1999-019B, October 2001.

Duwendag, D./Ketterer, K.-H./Kösters, W./Pohl, R./Simmert, D.B. (1999): „Geldtheorie und Geldpolitik in Europa“, 5. Auflage, Springer Verlag.

Edwards, Franklin/Mishkin, Frederic S. (1995): „The Decline of Traditional Banking: Implications for Financial Stability and Regulatory Policy”, Federal Reserve Bank of New York, Economic Policy Review, July 1995, Seite 27-45.

Ehrmann, Michael/Gambacorta, Leonardo/Martinez-Pagés, Jorge/Sevestre, Patrick/Worms, Andreas (2001): „Financial Systems and the Role of Banks in Monetary Policy Transmission in the Euro Area”, European Central Bank, Working Paper Nr. 105, December 2001.

Eichengreen, B. (1991): „Is Europe an Optimum Currency Area?”, National Bureau of Economic Research, Working Paper 3579, January 1991.

European Central Bank (2001): „ECB Press Conference 10. May 2001", http://www.ecb.int/key/01/sp010510en.htm.

European Central Bank (1999): „Possible Effects of EMU on the EU Banking Systems in the Medium to Long Term", February 1999.

European Central Bank (1998): „A stability-oriented monetary policy strategy for the ESCB", European Central Bank Press Release, 13. October 1998, http://www.ecb.int/press/pr981013_1.htm.

European Monetary Institute (1997): „The Single Monetary Policy in Stage Three; Elements of the Monetary Policy Strategy of the ESCB", February 1997.

Europäische Zentralbank (2002): „Statistik des Euro-Währungsgebiets", Monatsbericht Februar 2002, Seite 1*-72*.

Europäische Zentralbank (2001a): „Geldpolitik bei Unsicherheit", Monatsbericht Januar 2001, Seite 47-61.

Europäische Zentralbank (2001b): „Wirtschaftliche Entwicklung im Euro-Währungsgebiet: Monetäre und finanzielle Entwicklung", Monatsbericht Dezember 2001, Seite 9-38.

Europäische Zentralbank (2001c): „Wirtschaftliche Entwicklung im Euro-Währungsgebiet: Monetäre und finanzielle Entwicklung" und „Gestaltungsrahmen und Instrumentarium der monetären Analyse", Monatsbericht Mai 2001, Seite 7-22 und Seite 43-63.

Europäische Zentralbank (2001d): „Editorial“, Monatsbericht November 2001.

Europäische Zentralbank (2001e): „Statistik des Euro-Währungsgebiets“ und „Indizes zur Messung der Kerninflation im Euro-Währungsgebiet“, Monatsbericht Juli 2001, Seite 1*-83* und Seite 55-66.

Europäische Zentralbank (2001f): „Editorial“, Monatsbericht August 2001.

Europäische Zentralbank (2001g): „Wirtschaftliche Entwicklung im Euro-Währungsgebiet“, Monatsbericht Juni 2001, Seite 9-73.

Europäische Zentralbank (2001h): „Die externe Kommunikation der Europäischen Zentralbank“, Monatsbericht Februar 2001, Seite 67-74.

Europäische Zentralbank (2000a): „Die zwei Säulen der geldpolitischen Strategie der EZB“, Monatsbericht November 2000, Seite 41-53.

Europäische Zentralbank (2000b): „Wirtschaftliche Entwicklung im Euro-Währungsgebiet: Monetäre und finanzielle Entwicklung“, Monatsbericht Dezember 2000, Seite 9-29.

Europäische Zentralbank (2000c): „Preis- und Kostenindikatoren für das Euro-Währungsgebiet: Ein Überblick“, Monatsbericht August 2000, Seite 35-53.

Europäische Zentralbank (2000d): „Geldpolitische Transmission im Euro-Währungsgebiet“, Monatsbericht Juli 2000, Seite 45-62.

Europäische Zentralbank (2000e): „Editorial“, Monatsbericht Februar 2000.

Europäische Zentralbank (2000f): „Wirtschaftliche Entwicklung im Euro-Währungsgebiet“, Monatsbericht April 2000, Seite 9-40.

Europäische Zentralbank (2000g): „Wirtschaftliche Entwicklung im Euro-Währungsgebiet“, Monatsbericht Juni 2000, Seite 9-58.

Europäische Zentralbank (1999a): „Die stabilitätsorientierte geldpolitische Strategie des Eurosystems“, Monatsbericht Januar 1999, Seite 43-56.

Europäische Zentralbank (1999b): „Monetäre Aggregate im Euro-Währungsgebiet und ihre Rolle in der geldpolitischen Strategie des Eurosystems“, Monatsbericht Februar 1999, Seite 29-47.

Europäische Zentralbank (1999c): „Auf Preisstabilität ausgerichtete Politik und die Entwicklung der langfristigen Realzinsen in den neunziger Jahren“, Monatsbericht November 1999, Seite 37-47.

Europäische Zentralbank (1999d): „Wirtschaftliche Entwicklung im Euro-Währungsgebiet: Monetäre und finanzielle Entwicklung“, Monatsbericht Dezember 1999, Seite 9-30.

Europäische Zentralbank (1999e): „Wirtschaftliche Entwicklung im Euro-Währungsgebiet“ und „Die Rolle kurzfristiger Konjunkturindikatoren bei der Analyse der Preisentwicklung im Euro-Währungsgebiet“, Monatsbericht April 1999, Seite 9-29 und Seite 31-45.

Europäische Zentralbank (1999f): „Die Bilanzen der Monetären Finanzinstitute des Euro-Währungsgebiets zu Beginn des Jahres 1999“, Monatsbericht August 1999, Seite 59-75.

Europäische Zentralbank (1999g): „Inflationsunterschiede in der Währungsunion“, Monatsbericht Oktober 1999, Seite 39-49.

Europäische Zentralbank (1998): „Die einheitliche Geldpolitik in Stufe 3; allgemeine Regelungen für die geldpolitischen Instrumente und Verfahren des ESZB“, Frankfurt, September 1998.

Eurostat Data Shop Luxembourg, 2001.

Fagan, G./Henry, J. (1998): „Long run money demand in the EU: Evidence for area-wide aggregates”, Empirical Economics, Vol. 23, Seite 483-506.

Fatás, Antonio (1997): „EMU: Countries or regions? Lessons from the EMS experience”, European Economic Review, Vol. 41, Seite 743-751.

Faust, Jon/Rogers, John H./Wright, Jonathan H. (2001): „An Empirical Comparison of Bundesbank and ECB Monetary Policy Rules”, Federal Reserve System, Board of Governors, International Finance Discussion Paper Nr. 705, August 2001.

Favero, Carlo A./Gavazzi, Francesco (2001): „Monetäre Transmission im Euro-Währungsgebiet”, Europäisches Parlament, ECON 110 DE/rev. 1, Januar 2001.

Fellner, William (1982): „Criteria for Useful Targeting“, Journal of Money, Credit, and Banking, Vol. XIV, Nr. 4, Part 2, Nov. 1982, Seite 641-660.

Fischer, C. (1997): „Glaubwürdigkeit in der Währungspolitik: Die Strategie der einseitig festen Wechselkursanbindung in Österreich, den Niederlanden und Belgien“, Marburg.

Fisher, Irvin (1922): „The Making of Index Numbers; A Study of Their Varieties, Tests, and Reliability”, Third Edition, New York, Houghton Mifflin.

Flood, Robert/Isard, Peter (1989): „Monetary Policy Strategies”, International Monetary Fund, Staff Paper Nr. 36, Seite 612-631.

Fountas, Stilianos/Papagapitos, Agapitos (1999): „The Monetary Transmission Mechanism: Evidence and Implications for European Monetary Union”, Department of Economics, National University of Ireland, Working Paper Nr. 35, June 1999.

Francke, Hans-Hermann (2001): „Leben mit dem Euro: Erfahrungen mit einem Währungspolitischen Experiment“, Folien zum Vortrag im Rahmen des 32. Bankseminars der Verwaltungs- und Wirtschaftsakademie Freiburg am 1. Oktober 2001.

Francke, Hans-Hermann (1999): „Geldtheorie und Geldpolitik”, Kompendium der Verwaltungs- und Wirtschaftsakademie Freiburg, Band I, 2. Auflage, Rombach-Verlag.

Frankel, Jeffrey A./Rose, Andrew K. (1998): „The Endogenity of the Optimum Currency Area Criteria”, The Economic Journal, Nr. 108, Seite 1009-1025, July 1998.

Frankel; Jeffrey A./Lown, Cara S. (1991): „An Indicator of Future Inflation Extracted from the Steepness of the Interest Rate Yield Curve along Its entire Length", National Bureau of Economic Research, Working Paper Nr. 3751, June 1991.

Frankfurter Neue Presse (2002): „EZB sieht Inflation unter zwei Prozent", Deutsche Bundesbank, Auszüge aus Presseartikeln, Nr. 6, 30. Januar 2002, Seite 12.

Freedman, Charles (1996): „What Operating Procedures Should Be Adopted to Maintain Price Stability?-Practical Issues", Federal Reserve Bank of Kansas City, Symposium on Achieving Price Stability, 1996, Seite 241-285.

Friedman, Benjamin M. (1990): „Targets and Indicators of Monetary Policy", in: Friedman, Benjamin M./Hahn, Frank H. (Hrsg.): „Handbook of Monetary Economics", Elsevier Science Publishers, Amsterdam, Vol. II, Chapter 22, 1990, Seite 1185-1230.

Friedman, Benjamin M. (1977): „The Inefficiency of Short-Run Monetary Targets for Monetary Policy", Brookings Papers on Economic Activity, Washington, 1977, Seite 293-346.

Friedman, Benjamin M. (1975): „Targets, Instruments, and Indicators of Monetary Policy", Journal of Monetary Economics, Vol. 1, Seite 443-473.

Friedman, Milton (1968): „The role of monetary policy", American Economic Review, Vol. 58, Seite 1-17.

Friedman, Milton (1959): „A Program for Monetary Stability", Fordham University Press, New York.

Gali, Jordi (2001): „Monetary policy in the Early Years of EMU", Centre de Recerca en Economia International, Universitat Pompeu Fabra, Preliminary Version.

Geraats, Petra M. (1999): „Transparency and Reputation: Should the ECB Publish Ist Inflation Forecasts?“, European Central Bank and Center for Financial Studies Conference on "Monetary Policy-Making under Uncertainty", Frankfurt, 3-4 December 1999.

Gerlach, Stefan/Svensson, Lars E.O. (2001): „Money and Inflation in the Euro Area: A Case for Monetary Indicators?", Bank for International Settlement, Working Paper Nr. 98, January 2001.

Gerlach, Stefan/Smets, Frank (1995): „The Monetary Transmission Mechanism: Evidence from the G-7 Countries", Centre for Economic Policy Research, Discussion Paper Nr. 1219.

Goodfriend, Marvin (1986): „Monetary Mystique: Secrecy and Central Banking", Journal of Monetary Economics, Vol. 17, Seite 63-92.

Goodhart, Charles A.E. (1994): „What Should Central Banks Do? What Should be Their Macroeconomic Objectives and Operations?", The Economic Journal, Vol. 104, November 1994, Seite 1424-1436.

Green, John H. (1996): „Inflation Targeting: Theory and Policy Implications", International Monetary Fund, Staff Papers, Vol. 43, Nr. 4, Seite 779-795.

Gros, Daniel (2001): „The ECB`s Unsettling Opaqueness", paper presented to the Committee for Economic and Monetary Affairs of the European Parliament, 12. September 2001, Brussels.

Gros, Daniel (2000): „Quo Vadis Euro ?: The Cost of Muddling Through", Centre for European Policy Studies, Brussels.

Hagen von, Jürgen (1998): „Money Growth Targeting“, Institute for International Economic Studies, Stockholm University, Seminar Paper Nr. 643, July 1998.

Haldane, Andrew G. (1997): „Some Issues in Inflation Targeting“, Bank of England, Working Paper Nr. 74, London.

Hall, Robert E./Mankiw, Gregory N. (1994): „Nominal Income Targeting", National Bureau of Economic Research, Working Paper 4439, October 1994.

Illing, Gerhard (1997): „Theorie der Geldpolitik; Eine spieltheoretische Einführung“, Springer Verlag.

Institut für Wirtschaftsforschung (2002): „Ifo-Geschäftsklimaindex“, Institut für Wirtschaftsforschung, München, www.ifo.de.

International Monetary Fund (1996): „World Economic Outlook", October 1996, Washington.

Issing, Otmar/Gaspar, Vitor/Angeloni, Ignazio/Tristani, Oreste (2001): „Monetary Policy in the Euro Area; Strategy and Decision-Making at the European Central Bank", University Press, Cambridge.

Issing, Otmar (2000): „The Monetary Policy of the Eurosystem Central Bank: Strategy and Implementation“, Beihefte zu Kedit und Kapital, Heft 15, Seite 353-388.

Issing, Otmar (1999a): „Die Geldpolitik der Europäischen Zentralbank”, in: Simmert, Diethard B./Welteke, Ernst (Hrsg.): „Die Europäische Zentralbank; Europäische Geldpolitik im Spannungsfeld zwischen Wirtschaft und Politik“, Deutscher Sparkassenverlag, Stuttgart.

Issing, Otmar (1999b): „The Eurosystem: Transparent and Accountable, or “Willem in Euroland””, Journal of Common Market Studies, Forthcoming.

Issing, Otmar (1998): „Zur Rolle der Glaubwürdigkeit in der Theorie der Geldpolitik“, in: Baltzarek, Franz/Butschek, Felix/Tichy, Gunther: „Von der Theorie zur Wirtschaftspolitik – ein österreichischer Weg“, Festschrift zum 65. Geburtstag von Erich Streissler, Seite 169-180, Lucius & Lucius, Stuttgart.

Issing, Otmar (1996): „Einführung in die Geldpolitik“, 6. Auflage, Verlag Vahlen.

Issing, Otmar (1994): „Zinsstruktur oder Geldmenge? Die Suche nach dem optimalen Indikator der Geldpolitik“, Deutsche Bundesbank, Auszüge aus Presseartikeln, Nr. 46, 1. Juli 1994, Seite 3-6.

Issing, Otmar/Tödter, Karl-Heinz/Reimers, Heinz Herrmann und Hans-Eggert (1993): „Zinsgewichtete Geldmengenaggregate und M3 – ein Vergleich“, Kredit und Kapital, Heft 1, 26. Jhrg., Seite 1-21.

Jarchow, Hans-Joachim (1998): „Theorie und Politik des Geldes 1“, 10. Auflage.

Jensen, Henrik (1999): „Targeting nominal income growth or inflation?”, Centre for Economic Policy Research, Discussion Paper Nr. 2341, London.

Junius, Karsten/Kater, Ulrich/Meier, Carsten-Patrick/Müller, Henrik (2002): „Handbuch Europäische Zentralbank“, Uhlenbruch Verlag, Bad Soden.

Kamien, Morton I./Schwartz, Nancy L. (1969): „A Naive View of the Indicator Problem“, in: Brunner, Karl (Hrsg.): „Targets and Indicators of Monetary Policy”, Chandler Publishing Company, San Francisco, 1969, Seite 98-112.

Kashyap, Anil K./Stein, Jeremy C. (1997): „The Role of Banks in Monetary Policy: A Survey with Implications for the European Monetary Union”, Federal Reserve Bank of Chicago, Economic Perspectives, Vol. 3, Seite 2-18.

Kashyap, Anil K./Stein, Jeremy C. (1994): „The Impact of Monetary Policy on Bank Balance Sheets”, National Bureau of Economic Research, Working Paper 4821, August 1994.

King, Mervyn (1996): „How Should Central Banks Reduce Inflation?-Conceptual Issues”, Federal Reserve Bank of Kansas City, Symposium on Achieving Price Stability, 1996, Seite 53-91.

Kiyotaki, N./Moore, J. (1997): „Credit Cycles”, Journal of Political Economy, 105, Nr. 2, Seite 211-248.

Krämer, Jörg W. (1996): „Zinsgewichtete versus herkömmliche Geldmengenaggregate; Theorie und Evidenz für die Bundesrepublik Deutschland“, in: Siebert, Horst (Hrsg.): „Kieler Studien“, Nr. 274, J.C.B. Mohr, Tübingen, 1996.

Kremers, J.J.M./Lane, T.D. (1990): „Economic and Monetary Integration and the Aggregate Demand for Money in the EMS”, International Monetary Fund, Staff Paper Nr. 37, Seite 777-805.

Kydland, Finn E./Prescott, Edward C. (1977): „Rules Rather than Discretion: The Inconsistency of Optimal Plans”, Journal of Political Economy, Vol. 85, Nr. 3, Seite 473-491.

Laidler, David E.W. (1993): „The Demand for Money; Theories, Evidence, and Problems”, Forth Edition, Harper Collins College Publishers, New York.

La Porta, Rafael/Lopez-de-Silanes, Florencio/Shleifer, Andrei/Vishny, Robet W. (1998): „Law and Finance”, Journal of Political Economy, Vol. 106, Nr. 6, Seite 1113-1155.

La Porta, Rafael/Lopez-de-Silanes, Florencio/Shleifer, Andrei/Vishny, Robet W. (1997): „Legal Determinants of External Finance”, The Journal of Finance, Vol. 52, Nr. 3, Seite 1131-1150.

Leiderman, Leonardo/Svensson, Lars E.O. (1995): „Inflation Targets”, Centre for Economic Policy Research, London.

Lohmann, Susanne (1992): „Optimal Commitment in Monetary Policy: Credibility versus Flexibility", American Economic Review, Nr. 82, Seite 273-286.

McAdam, Peter/Morgan, Julian (2001): „The Monetary Transmission Mechanism at the Euro-Area Level: Issues and Results using Structural Macroeconomic Models", European Central Bank, Working Paper Nr. 93, December 2001.

McCallum, Bennet T. (1995): „Two Fallacies Concerning Central Banks Independence", American Economic Review, Papers and Proceedings, Mai 1995, Seite 415-429.

McCallum, Bennet T. (1990): „Targets, Indicators, and Instruments of Monetary Policy", in: William, S. Haraf and Phillip Cagan (Hrsg.): "Monetary Policy for a Changing Financial Environment", The AEI Press, Washington, D.C., Seite 44-70.

McKinnon, Ronald (1963): „Optimum currency areas", American Economic Review, Vol. 53, September, Seite 717-724.

Meltzer, Allan H. (1995): „Monetary, Credit and (Other) Transmission Processes: A Monetarist Perspective", Journal of Economic Perspectives, Vol. 9, Nr. 4, Seite 49-72.

Meyer, Laurence H. (2001): „Inflation Targets and Inflation Targeting", Review of the Federal Reserve Bank of St. Louis, November/December 2001, Vol. 83, Nr. 6, Seite 1-13.

Mihov, Ilian (2001): „Monetary Policy Implementation and Transmission in the European Monetary Union", Centre for Economic Policy Research, Economic Policy Issue 33.

Mishkin, Frederic S./Schmidt-Hebbel, Klaus (2001): „One Decade of Inflation Targeting in the world: What do We know and what do We need to know?" National Bureau of Economic Research, Working paper 8397, July 2001.

Mishkin, Frederic S. (1999): „International Experiences with Different Monetary Policy Regimes", National Bureau of Economic Research, Working Paper 7044, March 1999.

Mishkin, Frederic S. (1997a): „Strategies for Controlling Inflation", National Bureau of Economic Research, Working Paper 6122, August 1997.

Mishkin, Frederic S./Posen, Adam S. (1997b): „Inflation Targeting: Lessons from Four Countries", Federal Reserve Bank of New York, Economic Policy Review, August 1997, Seite 9-110.

Mishkin, Frederic S. (1996): „The Channels of Monetary Transmission: Lessons for Monetary Policy", National Bureau of Economic Research, Working Paper 5464, February 1996.

Mishkin, Frederic S. (1995): „Symposium on the Monetary Transmission Mechanism", Journal of Economic Perspectives, Vol. 9, Nr. 4, Seite 3-10.

Mishkin, Frederic S. (1990): „Yield Curve", National Bureau of Economic Research, Working Paper Nr. 3550, December 1990.

Monticelli, Carlos/Papi. Luca (1996): „European Integration, Monetary Coordination, and the Demand for Money", Clarendon Press, Oxford.

Monticelli, C./Strauss-Kahn, M-O. (1992): „European Integration and the Demand for Broad Money", Bank for International Settlement, Working Paper, Nr. 18.

Mundell,, Robert (1961): „A theory of optimum currency areas", American Economic Review, Vol. 51, November, Seite 509-517.

Neubauer, Ralf (1999): „Umstrittenes Signal", Deutsche Bundesbank, Auszüge aus Presseartikeln, Nr. 22, 9. April 1999, Seite 4.

Neumann, Manfred J.M. (1974): „Zwischenziele und Indikatoren der Geldpolitik", in: Brunner, Karl (Hrsg.): „Geldtheorie", Kiepenheuer & Witsch, 1974, Seite 360-377.

Nicoletti, A./Rinaldi, S./Siviero, S./Terlizzese, D. (1995): „Monetary Policy and the Transmission Channels in the Bank of Italy's Quarterly Econometric Model", in: Bank for International Settlement (BIS): „Financial Structure and the Monetary Policy Transmission Mechanism", Basel, Seite 405-434.

Obertreis, Rolf (1999): „Mutiger Schritt", Deutsche Bundesbank, Auszüge aus Presseartikeln vom 9. April 1999, Nr. 22, Seite 5-6.

Obstfeld, Maurice/Rogoff, Kenneth (1995): „The Mirage of Fixed Exchange Rates", Journal of Economic Perspectives, Vol. 9, N. 4, Seite 73-96.

Ormerod, Paul/Mounfield, Craig (2001): „The Convergence of European Business Cycles 1978-2000", Volterra Consulting Ltd, London, March 2001.

Peersman, Gert/Smets, Frank (2001): „The Monetary Transmission Mechanism in the Euro Area: More Evidence from VAR Analysis", European Central Bank, Working Paper Nr. 91, December 2001.

Persson, Thorsten (1995): „Monetary and Fiscal Policy", MIT Press, Cambridge.

Phelps, Edmund (1967): „Phillips Curves Expectations of Inflation and Optimal Unemployment over time", Economica, Vol. 34, Seite 254-281.

Poole, William (1970): „Optimal Choice of Monetary Policy Instruments in a Simple Stochastic Macro Model", Quarterly Journal of Economics, Nr. 84, May 1970, pp. 197-216.

Presse- und Informationsamt der Bundesregierung (1997): „Der Vertrag; Europäische Union – Europäische Gemeinschaft", 6. Auflage, Europa Union Verlag, Bonn.

Rogoff, Kenneth (1985): „The Optimal Degree of Commitment to an Intermediate Monetary Target", Quarterly Journal of Economics, Vol. C, 1985, Seite 1169-1189.

Rudebusch, Glenn D./Svensson, Lars E.O. (1999): „Policy Rules for Inflation Targeting", in: Taylor, John B.: „Monetary Policy Rules", Chicago University Press, London, 1999, Seite 203-246.

Samuelson, P.A. (1964): „Theoretical notes on trade problems", Review of Economics and Statistics, Vol. 46, Seite 145-154.

Saving, Thomas R. (1967): „Monetary-Policy Targets and Indicators", The Journal of Political Economy, Vol. 75, February-December 1967, Seite 446-456.

Saxton, Jim (1997): „Lessons from Inflation Targeting Experience", Joint Economic Committee, Report February 1997.

Siklos, Pierre L. (1999) : „Inflation-Target Design: Changing Inflation Performance and Persistence in Industrial Countries", Federal Reserve Bank of St. Louis, Review March/April 1999, Vol. 81, Number 2, Seite 47-58.

Spahn, Heinz-Peter (1996): „Makroökonomie: Theoretische Grundlagen und stabilitätspolitische Strategien", Springer-Verlag, Berlin.

Sterne, Gabriel (1999): „The Use of Explicit Targets for Monetary Policy: Practical Experiences of 91 Economies in the 1990s", Quarterly Bulletin, Bank of England, August '99, Seite 272-281.

Stock, James H./Watson, Mark W. (1999): „Forecasting Inflation", Journal of Monetary Economics, Vol. 44, Nr. 2, Seite 293-335.

Strebel, Heinz (1975): „Forschungsplanung mit Scoring-Modellen", Band 9, Nomos-Verlagsgesellschaft, Baden-Baden.

Svensson, Lars E.O. (2001): „The Fed does not provide the solution to the Eurosystem's Problems", http://www.princeton.edu/~svensson/.

Svensson, Lars E.O. (2000a): „How should Monetary Policy be Conducted in an Era of Price Stability?", National Bureau of Economic Research, Working Paper 7516, February 2000.

Svensson, Lars E.O. (2000b): „The First Year of the Eurosystem: Inflation Targeting or Not?", American Economic Review, May 2000, Seite 95-99.

Svensson, Lars E.O. (1999a): „Monetary Policy Issues for the Eurosystem", National Bureau of Economic Research, Working Paper 7177, June 1999.

Svensson, Lars E.O. (1999b): „Price Stability as a Target for Monetary Policy: Defining and Maintaining Price Stability", National Bureau of Economic Research, Working Paper 7276, August 1999.

Svensson, Lars E.O. (1998a): „Inflation Targeting as a Monetary Policy Rule", National Bureau of Economic Research, Working Paper 6790, November 1998.

Svensson, Lars E.O. (1998b): „Open Economy Inflation Targeting", National Bureau of Economic Research, Working Paper 6545, May 1998.

Svensson, Lars E.O. (1997a): „Inflation targeting in an open economy: Strict or flexible inflation targeting?", Lecture at Victoria University of Wellington, New Zealand, 18. November 1997.

Svensson, Lars E.O. (1997b): „Optimal Inflation Targets, "Conservative" Central Banks, and Linear Inflation Contracts", American Economic Review, Vol. 87, Nr. 1, March 1997, Seite 98-114.

Svensson, Lars E.O. (1997c): „Monetary Policy and Inflation Targeting", National Bureau of Economic Research, Reporter Winter 1997/1998, Seite 1-8.

Svensson, Lars E.O. (1997d): „Inflation Targeting: Some Extensions", National Bureau of Economic Research, Working Paper 5962, March 1997.

Svensson, Lars E.O. (1996a): „Inflation Forecast Targeting: Implementing and Monitoring Inflation Targets", National Bureau of Economic Research, Working Paper 5797, October 1996.

Svensson, Lars E.O. (1996b): „Price Level Targeting versus Inflation Targeting: A Free Lunch?", National Bureau of Economic Research, Working Paper 5719, August 1996.

Swiss National Bank (1999): „Monetary Policy Decisions of the National Bank for 2000", Press Release, Swiss National Bank, Zurich, 10. December 1999.

Tarkka, Juha/Mayes, David (1999): „The Value of Publishing Official Central Bank Forecasts", Bank of Finland, Discussion Paper Nr. 22.

Taylor, John B. (1996): „How Should Monetary Policy Respond to Shocks While Maintaining Long-Run Price Stability?-Conceptual Issues", Federal Reserve Bank of Kansas City, Symposium on Achieving Price Stability, 1996, Seite 181-195.

Taylor, John B. (1995): „The Monetary Transmission Mechanism: An Empirical Framework", Journal of Economic Perspectives, Vol. 9, N. 4, Seite 11-26.

Tobin, James (1969): „A General Equilibrium Approach to Monetary Theory", Journal of Money, Credit, and Banking, Vol. 1, February 1969, Seite 15-29.

Trecroci, Carmine/Vega, Juan Luis (2000): „The Information Content of M3 for Future Inflation", European Central Bank, Working Paper Nr. 33, October 2000.

Van Els, Peter/Locarno, Alberto/Morgan, Julian/Villetelle, Jean-Pierre (2001): „Monetary Policy Transmission in the Euro Area: What do Aggregate and National Structural Models tell Us?", European Central Bank, Working Paper Nr. 94, December 2001.

Vijselaar, Focco W./Albers, Ronald M. (2001): „Cyclical Convergenze in Europe", Kredit und Kapital, 34 Jahrgang, Heft 2, Seite 178-196.

Vinals, José (2001): „Monetary Policy Issues in a Low Inflation Environment", in: European Central Bank: „Why Price Stability?", First ECB Central Banking Conference, Frankfurt, Seite 113-178.

Wagner, Helmut (1999): „Inflation Targeting versus Monetary Targeting", Kredit und Kapital, 32. Jg., Nr. 4, Seite 610-632.

Walsh, Carl E. (1995): „Optimal Contracts for Independent Central Bankers", American Economic Review, Nr. 85, Seite 150-167.

White, Lawrence H. (1999): „The Theory of Monetary Institutions", Blackwell Publishers, Massachusetts.

Winkler, Bernhard (2000): „Which Kind Of Transparency? On The Need For Clarity In Monetary Policy-Making", European Central Bank, Working Paper Nr. 26, August 2000.

Wyplosz, Charles (2001a): „The Fed and the ECB", paper presented to the Committee for Economic and Monetary Affairs of the European Parliament, 12. September 2001, Brussels.

Wyplosz, Charles (2001b): „Do we know how low should inflation be?", in: European Central Bank: „Why Price Stability?", First ECB Central Banking Conference, Frankfurt, Seite 15-51.